成本管理与控制实战丛书

# 物业成本管理与控制

张海雷　主编

化学工业出版社

·北京·

## 内容提要

《物业成本管理与控制实战宝典》一书包括物业管理成本预算、人工成本降低、控制物料消耗降成本、加强设备维护降成本、物业服务标准化降成本、非核心业务外包降成本、节能降耗降成本七章。本书文字浅显，语言简练，条理清晰，深入浅出，将复杂的管理理论用平实的语言与实际操作结合起来，读来轻松，用时方便。

本书可供各物业公司管理者、物业管理处负责人和管理人员，以及新入职的大中专毕业生、有志于从事物业成本管理的人士学习参考。

### 图书在版编目（CIP）数据

物业成本管理与控制实战宝典/张海雷主编．—北京：化学工业出版社，2020.9
（成本管理与控制实战丛书）
ISBN 978-7-122-36947-5

Ⅰ.①物… Ⅱ.①张… Ⅲ.①物业管理-成本管理
Ⅳ.①F293.347

中国版本图书馆CIP数据核字（2020）第084321号

---

责任编辑：陈 蕾　　　　　　　　　　　　装帧设计：尹琳琳
责任校对：边 涛

---

出版发行：化学工业出版社（北京市东城区青年湖南街13号　邮政编码100011）
印　　刷：北京京华铭诚工贸有限公司
装　　订：三河市振勇印装有限公司
787mm×1092mm　1/16　印张18$\frac{1}{2}$　字数388千字　2020年8月北京第1版第1次印刷

购书咨询：010-64518888　　　　　　　售后服务：010-64518899
网　　址：http://www.cip.com.cn
凡购买本书，如有缺损质量问题，本社销售中心负责调换。

---

定　价：68.00元　　　　　　　　　　　　　　　　　　　版权所有　违者必究

成本管理与控制是企业永恒的主题，利润与成本的关系就是在收入一定的情况下，成本越低，利润越大。而成本管理的目标是保证成本的支出获得最有效的收益——提升价值。成本控制不等于省钱，花得多会浪费，花得少也会有浪费，花多花少不是重点，花得有效才是关键，才会避免价值不平衡造成的浪费。

对于企业而言，暴利的年代一去不复返，人工成本、材料成本年年在攀升，企业盈利的空间似乎越来越低，但每年仍不断地有新的企业成立，企业之间的竞争也就越演越烈，企业的竞争力在哪里？在成本管理！对于许多企业而言，能否继续生存取决于运用复杂的成本管理系统的能力，而这种成本管理系统，能产生内在动力来促使企业成本的下降。

当然，许多企业都很重视成本管理与控制，但有时收效甚微，有的最后甚至放弃去抓。基于此，我们的管理团队萌发了一个想法，就是将团队在给企业辅导过程中关于成本管理与控制的经验总结出来，编写成"成本管理与控制实战丛书"，期待能帮助到处在困境或迷惑中的企业管理者。

物业公司如其他行业一样，也已经脱离了过去的暴利时代，同时，行业的竞争也越加剧烈，那么要使物业公司基业长青，很关键的是要加强全过程的成本控制。但许多物业公司在成本控制方面做得并不好，有的是没有成本控制的思维和想法，有的是有想法却没有方法，处在一种盲乱无序的状态，结果不仅没有降低成本，反而因控制成本而增加了企业的经营成本。

物业公司是微利企业，这是不争的事实，目前我国大多数物业公司尚处于亏损状态。面对现实，物业公司除了提高物业管理费的收缴率外，控制成本应该成为物业公司内部管理的重中之重，也关系到物业公司在市场中的竞争能力。

《物业成本管理与控制实战宝典》一书具体包括物业管理成本预算、人工成本降低、控制物料消耗降成本、加强设备维护降成本、物业服务标准化降成本、非核心业务外包降成本、节能降耗降成本七章。

本书文字浅显，语言简练，条理清晰，深入浅出，将复杂的管理理论用平实的语言与实际操作结合起来，读来轻松，用时方便。可供各物业公司管理者、物业管理处负责人和管理人员，以及新入职的大中专毕业生，有志于从事物业成本管理的人士学习参考。

本书由张海雷主编，参与编写的有匡仲潇、刘艳玲。由于笔者水平有限，疏漏之处在所难免，敬请读者批评指正。

编　者

## 01
## 第一章 物业管理成本预算

> 预算管理是企业财务管理的重要内容，对于物业公司来说，收入预算是比较稳定的。一个物业公司要持续地发展下去，在落实收入的同时，必须要控制支出，合理运用管理费开支，控制各项费用成本，真正做到"量入为出、收支平衡"。

### 第一节 物业公司成本的构成与分类 ··················· 1
一、物业管理成本的构成 ······································· 1
二、物业管理成本的分类 ······································· 3

### 第二节 成本预算的编制 ····································· 5
一、成本预算编制的程序和步骤 ···························· 6
二、物业项目各项费用的预算模板 ························ 6
三、各管理处管理成本汇总 ·································· 20
【实战范本1-01】某公司物业费用成本预算表 ······ 30

### 第三节 建立预算控制体系 ·································· 36
一、建立预算执行责任制度 ·································· 37
二、建立监督检查制度 ········································ 38
三、建立预算执行情况内部报告制度 ···················· 39
四、建立预算执行情况预警机制 ·························· 39
五、建立预算执行结果质询制度 ·························· 39
六、建立预算执行情况分析制度 ·························· 39
【实战范本1-02】物业公司全面预算管理办法 ······ 40
【实战范本1-03】管理处财务预算管理监控办法 ··· 43

# 第二章 人工成本降低

物业公司的成本中，人工成本的比例很大，占总收入的50%～70%，占总成本的60%～80%，人工成本控制下来了，物业公司的成本就降低了一大笔开支。

**第一节 人力成本的构成** ··········································································· 48
 一、取得成本 ······················································································ 48
 二、人力开发成本 ················································································ 49
 三、人力使用成本 ················································································ 49
 四、离职成本 ······················································································ 50

**第二节 岗位设置与编制缩减** ··································································· 50
 一、岗位设置 ······················································································ 51
 二、岗位编制的核定 ············································································ 52
  【实战范本2-01】某物业服务集团在管项目人员配置标准 ··················· 55

**第三节 招聘成本的降低** ··········································································· 62
 一、制定详细的招聘方案，加强对招聘人员的培训 ······························· 62
 二、选择科学的招聘方法 ····································································· 62
 三、招聘应选择合适的招聘渠道 ·························································· 62
 四、招聘信息发布要讲技巧 ································································· 65
 五、招聘评估要及时 ············································································ 65
 六、实施招聘工作团队负责制 ····························································· 65

**第四节 员工培训成本降低** ······································································· 66
 一、员工培训成本的构成 ····································································· 66
 二、进行科学合理的培训需求分析 ······················································ 67
 三、针对不同群体实施菜单式培训 ······················································ 67
 四、做好培训的转化工作 ····································································· 67
 五、合理设计培训协议防止员工流失 ·················································· 68
 六、培养内部兼职培训师 ····································································· 69

**第五节 留住人才，降低员工流失成本** ·················································· 72
 一、人员流失成本的表现 ····································································· 72

二、物业公司人才流失的原因 ……………………………………………………… 73
　三、人才流失的防范对策 …………………………………………………………… 74
　　【实战范本2-02】人力资源管理年度费用预算表 ………………………………… 76
　　【实战范本2-03】人力资源管理费用预算执行表 ………………………………… 78
　　【实战范本2-04】人力资源成本分析表 …………………………………………… 79
　　【实战范本2-05】年度招聘计划及费用预算表 …………………………………… 80
　　【实战范本2-06】部门招聘成本预算表 …………………………………………… 80
　　【实战范本2-07】招聘成本登记表 ………………………………………………… 81
　　【实战范本2-08】招聘工作成本分析表 …………………………………………… 81
　　【实战范本2-09】培训费用预算明细表 …………………………………………… 83
　　【实战范本2-10】各培训课程费用明细表 ………………………………………… 83
　　【实战范本2-11】加班费明细表 …………………………………………………… 84
　　【实战范本2-12】员工离职成本核算表 …………………………………………… 84
　　【实战范本2-13】员工异动分析表 ………………………………………………… 87

# 第三章　控制物料消耗降成本

> 为确保物业公司对物业的正常维修保养，给业主（租户）提供良好的服务，物业公司需采购、储存各种工具、备品、备件、材料和原料等货物（以下统称为物料）。
> 
> 物料消耗是物业管理的重要领域，是指物业管理服务过程中对物料、用品、机具、工具、器材等的耗用。物业公司的成本费用除了人员费用之外，物料消耗占了很大比重。合理采购和有效储存物料是一个公司成本控制的主要环节之一。

**第一节　物料消耗控制的基础** ………………………………………………………… 88
　一、建立严格的物料消耗控制制度 ………………………………………………… 88
　二、建立物料消耗年度计划控制机制 ……………………………………………… 89
　三、对养护管理项目严格把关 ……………………………………………………… 89
　　【实战范本3-01】某物业公司物料管理规定 ……………………………………… 90
　　【实战范本3-02】物业公司物品管理制度 ………………………………………… 96
**第二节　物业公司物料采购管理** ……………………………………………………… 100
　一、采购物资分类 …………………………………………………………………… 100
　二、采购流程 ………………………………………………………………………… 101

　　　　【实战范本3-03】物料需求计划表 ································· 101
　　　　【实战范本3-04】物资申购单 ····································· 101
　　三、采购方式 ······························································· 102
　　四、采购协议和合同管理 ················································· 102
　　　　【实战范本3-05】供应商评审表 ··································· 103
　　　　【实战范本3-06】合格供应商一览表 ······························ 103
　　　　【实战范本3-07】合格物品供应商名录 ··························· 104
　　　　【实战范本3-08】材料或设备采购框架合同 ····················· 104
　　五、采购实施与管理 ······················································· 108
　第三节　物料接收与仓储管理 ·············································· 109
　　一、库存物料的限额标准 ················································· 109
　　二、物料的验收 ···························································· 109
　　三、物料的入仓程序 ······················································· 111
　　　　【实战范本3-09】入库登记表 ····································· 112
　　　　【实战范本3-10】物品领料单 ····································· 112
　　四、仓库物料的存放管理 ················································· 112
　　五、物料与工具的出库与发放 ············································ 113
　　　　【实战范本3-11】临时借用工具登记表 ·························· 115
　　　　【实战范本3-12】员工领用工具记录表 ·························· 115
　　　　【实战范本3-13】公用工具借用登记表 ·························· 116
　　六、仓库物料的清点 ······················································· 116
　　　　【实战范本3-14】工程部仓库物品申请表 ······················· 116
　　　　【实战范本3-15】库存物品盘点表 ······························· 117

# 第四章　加强设备维护降成本

　　物业管理中，设施设备的管理对服务成本的影响，除了表现在数量和质量上外，还有设备的投资效果、停工损失、维修费用、能源和材料消耗等方面。加强维护保养，延长设备的使用寿命和检修周期，节省维修费用，节约运行中的能耗费用、操作费用至关重要。

　第一节　物业管理设备维护服务 ············································ 118
　　一、设备维护服务对象的构成 ············································ 118

二、设备维护服务形式的构成 …………………………………………………… 118
　　三、设备维护服务成本的构成 …………………………………………………… 119
第二节　设备维护服务成本控制的方法 ………………………………………………… 119
　　一、控制能源成本的方法 ………………………………………………………… 119
　　二、控制维修成本的方法 ………………………………………………………… 120
　　三、控制设备维护人工成本的方法 ……………………………………………… 121
第三节　加强设备的维护保养 …………………………………………………………… 121
　　一、熟悉设备的运行情况 ………………………………………………………… 121
　　二、建立设备管理体系 …………………………………………………………… 122
　　　【实战范本4-01】公共设备（设施）维护保养绩效考核办法 ……………… 122
　　三、处理好应急维修与计划维修的关系 ………………………………………… 129
　　四、制订设备维护计划 …………………………………………………………… 130
　　　【实战范本4-02】公共设施日常维修计划方案 ……………………………… 134
　　　【实战范本4-03】公共设施定期维护计划及实施方案 ……………………… 136
　　　【实战范本4-04】房屋配套设施定期维修保养计划 ………………………… 138
　　　【实战范本4-05】房屋配套设施日常保养计划 ……………………………… 140
　　五、设备维护保养计划的实施 …………………………………………………… 142
　　六、应急维修的管理 ……………………………………………………………… 142
　　　【实战范本4-06】报修单 ……………………………………………………… 144
　　　【实战范本4-07】设备维修记录 ……………………………………………… 144
　　　【实战范本4-08】设备（机具）外委维修申请表 …………………………… 145

# 第五章　物业服务标准化降成本

> 在企业管理过程中经常流行着这样一句话："三流企业做产品，二流企业做品牌，一流企业做标准"。企业用工成本上升、招工难、留人难等一系列内部忧患，企业管理者应该认真反思，转变思想观念，推行服务标准化，而不是只有一流企业才做标准。

第一节　标准化与成本控制之间的关系 ………………………………………………… 147
　　一、标准化直接影响时间成本减少 ……………………………………………… 147
　　二、服务标准化间接影响人工成本降低 ………………………………………… 148

三、服务标准化对材料费用的影响·················148
　　四、服务标准化对管理费用的影响·················148
第二节　物业服务标准化要领·························149
　　一、物业公司标准体系的组成·····················149
　　二、物业公司标准化的对象·······················149
　　三、实施标准化运作的关键环节···················150
　　四、物业服务标准化实施策略·····················150
　　　【实战范本5-01】物业管理标准——安全管理·····151
　　　【实战范本5-02】物业管理标准——服务类·······155
　　　【实战范本5-03】物业管理标准——环境管理·····160
　　　【实战范本5-04】物业管理标准——设备管理·····166

# 第六章　非核心业务外包降成本

> 非核心业务外包逐渐成为一种时尚，为降低用工成本，企业想尽各种方法减少全职员工，同时把非核心的业务外包出去。这已经成为目前许多物业公司降低运作成本的方式之一，而且是有效的方式。

第一节　为什么要引进业务外包·························179
　　一、什么是业务外包·····························179
　　二、专业化服务的趋势···························179
　　三、物业管理业务外包的优势·····················180
第二节　业务外包控制关键···························181
　　一、合理确定外包业务范围·······················181
　　二、充分做好外包服务准备工作···················182
　　三、慎重选择承包服务商·························182
　　四、完善外包管理制度···························182
　　　【实战范本6-01】物业服务外包控制程序·········183
　　五、把好合同的草拟与签订关·····················186
　　六、加强外包业务的日常管控·····················186
　　七、注重与承包商的双赢关系·····················186

## 第三节 承包商的评定与选择 ················································ 187
一、确定评定标准 ·························································· 187
二、寻找潜在的承包商 ······················································ 187
三、对承包商进行调查 ······················································ 187
四、公正、客观地比较承包商 ················································ 188
五、确定合格承包商 ························································ 188
【实战范本6-02】外包商调查报告 ············································ 188
【实战范本6-03】承包商初审记录 ············································ 189
【实战范本6-04】承包商评审报告 ············································ 189
【实战范本6-05】合格承包商名单 ············································ 190

## 第四节 与承包商签订合同 ················································ 190
一、外包合同的形式 ························································ 190
二、外包合同谈判 ·························································· 191
三、外包合同的起草与审核 ·················································· 192
四、外包合同的签订 ························································ 193
【实战范本6-06】设施设备运作与维护外包服务合同 ···························· 193
【实战范本6-07】公共机电设备维修保养外包合同 ······························ 201
【实战范本6-08】消防设备维护保养外包合同 ·································· 204
【实战范本6-09】电梯日常维护保养外包合同 ·································· 206
【实战范本6-10】小区弱电系统维护保养外包合同 ······························ 210
【实战范本6-11】中央空调设施维保外包合同 ·································· 214
【实战范本6-12】××小区绿化养护外包合同 ·································· 216
【实战范本6-13】××大厦保洁外包合同 ······································ 220
【实战范本6-14】保安服务外包合同 ·········································· 228

## 第五节 非核心业务外包质量控制 ·········································· 231
一、确立质量目标 ·························································· 231
二、制定质量标准 ·························································· 233
三、加强双方沟通 ·························································· 236
四、开展质量检查 ·························································· 236
五、处理质量问题 ·························································· 237
【实战范本6-15】保洁外包人员现场服务质量监控操作规范 ······················ 237
【实战范本6-16】绿化外包服务质量评审细则 ·································· 239
【实战范本6-17】电梯维保外包质量监督办法 ·································· 242
【实战范本6-18】外包项目服务问题改善通知书 ································ 244
【实战范本6-19】外包服务质量评定和费用计算表 ······························ 245

# 第七章 节能降耗降成本

> 物业管理本是一个微利性行业，在业主不断要求提高服务质量的同时，就要考虑通过如何进行开源节流、节能降耗工作，使得物业公司健康发展。节能降耗是一个全员参与、持之以恒的事情，因此，要培养员工成本意识、节约意识，使每位员工都明白，降低成本、厉行节约，本身就是在减轻企业的负担，就是在增加企业的经济效益。

**第一节　物业公司节能降耗概述** ⋯⋯⋯⋯⋯⋯⋯⋯⋯⋯⋯⋯⋯⋯⋯⋯⋯⋯⋯⋯⋯⋯⋯⋯⋯⋯246
 一、物业公司在建筑节能降耗中的重要性 ⋯⋯⋯⋯⋯⋯⋯⋯⋯⋯⋯⋯⋯⋯⋯⋯⋯⋯⋯246
 二、常见的节能降耗措施 ⋯⋯⋯⋯⋯⋯⋯⋯⋯⋯⋯⋯⋯⋯⋯⋯⋯⋯⋯⋯⋯⋯⋯⋯⋯⋯247
**第二节　实施节能降耗管理的措施** ⋯⋯⋯⋯⋯⋯⋯⋯⋯⋯⋯⋯⋯⋯⋯⋯⋯⋯⋯⋯⋯⋯⋯250
 一、节能降耗的法律法规 ⋯⋯⋯⋯⋯⋯⋯⋯⋯⋯⋯⋯⋯⋯⋯⋯⋯⋯⋯⋯⋯⋯⋯⋯⋯⋯250
 二、建立健全能源管理机构 ⋯⋯⋯⋯⋯⋯⋯⋯⋯⋯⋯⋯⋯⋯⋯⋯⋯⋯⋯⋯⋯⋯⋯⋯⋯251
 三、实行节能降耗目标管理 ⋯⋯⋯⋯⋯⋯⋯⋯⋯⋯⋯⋯⋯⋯⋯⋯⋯⋯⋯⋯⋯⋯⋯⋯⋯251
  【实战范本7-01】物业项目节能降耗管理规定 ⋯⋯⋯⋯⋯⋯⋯⋯⋯⋯⋯⋯⋯⋯⋯253
  【实战范本7-02】公共用水、用电统计表 ⋯⋯⋯⋯⋯⋯⋯⋯⋯⋯⋯⋯⋯⋯⋯⋯⋯256
 四、组织节能降耗培训 ⋯⋯⋯⋯⋯⋯⋯⋯⋯⋯⋯⋯⋯⋯⋯⋯⋯⋯⋯⋯⋯⋯⋯⋯⋯⋯⋯257
 五、积极参与工程的前期规划设计 ⋯⋯⋯⋯⋯⋯⋯⋯⋯⋯⋯⋯⋯⋯⋯⋯⋯⋯⋯⋯⋯⋯257
 六、制定并实施节能降耗计划和方案 ⋯⋯⋯⋯⋯⋯⋯⋯⋯⋯⋯⋯⋯⋯⋯⋯⋯⋯⋯⋯⋯257
  【实战范本7-03】物业管理处节能工作计划方案 ⋯⋯⋯⋯⋯⋯⋯⋯⋯⋯⋯⋯⋯⋯258
  【实战范本7-04】物业节能降耗方案 ⋯⋯⋯⋯⋯⋯⋯⋯⋯⋯⋯⋯⋯⋯⋯⋯⋯⋯⋯262
 七、加大资金投入和加强技术力量 ⋯⋯⋯⋯⋯⋯⋯⋯⋯⋯⋯⋯⋯⋯⋯⋯⋯⋯⋯⋯⋯⋯268
 八、推广节能技术和产品 ⋯⋯⋯⋯⋯⋯⋯⋯⋯⋯⋯⋯⋯⋯⋯⋯⋯⋯⋯⋯⋯⋯⋯⋯⋯⋯268
 九、采取有效的设备保养和使用措施 ⋯⋯⋯⋯⋯⋯⋯⋯⋯⋯⋯⋯⋯⋯⋯⋯⋯⋯⋯⋯⋯272
 十、严格高效的管理制度 ⋯⋯⋯⋯⋯⋯⋯⋯⋯⋯⋯⋯⋯⋯⋯⋯⋯⋯⋯⋯⋯⋯⋯⋯⋯⋯273
  【实战范本7-05】物业公共水电能耗管理办法 ⋯⋯⋯⋯⋯⋯⋯⋯⋯⋯⋯⋯⋯⋯⋯274
 十一、从员工节能抓起 ⋯⋯⋯⋯⋯⋯⋯⋯⋯⋯⋯⋯⋯⋯⋯⋯⋯⋯⋯⋯⋯⋯⋯⋯⋯⋯⋯277
 十二、做好宣传教育，提高业主节能意识 ⋯⋯⋯⋯⋯⋯⋯⋯⋯⋯⋯⋯⋯⋯⋯⋯⋯⋯⋯278
**第三节　公共能耗的统计与分析** ⋯⋯⋯⋯⋯⋯⋯⋯⋯⋯⋯⋯⋯⋯⋯⋯⋯⋯⋯⋯⋯⋯⋯⋯278
 一、公共能耗的概念 ⋯⋯⋯⋯⋯⋯⋯⋯⋯⋯⋯⋯⋯⋯⋯⋯⋯⋯⋯⋯⋯⋯⋯⋯⋯⋯⋯⋯278
 二、公共能耗管理模型 ⋯⋯⋯⋯⋯⋯⋯⋯⋯⋯⋯⋯⋯⋯⋯⋯⋯⋯⋯⋯⋯⋯⋯⋯⋯⋯⋯279
 三、公共能耗对比分析及改进 ⋯⋯⋯⋯⋯⋯⋯⋯⋯⋯⋯⋯⋯⋯⋯⋯⋯⋯⋯⋯⋯⋯⋯⋯280

# 01
# 第一章
# 物业管理成本预算

> **引言**
>
> 预算管理是企业财务管理的重要内容，对于物业公司来说，收入预算是比较稳定的。一个物业公司要持续地发展下去，在落实收入的同时，必须要控制支出，合理运用管理费开支，控制各项费用成本，真正做到"量入为出、收支平衡"。

## 第一节 物业公司成本的构成与分类

一、物业管理成本的构成

物业管理成本由以下两个部分构成。

（一）营业成本

营业成本是企业在从事物业管理活动中发生的各项直接支出，它包括直接人工费、直接材料费和间接费用等（图1-1）。

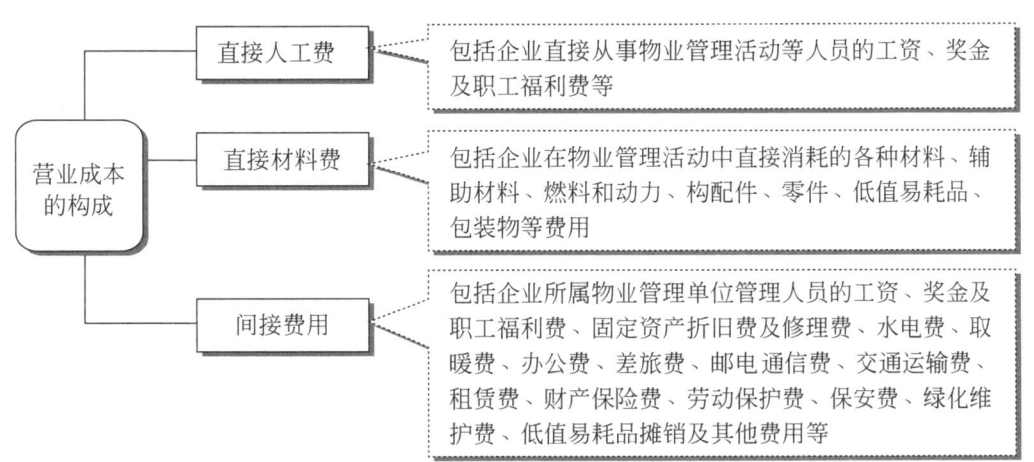

图1-1 营业成本的构成

## （二）期间费用或经营管理费用

期间费用或经营管理费用是物业公司在提供物业管理服务过程中产生的，与物业管理服务活动没有直接联系，属于某一会计期间耗用的费用。

### 1. 管理费用

管理费用是物业公司行政管理部门为管理和组织物业管理服务活动而产生的各项费用，包括公司经费、工会经费、职工教育经费、劳动保险费、待业保险费、董事会费、咨询费、审计费、诉讼费、排污费、绿化费、税金、土地使用费、土地损失补偿费、技术转让费、技术开发费、无形资产摊销、开办费摊销、业务招待费、坏账损失、存货盘亏、毁损和报废（减盘盈）损失以及其他管理费用等（注：实行一级成本核算的物业公司，营业成本中可不设间接费用，直接将间接费用全部计入管理费用）。

税金：指企业按规定支付的房产税、车船使用税、土地使用税、印花税等。

无形资产摊销：指专利权、商标权、著作权、土地使用权、专利技术等无形资产的摊销。

### 2. 财务费用

财务费用是物业公司为筹措资金而产生的各项费用，包括：

（1）利息净支出；

（2）汇兑净损失（汇兑收益减去汇兑损失）；

（3）金融机构手续费；

（4）公司筹资发生的其他财务费用。

> **提醒您：**
>
> 关于物业管理成本的构成或开支范围，《物业管理企业财务管理规定》和《施工、房地产开发企业财务制度》还有以下特别规定。
>
> （1）物业公司经营共用设施设备，支付的有偿使用费，计入营业成本。
>
> （2）物业公司支付的管理用房有偿使用费，计入营业成本或管理费用。
>
> （3）物业公司对管理用房进行装饰装修产生的支出，计入递延资产，在有效使用期限内，分期摊入营业成本或管理费用。
>
> （4）发生的坏账损失，计入管理费用。
>
> （5）按现行财务制度的规定，不得列入成本的支出，主要有：
>
> ① 购置和建造固定资产、无形资产和其他资产的支出；
>
> ② 对外投资支出；
>
> ③ 被没收的财产，支付的滞纳金、罚款、违约金、赔偿金，以及企业的赞助、捐赠支出；
>
> ④ 国家法律、法规规定之外的各种付费；
>
> ⑤ 国家规定不得列入成本、费用的其他支出。

营业成本与期间费用两者不得混淆、互相挤占。成本是在收益实现后即得到补偿，期间费用则计入当期损益。期间费用要按有关规定（或标准）分别计入管理费用或财务费用。这样，就能弄清企业的直接耗费和间接耗费，准确地核算企业的成本和损益，促进企业加强成本管理，降低成本，提高效益。

## 二、物业管理成本的分类

物业公司的成本内容繁杂，为了加强公司对成本的管理，加深对其成本的认识，有必要以不同标准对其进行分类。

### （一）按照经济性质分类

按照成本的经济性质或内容分类，通常可以将物业公司产生的成本分为如表1-1所示的七个要素。

表1-1 按照经济性质分类的成本

| 序号 | 类别 | 说明 |
| --- | --- | --- |
| 1 | 外购材料 | 指物业公司耗用的从外部购进的各种材料、辅助材料、燃料和动力、构配件、零件、低值易耗品、包装物等 |
| 2 | 工资 | 指公司职工的工资总额 |
| 3 | 职工福利 | 指公司按工资的规定比例计提的职工福利费 |
| 4 | 折旧费 | 指按照规定计算的固定资产折旧费用 |
| 5 | 利息支出 | 指财务费用中银行借款利息支出减去利息收入后的净额 |
| 6 | 税金 | 指应计入管理费用的各种税金，如房产税、车船使用税、印花税等 |
| 7 | 其他支出 | 指不属于以上各要素的费用，如邮电通信费、差旅费、租赁费等 |

按照费用的经济内容（或性质）进行分类，有助于具体反映物业公司各种费用的构成和水平。

### （二）按照经济用途划分

物业公司在经营过程中产生的成本，其用途各不相同。前面所介绍的物业管理成本的构成实际上就是按照经济用途的不同来分类的。

按经济用途进行分类，有助于揭示物业管理成本升降的原因，从而可为降低成本、加强成本管理指明方向。

### （三）按照与业务量的关系划分

按照与物业管理服务业务量的关系划分，可将成本分为固定成本、变动成本和半固定或半变动成本，如图1-2所示。

**类型一　固定成本**

指在相关的范围内，所产生的成本总额保持相对稳定，不随物业管理服务业务量而变化的项目，如固定资产的折旧、第一线物业管理师的基本工资等。但当物业管理服务业务量的增减超过一定幅度（相关范围）时，固定成本会相对地有所增减，所以固定成本也称为"相对固定成本"

**类型二　变动成本**

指其成本总额随着物业管理服务业务量的增减变动而变动的那部分成本。它又可以划分为比例变动成本和非比例变动成本两个部分。比例变动成本是指所产生的费用随业务量而成比例变化的费用，如物业管理成本中的原材料成本。非比例变动成本是指所产生的费用随业务量而呈同向趋势变化的项目，如物业管理成本中的许多辅助材料、燃料、动力等

**类型三　半固定或半变动成本**

指成本的产生随着业务量的增减而变动，但不呈正比例变动的情况

图1-2　按照与业务量的关系划分的成本

将成本划分为固定成本、变动成本和半固定或半变动成本，对于分析成本升降因素和寻求降低成本的途径起着重要的作用。一般来说，由于固定成本总额与业务量的变动关系不大，因此降低单位业务量的固定成本应从增加业务量和减少费用的绝对额入手；而变动成本随着业务量的变动而变动，因此降低变动成本应从降低单位业务量的消耗入手。此外，这种成本划分方式，还有利于进行物业经营管理的预测与决策。

（四）按照计算依据不同划分

按照成本计算依据的不同，可以有一些成本的划分（并非成本构成项目），如图1-3所示。

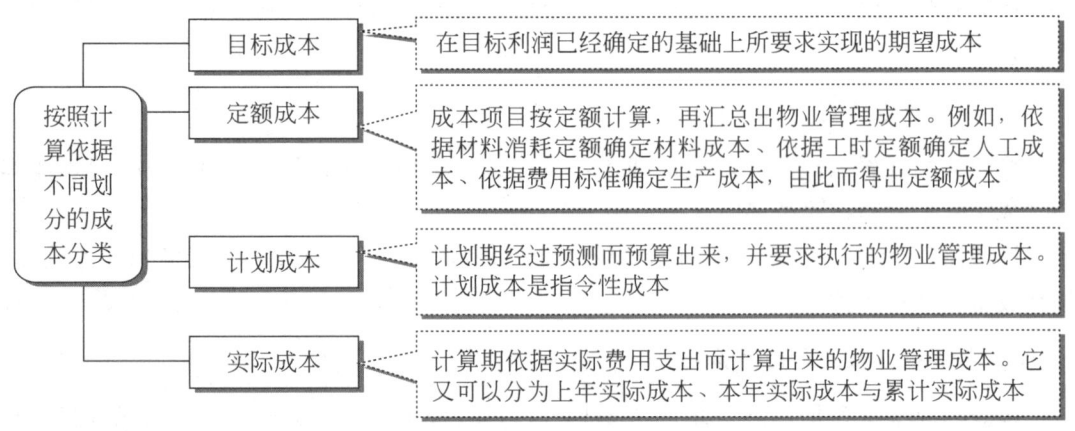

图1-3　按照计算依据不同划分的成本分类

把成本划分为目标成本、定额成本、计划成本和实际成本，对物业公司正确看待成本支出，加强成本的核算和管理，具有十分重要的意义。

（五）按照与决策的关系划分

按照与决策的关系，可将成本分为边际成本、差异成本和机会成本等，如表1-2所示。

表1-2　按照与决策的关系划分的成本

| 序号 | 类别 | 说明 |
| --- | --- | --- |
| 1 | 边际成本 | 是指在一定物业管理服务量水平下，增加或减少一个单位服务量所引起成本总额的变动数，用以判断增减服务量在经济上是否合算。当增加一个单位服务量所增加的收入高于边际成本时，是合算的；反之，是不合算的。微观经济学理论认为，服务量增至边际成本等于边际收入时，为企业获得其最大利润的服务量 |
| 2 | 差异成本 | 是指不同经营管理方案间成本之差异，又称增量成本或减量成本。在数量上，差异成本等于不同方案之间增加或缩小单位物业管理服务量的成本变化量，乘以增加或减少的单位服务量，再加上由于增加或缩小服务规模而导致的"固定成本"。对于"差异成本"，会计工作者认为，边际分析的方法固然科学和精巧，但边际在现实中是难以把握的，不如"差异分析"那样易于求得较优效果 |
| 3 | 机会成本 | 是指选择使用经济资源用于某方案，而放弃另一方案所产生的潜在利益损失。例如，在一定资源条件下，选择某住宅小区物业管理项目，就意味着放弃其他住宅小区物业管理项目或收益性物业管理项目潜在收益 |
| 4 | 估计成本 | 是指在会计期间开始前，对所承担的实际物业管理工作预估的成本，目的在于预测实际成本以供定价参考 |
| 5 | 沉没成本 | 是指因为过去决策已发生，而在目前和未来无论实行何种方案均无法改变的成本 |
| 6 | 可缓成本 | 是指可延缓至以后期间支出，而对当期营业效率无影响的成本 |
| 7 | 可免成本 | 是指一项成本仅与某一方案有关，当该方案被取消时，此项成本亦可免除 |
| 8 | 附加价值成本 | 是指当投入的成本可使顾客觉得服务质量或价值有增加，或是将此成本删减后顾客会觉得服务质量或价值会降低时，所对应的成本即为附加价值成本 |

## 第二节　成本预算的编制

预算成本开支属于资金管理中的计划手段，决算属于绩效管理手段。这一头一尾把握好，中间过程各部门就必须制定相应的管理手段去满足预算要求，对控制费用支出和管理都有好处。

## 一、成本预算编制的程序和步骤

物业公司编制年度预算，一般应按照"上下结合、分级编制、逐级汇总"的程序进行，经过"下达目标、编制上报、审查平衡、审议批准、下达执行"五个步骤（图1-4）。

图1-4　支出预算编制的程序

### （一）下达目标

物业公司董事会或经理办公会根据企业发展战略和预算期经济形势的初步预测，在决策的基础上提出下一年度企业财务预算目标，包括销售目标、成本费用目标、利润目标和现金流量目标，并确定财务预算编制的政策，由预算管理层下达各部门。

### （二）编制上报

物业公司各部门、管理处按照预算管理层下达的财务预算目标和政策，结合自身特点以及预测的执行条件，提出详细的本部门财务预算方案上报公司财务部门。

### （三）审查平衡

物业公司财务部门对各部门、管理处上报的财务预算方案进行审查、汇总，提出综合平衡的建议。在审查、平衡过程中，预算管理层应当进行充分协调，对发现的问题提出初步调整的意见，并反馈给各有关部门予以修正。

### （四）审议批准

物业公司财务部门在各部门、管理处修正调整的基础上，编制出企业财务预算方案，报预算管理层讨论。对于不符合企业发展战略或者财务预算目标的事项，预算管理层应当责成有关部门进一步修订、调整。在讨论、调整的基础上，财务部门正式编制企业年度财务预算草案，提交董事会或总经办审议批准。

### （五）下达执行

物业公司财务部门对董事会或总经办审议批准的年度总预算，分解成一系列的指标体系，由预算管理层逐级下达各部门、管理处执行。

## 二、物业项目各项费用的预算模板

对于一个物业项目而言，其费用包括人工成本，治安防范、消防及车辆管理成本，清洁卫生成本，绿化管理成本，维修服务成本等几个主要项目。以下提供某物业公司各项费用的预算模板供参考。

（一）人工成本

人工成本费用包括工资、按规定提取的福利费、社会基本保险、补贴、加班费、服装费等。

### 1. 工资

工资计算表如表1-3所示。

表1-3 工资计算表

| 序号 | 岗位名称 | 人数/人 | 工资定额/人 | 月工资/元 | 年工资/元 | 备注 |
|---|---|---|---|---|---|---|
|  |  |  |  |  |  |  |
|  |  |  |  |  |  |  |
|  |  |  |  |  |  |  |
|  | 合计 |  |  |  |  |  |

### 2. 福利费

福利费的计算公式为：提缴金额＝工资总额×提缴率。福利费计算表，如表1-4所示。

表1-4 福利费计算表

| 序号 | 费用名称 | 提缴率/% | 月工资总额/元 | 月提缴金额/元 | 年工资总额/元 | 年提缴金额/元 |
|---|---|---|---|---|---|---|
| 1 | 福利基金 |  |  |  |  |  |
| 2 | 工会经费 |  |  |  |  |  |
| 3 | 教育经费 |  |  |  |  |  |
|  | 合计 |  |  |  |  |  |

### 3. 社会基本保险

社会基本保险的计算公式为：提缴金额＝工资总额×提缴率。社会基本保险费用计算表，如表1-5所示。

表1-5 社会基本保险费用计算表

| 序号 | 费用名称 | 提缴率/% | 月工资总额/元 | 月提缴金额/元 | 年工资总额/元 | 年提缴金额/元 |
|---|---|---|---|---|---|---|
| 1 | 养老保险 |  |  |  |  |  |
| 2 | 失业保险 |  |  |  |  |  |
| 3 | 医疗保险 |  |  |  |  |  |
| 4 | 工伤保险 |  |  |  |  |  |
| 5 | 生育保险 |  |  |  |  |  |
|  | 合计 |  |  |  |  |  |

### 4. 补贴

补贴计算表如表1-6所示。

表1-6 补贴计算表

| 序号 | 费用名称 | 人数/人 | 补贴定额 | | 备注 |
| --- | --- | --- | --- | --- | --- |
| | | | /（元/月） | /（元/年） | |
| 1 | 通信补贴 | | | | |
| 2 | 伙食补贴 | | | | |
| 3 | 住房补贴 | | | | |
| 4 | 水电补贴 | | | | |
| 5 | 过节费 | | | | |
| | 合计 | | | | |

### 5. 加班费

加班费的计算公式为：产生额＝日均工资×比率×人数×天数。加班费计算表，如表1-7所示。

表1-7 加班费计算表

| 序号 | 节日名称 | 日均工资/元 | 比率/% | 加班人数/人 | 天数/天 | 产生额/元 |
| --- | --- | --- | --- | --- | --- | --- |
| 1 | 元旦 | | | | | |
| 2 | 春节 | | | | | |
| 3 | 清明节 | | | | | |
| 4 | 劳动节 | | | | | |
| 5 | 端午节 | | | | | |
| 6 | 中秋节 | | | | | |
| 7 | 国庆节 | | | | | |
| | 合计 | | — | | | |

### 6. 服装费

服装费的计算公式为：_____元/年＝（元·人/套×人数）÷摊销年限；_____元/月＝元/年÷12。服装费计算表，如表1-8所示。

表1-8 服装费计算表

| 序号 | 岗位名称 | 人数 | 价格/（元·人/套） | 摊销年限/年 | 月产生额/元 | 年产生额/元 | 备注 |
| --- | --- | --- | --- | --- | --- | --- | --- |
| 1 | 管理人员（男） | | | | | | |
| 2 | 管理人员（女） | | | | | | |

续表

| 序号 | 岗位名称 | 人数 | 价格/（元·人/套） | 摊销年限/年 | 月产生额/元 | 年产生额/元 | 备注 |
|---|---|---|---|---|---|---|---|
| 3 | 保安员 | | | | | | |
| 4 | 保洁员 | | | | | | |
| 5 | 绿化员 | | | | | | |
| 6 | 维修员 | | | | | | |
| | 合计 | | | | | | |

**7. 人工成本**

人工成本总和计算表如表1-9所示。

表1-9 人工成本综合计算表

| 序号 | 成本费用名称 | 月产生金额/元 | 年产生金额/元 |
|---|---|---|---|
| 1 | 工资 | | |
| 2 | 福利费 | | |
| 3 | 社会基本保险 | | |
| 4 | 补贴 | | |
| 5 | 加班费 | | |
| 6 | 服装费 | | |
| | 合计 | | |

（二）治安防范、消防及车辆管理成本测算

治安防范、消防及车辆管理成本费用包括办公费、装备费、设备设施维护费、消防演习费等。

**1. 办公费**

办公费包括证照年检费、办公用品费、报纸杂志费、通信费、快递费用、网络费用等。

（1）证照年检费。

证照年检费计算表，如表1-10所示。

表1-10 证照年检费计算表

| 序号 | 费用名称 | 单价/（元/证） | 月产生额/元 | 年产生额/元 | 备注 |
|---|---|---|---|---|---|
| 1 | 保安服务许可证年检费 | | | | |
| 2 | 停车场许可证年检费 | | | | |
| 3 | 保安员上岗合格证年检费 | | | | 共___人 |
| | 合计 | | | | |

（2）办公用品主要包括文具、纸杯、打复印纸、硒鼓等。

办公用品费计算表如表1-11所示。

表 1-11　办公用品费计算表

| 序号 | 岗位名称 | 岗位发放定额/（元·人/年） | 岗位人数/人 | 月产生额/元 | 年产生额/元 |
|---|---|---|---|---|---|
|  |  |  |  |  |  |
|  |  |  |  |  |  |
|  |  |  |  |  |  |
|  |  |  |  |  |  |
|  | 合计 |  |  |  |  |

（3）报纸杂志费、通信费、快递费。

报纸杂志费、通信费、快递费计算表如表1-12所示。

表 1-12　报纸杂志、通信费、快递费计算表

| 序号 | 费用名称 | 定额/（元/月） | 月产生额/元 | 年产生额/元 | 备注 |
|---|---|---|---|---|---|
| 1 | 报纸杂志 |  |  |  |  |
| 2 | 外线固定电话 |  |  |  |  |
| 3 | 内线固定电话 |  |  |  |  |
| 4 | 快递费 |  |  |  |  |
|  | 合计 |  |  |  |  |

**2. 装备费**

装备包括自卫棍、白手套等，分为易耗品及非易耗品，分别进行计算。

（1）易耗品。

易耗品费计算表如表1-13所示。

表 1-13　易耗品费计算表

| 序号 | 名称 | 单位 | 单价/元 | 定额 | 配发人数/人 | 月产生额/元 | 年产生额/元 |
|---|---|---|---|---|---|---|---|
| 1 | 礼仪白手套 | 双 |  | 1双·人/月 |  |  |  |
| 2 | 线手套 | 双 |  | 半双·人/月 |  |  |  |
|  | …… |  |  |  |  |  |  |
|  | 合计 |  |  |  |  |  |  |

（2）非易耗品。

非易耗品费计算表如表1-14所示。

表 1-14　非易耗品费计算表

| 序号 | 名称 | 单位 | 单价/元 | 数量 | 使用年限/年 | 月产生额/元 | 年产生额/元 |
|---|---|---|---|---|---|---|---|
| 1 | 充电式电筒 | 只 | | | 3 | | |
| 2 | 分体式雨衣 | 件 | | | 3 | | |
| 3 | 连体雨衣 | 件 | | | 3 | | |
| 4 | 水鞋 | 双 | | | 3 | | |
| | …… | | | | | | |
| | 合计 | | | | | | |

**3. 设备设施维护费**

设备设施维护费计算表如表 1-15 所示。

表 1-15　设备设施维护费计算表

| 序号 | 名称 | 单价/元 | 数量 | 月产生额/元 | 年产生额/元 | 备注 |
|---|---|---|---|---|---|---|
| 1 | 安防设备 | | | | | |
| 2 | 消防设备 | | | | | |
| 3 | 灭火器年检费 | | | | | |
| 4 | 灭火器灌装费 | | | | | |
| | 合计 | | | | | |

**4. 消防演习费**

在消防演习中，一般只使用到灭火器，因此，一般只产生灭火器灌装费。消防演习费计算表如表 1-16 所示。

表 1-16　消防演习费计算表

| 序号 | 名称 | 单价/元 | 数量 | 月产生额/元 | 年产生额/元 | 备注 |
|---|---|---|---|---|---|---|
| 1 | 灭火器灌装费 | | | | | |
| | …… | | | | | |
| | 合计 | | | | | |

**（三）清洁卫生成本测算**

清洁卫生成本费用包括办公费、月度清洁保养费、月度清洁机械折旧费等。

**1. 办公费**

办公费包括办公用品费、通信费、报纸杂志费、快递费等。

（1）办公用品包括文具、纸杯、打复印纸、硒鼓等。

清洁卫生管理办公用品计算表如表 1-17 所示。

表 1-17　清洁卫生管理办公用品费计算表

| 序号 | 岗位名称 | 岗位发放定额/(元·人/年) | 岗位人数/人 | 月产生额/元 | 年产生额/元 |
|---|---|---|---|---|---|
|  |  |  |  |  |  |
|  |  |  |  |  |  |
|  | 合计 |  |  |  |  |

（2）报纸杂志费、通信费、快递费。

报纸杂志费、通信费、快递费计算表如表1-18所示。

表 1-18　报纸杂志、通信费、快递费计算表

| 序号 | 费用名称 | 定额/(元/月) | 月产生额/元 | 年产生额/元 | 备注 |
|---|---|---|---|---|---|
| 1 | 报纸杂志 |  |  |  |  |
| 2 | 外线固定电话 |  |  |  |  |
| 3 | 内线固定电话 |  |  |  |  |
| 4 | 快递费 |  |  |  |  |
|  | 合计 |  |  |  |  |

## 2.月度清洁保养费

月度清洁保养费包括材料、工具、劳动保护用品、化粪池清掏、垃圾清运、卫生消杀费。

（1）清洁材料费。

清洁材料费计算表如表1-19所示。

表 1-19　清洁材料费计算表

| 序号 | 材料名称 | 规格 | 单位 | 单价/元 | 月耗量 | 月产生额/元 | 年耗量 | 年产生额/元 | 用途 |
|---|---|---|---|---|---|---|---|---|---|
| 1 | 洁厕灵 |  | 瓶 |  |  |  |  |  | 公共洗手间 |
| 2 | 空气清新剂 |  | 瓶 |  |  |  |  |  | 公共洗手间 |
| 3 | 洗衣粉 |  | 袋 |  |  |  |  |  | 地毯 |
| 4 | 不锈钢保养油 |  | 瓶 |  |  |  |  |  | 电梯轿厢或其他 |
| 5 | 砂纸 |  | 张 |  |  |  |  |  | 墙面小面积污渍 |
|  | …… |  |  |  |  |  |  |  |  |
|  | 合计 |  |  |  |  |  |  |  |  |

注：1.以上列举的材料为常用材料。
2.单价应以实际产生的进货单价为准。

（2）清洁工具摊销。

清洁工具摊销计算表如表1-20所示。

表1-20 清洁工具摊销计算表

| 序号 | 工具名称 | 规格 | 单位 | 单价/元 | 月耗量 | 月产生额/元 | 年耗量 | 年产生额/元 | 用途 |
|---|---|---|---|---|---|---|---|---|---|
| 1 | 凤尾扫帚 |  | 把 |  |  |  |  |  | 清扫 |
| 2 | 小拖把 |  | 把 |  |  |  |  |  | 清洗 |
| 3 | 大拖把 | 厘米×厘米 | 把 |  |  |  |  |  | 大堂清洗 |
| 4 | 尘推架 | 厘米×厘米 | 个 |  |  |  |  |  |  |
| 5 | 尘推套 | 厘米×厘米 | 个 |  |  |  |  |  |  |
| 6 | 水桶 | 厘米×厘米 | 个 |  |  |  |  |  | 清洗 |
| 7 | 抹布 |  | 块 |  |  |  |  |  | 清洗 |
|  | …… |  |  |  |  |  |  |  |  |
| 合计 |  |  |  |  |  |  |  |  |  |

（3）劳动保护用品费。

劳动保护用品费计算表如表1-21所示。

表1-21 劳动保护用品费计算表

| 序号 | 用品名称 | 规格 | 单价/元 | 定额/元 | 月产生额/元 | 年产生额/元 | 备注 |
|---|---|---|---|---|---|---|---|
| 1 | 胶手套 | 双 |  |  |  |  |  |
| 2 | 布鞋 | 双 |  |  |  |  |  |
| 3 | 口罩 | 个 |  |  |  |  |  |
| 4 | 连体式雨衣 | 件 |  |  |  |  | 公用 |
| 5 | 水鞋 | 双 |  |  |  |  | 公用 |
| 6 | 安全带 | 套 |  |  |  |  | 公用 |
| 7 | 安全帽 | 个 |  |  |  |  | 公用 |
|  | …… |  |  |  |  |  |  |
| 合计 |  |  |  |  |  |  |  |

（4）卫生消杀费。

卫生消杀费包括投放鼠药以及喷洒灭蚊、蝇等的药水。卫生消杀费计算表如表1-22所示。

表 1-22　卫生消杀费计算表

| 序号 | 名称 | 规格 | 单价/元 | 数量 | 月产生额/元 | 年产生额/元 | 备注 |
|---|---|---|---|---|---|---|---|
| 1 | 鼠药 |  |  |  |  |  | 每季度投放一次 |
| 2 | 灭害灵 |  |  |  |  |  | 春夏一周至少一次 |
| 3 | 优氯净 |  |  |  |  |  | 适时 |
|  | …… |  |  |  |  |  |  |
|  | 合计 |  |  |  |  |  |  |

注：小区/大厦的面积及周边的环境是影响消杀费用高低的主要因素。

**3.月度清洁机械折旧费**

月度清洁机械折旧费计算表如表1-23所示。

表 1-23　月度清洁机械折旧费计算表

| 序号 | 机械名称 | 规格 | 单价/元 | 折旧年限/年 | 月折旧额/元 | 年折旧额/元 |
|---|---|---|---|---|---|---|
| 1 | 洗地机 | 台 |  |  |  |  |
| 2 | 抛光机 | 台 |  |  |  |  |
|  | …… |  |  |  |  |  |
| 合计 |  |  |  |  |  |  |

**（四）绿化管理成本测算**

绿化管理成本费包括办公费、绿化养护费、绿化机械折旧费等。

**1.办公费**

办公费包括办公用品费用、通信费等。

（1）办公用品包括文具、纸杯、打复印纸、硒鼓等。

办公用品费计算表如表1-24所示。

表 1-24　办公用品费计算表

| 序号 | 岗位名称 | 岗位发放定额/(元·人/年) | 岗位人数/人 | 月产生额/元 | 年产生额/元 |
|---|---|---|---|---|---|
|  |  |  |  |  |  |
|  |  |  |  |  |  |
|  |  |  |  |  |  |
|  |  |  |  |  |  |
|  | 合计 |  |  |  |  |

（2）通信费。

通信费计算表如表1-25所示。

表 1-25 通信费计算表

| 序号 | 费用名称 | 定额/(元/月) | 月产生额/元 | 年产生额/元 | 备注 |
|---|---|---|---|---|---|
| 1 | 外线固定电话 | | | | |
| 2 | 内线固定电话 | | | | |
| | 合计 | | | | |

**2.绿化养护费**

绿化养护费包括因绿化养护而产生的水、电、病虫害防治、工具、劳动保护等费用。

（1）水费。

水费为商业用水，每吨为（　　）元。

月产生额=月平均用水量×（　　）元/吨=（　　）元。

年产生额=月产生额×12=（　　）元。

（2）电费。

电费为商业用电，1000千瓦时以下为（　　）元/千瓦时，1000千瓦时以上为（　　）元/千瓦时。

月产生额=月平均用电量×（　　）元/千瓦时=（　　）元。

年产生额=月产生额×12=（　　）元。

（3）病虫害防治费。

病虫害防治费计算表如表1-26所示。

表 1-26 病虫害防治费计算表

| 序号 | 名称 | 规格 | 单价/元 | 数量 | 月产生额/元 | 年产生额/元 | 备注 |
|---|---|---|---|---|---|---|---|
| 1 | 蜜达 | 克/袋 | | | | | |
| 2 | 锌硫磷 | 克/袋 | | | | | |
| 3 | 呋喃 | 克/袋 | | | | | |
| | …… | | | | | | |
| | 合计 | | | | | | |

（4）工具摊销费。

工具摊销费计算表如表1-27所示。

表 1-27 工具摊销费计算表

| 序号 | 工具名称 | 规格 | 单位 | 单价/元 | 月耗量 | 月产生额/元 | 年耗量 | 年产生额/元 | 用途 |
|---|---|---|---|---|---|---|---|---|---|
| 1 | 枝剪 | | 把 | | | | | | |
| 2 | 橡胶水管 | | 米 | | | | | | |

续表

| 序号 | 工具名称 | 规格 | 单位 | 单价/元 | 月耗量 | 月产生额/元 | 年耗量 | 年产生额/元 | 用途 |
|---|---|---|---|---|---|---|---|---|---|
| 3 | 小枝剪 | | 把 | | | | | | |
| 4 | 树剪 | | 把 | | | | | | |
| 5 | 高枝锯 | | 把 | | | | | | |
| 6 | 喷雾器 | | 台 | | | | | | |
| | …… | | | | | | | | |
| 合计 | | | | | | | | | |

（5）劳动保护用品费。

劳动保护用品费计算表如表1-28所示。

表1-28 劳动保护用品费计算表

| 序号 | 用品名称 | 规格 | 单价/元 | 定额/元 | 月产生额/元 | 年产生额/元 | 备注 |
|---|---|---|---|---|---|---|---|
| 1 | 胶手套 | 双 | | | | | |
| 2 | 帆布手套 | | | | | | |
| 3 | 口罩 | | | | | | |
| 4 | 草帽 | | | | | | |
| 5 | 连体式雨衣 | | | | | | 公用 |
| 6 | 水鞋 | | | | | | 公用 |
| 7 | 安全带 | 套 | | | | | 公用 |
| 8 | 安全帽 | 个 | | | | | 公用 |
| | …… | | | | | | |
| 合计 | | | | | | | |

3. 绿化机械折旧费

绿化机械折旧费计算表如表1-29所示。

表1-29 绿化机械折旧费计算表

| 序号 | 机械名称 | 规格 | 单位 | 单价/元 | 折旧年限/年 | 月折旧额/元 | 年折旧额/元 |
|---|---|---|---|---|---|---|---|
| 1 | 剪草机 | | 台 | | | | |
| 2 | 打孔机 | | 台 | | | | |
| 3 | 绿篱机 | | 台 | | | | |
| | …… | | | | | | |
| 合计 | | | | | | | |

（五）维修服务成本测算

维修服务成本包括办公费、维修养护费、维修机械折旧费等。

### 1. 办公费

办公费包括办公用品费、通信费等。

（1）办公用品包括文具、纸杯、打复印纸、硒鼓等。

办公用品费计算表如表1-30所示：

表1-30  办公用品费计算表

| 序号 | 岗位名称 | 岗位发放定额/(元·人/年) | 岗位人数/人 | 月产生额/元 | 年产生额/元 |
|---|---|---|---|---|---|
|  |  |  |  |  |  |
|  |  |  |  |  |  |
|  | 合计 |  |  |  |  |

（2）通信费。

通信费用计算表如表1-31所示。

表1-31  通信费计算表

| 序号 | 费用名称 | 定额/(元/月) | 月产生额/元 | 年产生额/元 | 备注 |
|---|---|---|---|---|---|
| 1 | 外线固定电话 |  |  |  |  |
| 2 | 内线固定电话 |  |  |  |  |
|  | 合计 |  |  |  |  |

### 2. 维修养护费

维修养护费包括所产生的材料、工具摊销、劳动保护用品、电梯年检、绝缘用品检测、监测装置校验、人员资格证照年检等费用。

（1）维修材料费。

维修材料费计算表如表1-32所示。

表1-32  维修材料费计算表

| 序号 | 材料名称 | 规格 | 单位 | 单价/元 | 月耗量 | 月产生额/元 | 年耗量 | 年产生额/元 | 用途 |
|---|---|---|---|---|---|---|---|---|---|
| 1 | 洗衣粉 |  | 袋 |  |  |  |  |  |  |
| 2 | 砂纸 |  | 张 |  |  |  |  |  |  |
| 3 | 白炽灯泡 | 40瓦 | 个 |  |  |  |  |  | 楼道照明 |
|  | …… |  |  |  |  |  |  |  |  |
|  | 合计 |  |  |  |  |  |  |  |  |

注：1.以上列举的材料为常用材料。
2.单价应以实际产生的进货单价为准。

（2）维修工具摊销费。

维修工具摊销费计算表如表1-33所示。

表1-33 维修工具摊销费计算表

| 序号 | 工具名称 | 规格 | 单位 | 单价/元 | 月耗量 | 月产生额/元 | 年耗量 | 年产生额/元 | 备注 |
|---|---|---|---|---|---|---|---|---|---|
| 1 | 一字螺丝刀 | | 把 | | | | | | |
| 2 | 十字螺丝刀 | | 把 | | | | | | |
| 3 | 电笔 | | 支 | | | | | | |
| 4 | 万用表 | | 个 | | | | | | |
| 5 | 摇表 | | 个 | | | | | | |
| | …… | | | | | | | | |
| | 合计 | | | | | | | | |

（3）劳动保护用品费。

劳动保护用品费计算表如表1-34所示。

表1-34 劳动保护用品费计算表

| 序号 | 用品名称 | 规格 | 单价 | 定额 | 月产生额/元 | 年产生额/元 | 备注 |
|---|---|---|---|---|---|---|---|
| 1 | 胶手套 | 双 | | | | | |
| 2 | 帆布手套 | 双 | | | | | |
| 3 | 安全带 | 套 | | | | | |
| 4 | 安全帽 | 个 | | | | | |
| | …… | | | | | | |
| | 合计 | | | | | | |

（4）电梯年检费。

电梯年检费计算表如表1-35所示。

表1-35 电梯年检费计算表

| 序号 | 名称 | 单价/（元/台） | 数量 | 月产生额/元 | 年产生额/元 | 备注 |
|---|---|---|---|---|---|---|
| 1 | 电梯年检费 | | | | | 每年一次 |
| 2 | 电梯限速器调整费 | | | | | 每两年一次 |
| | …… | | | | | |
| | 合计 | | | | | |

（5）绝缘用品试验费。

绝缘用品试验费计算表如表1-36所示。

表 1-36　绝缘用品试验费计算表

| 序号 | 名称 | 单价/元 | 数量 | 月产生额/元 | 年产生额/元 | 备注 |
|---|---|---|---|---|---|---|
| 1 | 绝缘手套 | | | | | |
| 2 | 绝缘靴 | | | | | |
| 3 | 高压电笔 | | | | | |
| | …… | | | | | |
| | 合计 | | | | | |

（6）监测装置校验费。

监测装置校验费计算表如表 1-37 所示。

表 1-37　监测装置校验费计算表

| 序号 | 名称 | 单价/元 | 数量 | 月产生额/元 | 年产生额/元 | 备注 |
|---|---|---|---|---|---|---|
| 1 | 万用表 | | | | | |
| 2 | 摇表 | | | | | |
| 3 | 钳形电流表 | | | | | |
| | …… | | | | | |
| | 合计 | | | | | |

（7）人员资格证照年检费。

人员资格证照年检费计算表如表 1-38 所示。

表 1-38　人员资格证照年检费计算表

| 序号 | 名称 | 单价/(元/证) | 数量 | 月产生额/元 | 年产生额/元 | 备注 |
|---|---|---|---|---|---|---|
| 1 | 电工证 | | | | | |
| 2 | 入网操作证 | | | | | 高压（配电室）操作人员持有 |
| 3 | 高压焊工证 | | | | | |
| 4 | 低压焊工证 | | | | | |
| 5 | 健康证 | | | | | 二次供水管理人员持有 |
| 6 | 特种设备安全操作证 | | | | | 分为电梯安装和电梯维修保养 |
| | …… | | | | | |
| | 合计 | | | | | |

注：必须先体检合格才能取得健康证，因此费用包括体检费。

### 3. 机械折旧费

机械折旧费计算表如表1-39所示。

表1-39 机械折旧费计算表

| 序号 | 机械名称 | 规格 | 单位 | 单价/元 | 折旧年限/年 | 月折旧额/元 | 年折旧额/元 |
|---|---|---|---|---|---|---|---|
| 1 | 电钻 |  | 台 |  |  |  |  |
| 2 | 电锤 |  | 台 |  |  |  |  |
|  | …… |  |  |  |  |  |  |
| 合计 |  |  |  |  |  |  |  |

## 三、各管理处管理成本汇总

以上所列是各项明细费用的计算公式和计算表，是预算工作的基础工作，在这个基础上，要把各项费用汇总出来。当然，不同物业公司可能设计的表格是不一样的，但总体而言，是要将所产生的费用分门别类地统计出来。以下提供某物业公司的三个表格供参考。

### （一）公共运行费预算基础表

公共运行费预算基础表如表1-40所示。

表1-40 公共运行费预算基础表

项目名称：

| 1.公共电费 | 数量 | 功率 | 运行时间 | 单价 | 月均费用 | 年度费用 | 说明 |
|---|---|---|---|---|---|---|---|
| 电梯 |  |  |  |  |  |  |  |
| 水泵 |  |  |  |  |  |  |  |
| 空调、通风 |  |  |  |  |  |  |  |
| 公共照明 |  |  |  |  |  |  |  |
| 其中：道路 |  |  |  |  |  |  |  |
| 楼道 |  |  |  |  |  |  |  |
| 景观 |  |  |  |  |  |  |  |
| 供暖 |  |  |  |  |  |  |  |
| 供热 |  |  |  |  |  |  |  |
| 其他 |  |  |  |  |  |  |  |
| 小计 |  |  |  |  |  |  |  |

续表

| 2.公共用水 | | 用量 | | 单价 | 月均费用 | 年度费用 |
|---|---|---|---|---|---|---|
| 保洁 | | | | | | |
| 绿化 | | | | | | |
| 消防 | | | | | | |
| 水景 | | | | | | |
| 其他 | | | | | | |
| 小计 | | | | | | |
| 合计 | | | | | | |
| 3.外包费用 | | | | | 月均费用 | 年度费用 |
| 保洁外包费 | | | | | | |
| 保安外包费 | | | | | | |
| 环境绿化外包费 | | | | | | |
| 维修外包费 | | | | | | |
| 生活垃圾处理外包费 | | | | | | |
| 总计 | | | | | | |

（二）物业管理成本预测表

物业管理成本预测表如表1-41所示。

表 1-41 物业管理成本预测表

项目名称：

| 序号 | 成本类别 | 成本明细 | | 费用 |
|---|---|---|---|---|
| 1 | 综合费用 | 人员费用 | （1）薪酬、餐补及工资附加费 | |
| | | | （2）体检、暂住证及用工管理费 | |
| | | | （3）社会保险 | |
| | | | （4）员工培训、考察 | |
| | | | （5）服装及其他 | |
| | | 行政费用 | （1）办公费 | |
| | | | （2）差旅交通及车辆费 | |
| | | | （3）交际应酬费 | |
| | | | （4）通信费及网络费 | |
| | | | （5）水、电、暖气费 | |
| | | | （6）咨询及律师费 | |

续表

| 序号 | 成本类别 | 成本明细 | | 费用 | |
|---|---|---|---|---|---|
| 1 | 综合费用 | 财务费用 | (1) 折旧及减值准备 | | |
| | | | (2) 养护、维修费用 | | |
| | | | (3) 长期待摊费用 | | |
| | | | (4) 其他 | | |
| | | 公共责任险 | | | |
| | | 员工活动费用 | | | |
| | | 居委会费用 | | | |
| | | 社区集体活动费用 | | | |
| | | 其他（上缴佣金） | | | |
| 2 | 保安费用 | 人员费用 | (1) 薪酬、餐补及工资附加费 | | |
| | | | (2) 体检、暂住证及用工管理费 | | |
| | | | (3) 社会保险 | | |
| | | | (4) 员工培训、考察 | | |
| | | | (5) 服装及其他 | | |
| | | 财务费用 | (1) 固定资产折旧 | | |
| | | | (2) 固定资产维修 | | |
| | | | (3) 房屋租赁费 | | |
| | | | (4) 资产摊销费 | | |
| | | 物料消耗 | (1) 保安物料及器材消耗 | | |
| | | | (2) 消防物料及器材消耗 | | |
| | | | (3) 其他 | | |
| | | 其他 | (1) 外包费 | | |
| | | | (2) 其他 | | |
| 3 | 保洁费用 | 人员费用 | (1) 薪酬、餐补及工资附加费 | | |
| | | | (2) 体检、暂住证及用工管理费 | | |
| | | | (3) 社会保险 | | |
| | | | (4) 员工培训、考察 | | |
| | | | (5) 服装及其他 | | |
| | | 财务费用 | (1) 固定资产折旧 | | |
| | | | (2) 固定资产维修 | | |
| | | | (3) 房屋租赁费 | | |
| | | | (4) 资产摊销费 | | |

续表

| 序号 | 成本类别 | 成本明细 | | 费用 |
|---|---|---|---|---|
| 3 | 保洁费用 | 物料消耗 | （1）保洁工具消耗 | |
| | | | （2）保洁用具、材料消耗 | |
| | | | （3）保洁水费 | |
| | | 生活垃圾处理费 | | |
| | | 其他 | （1）外包费 | |
| | | | （2）其他 | |
| 4 | 绿化园林景观费 | 绿化人员费用 | （1）薪酬、餐补及工资附加费 | |
| | | | （2）体检、暂住证及用工管理费 | |
| | | | （3）社会保险 | |
| | | | （4）员工培训、考察 | |
| | | | （5）服装及其他 | |
| | | 绿化养护费 | （1）花卉苗木的肥料、药剂费 | |
| | | | （2）绿化水费 | |
| | | | （3）绿化分包费 | |
| | | | （4）其他 | |
| | | 园林景观费 | （1）道路广场草地围墙费 | |
| | | | （2）室外、水景水电费 | |
| | | 财务费用 | | |
| | | 其他 | | |
| 5 | 维修费用 | 公共维修人员费用 | （1）薪酬、餐补及工资附加费 | |
| | | | （2）体检、暂住证及用工管理费 | |
| | | | （3）社会保险 | |
| | | | （4）员工培训、考察 | |
| | | | （5）服装及其他 | |
| | | 行政及物料消耗 | （1）设备、工具费 | |
| | | | （2）公共部位维修养护物耗 | |
| | | | （3）其他 | |
| | | 财务费用 | | |
| 6 | 公共设备运行及养护费 | 电梯 | （1）电费 | |
| | | | （2）维修、年检、保险费 | |
| | | | （3）电梯维护分包费 | |
| | | | （4）其他 | |

续表

| 序号 | 成本类别 | 成本明细 | | 费用 | |
|---|---|---|---|---|---|
| 6 | 公共设备运行及养护费 | 空调、通风设备 | （1）电费 | | |
| | | | （2）维修费用 | | |
| | | | （3）外包费用 | | |
| | | | （4）其他 | | |
| | | 上下水泵 | （1）电费 | | |
| | | | （2）维修费用 | | |
| | | | （3）外包费用 | | |
| | | | （4）其他 | | |
| | | 消费设施 | （1）水费 | | |
| | | | （2）年检费 | | |
| | | | （3）维修费用 | | |
| | | | （4）外包费用 | | |
| | | | （5）其他 | | |
| | | 公共照明（楼道、道路、广场） | （1）电费 | | |
| | | | （2）其他 | | |
| | | 屋面、墙体等公共、公用部位 | （1）维修费用 | | |
| | | | （2）其他 | | |
| | | 差价损失（量差） | （1）冷水费 | | |
| | | | （2）热水费 | | |
| | | | （3）电费 | | |
| | | | （4）暖气费 | | |
| | | 其他 | （1）总供配电系统 | | |
| | | | （2）照明系统 | | |
| | | | （3）给排水系统 | | |
| | | | （4）弱电系统 | | |
| | | | （5）供暖系统 | | |
| | | | （6）其他 | | |

（三）各项目物业管理成本汇总表

各项目物业管理成本汇总表如表1-42所示。

表 1-42　各项目物业管理成本汇总表

| 项目 | | 项目 A | 项目 B | …… |
|---|---|---|---|---|
| 项目概况 | 总占地面积/米² | | | |
| | 总建筑面积/米² | | | |
| | 建筑密度/% | | | |
| | 绿化面积/米² | | | |
| | 绿化率/% | | | |
| | 集中景观/个 | | | |
| | 可收费建筑面积/米² | | | |
| | 高层 | | | |
| | 多层 | | | |
| | 独栋别墅 | | | |
| | 排屋 | | | |
| | 商住办公楼 | | | |
| | 商业 | | | |
| | 车位 | | | |
| | 设施、设备 | | | |
| | 电梯 | | | |
| | 水泵 | | | |
| | 空调 | | | |
| | 照明系统 | | | |
| | 供暖、供热 | | | |
| 人员配置 | 经理 | | | |
| | 主管 | | | |
| | 管理员 | | | |
| | 保安 | | | |
| | 保洁 | | | |
| | 维修 | | | |
| | 绿化 | | | |
| | 合计/人 | | | |
| 指标 | 人均管理面积/(人/米²) | | | |
| | 人均管理成本/(元/米²) | | | |
| 收入 | 一、营业收入 | | | |
| | (一) 管理费收入 | | | |

续表

| | 项目 | 项目A | 项目B | …… |
|---|---|---|---|---|
| 收入 | （二）有偿服务收入 | | | |
| | 1.特约服务收入 | | | |
| | 2.代理性服务收入 | | | |
| | 3.装修管理收入 | | | |
| | …… | | | |
| | 二、其他收入 | | | |
| | | | | |
| | 三、代收代缴收入 | | | |
| | 公共设施运行收入 | | | |
| | | | | |
| 成本情况 | 物业管理成本合计 | | | |
| | （一）管理处综合费用 | | | |
| | 1.人员费用 | | | |
| | （1）薪酬、餐补及工资附加费 | | | |
| | （2）体检、暂住证及用工管理费 | | | |
| | （3）社会保险 | | | |
| | （4）员工培训、考察 | | | |
| | （5）服装及其他 | | | |
| | 2.行政费用 | | | |
| | （1）办公费 | | | |
| | （2）差旅交通及车辆费 | | | |
| | （3）交际应酬费 | | | |
| | （4）通信费及网络费 | | | |
| | （5）水、电、暖气费 | | | |
| | （6）咨询及律师费 | | | |
| | 3.财务费用 | | | |
| | （1）折旧及减值准备 | | | |
| | （2）养护、维修费用 | | | |
| | （3）长期待摊费用 | | | |
| | （4）其他 | | | |
| | 4.公共责任险 | | | |
| | 5.员工活动费用 | | | |

续表

| | 项目 | 项目A | 项目B | …… |
|---|---|---|---|---|
| 成本情况 | 6.居委会费用 | | | |
| | 7.社区集体活动费 | | | |
| | 8.其他（上缴佣金） | | | |
| | （二）保安费用 | | | |
| | 1.人员费用 | | | |
| | （1）薪酬、餐补及工资附加费 | | | |
| | （2）体检、暂住证及用工管理费 | | | |
| | （3）社会保险 | | | |
| | （4）员工培训、考察 | | | |
| | （5）服装及其他 | | | |
| | 2.财务费用 | | | |
| | （1）固定资产折旧 | | | |
| | （2）固定资产维修 | | | |
| | （3）房屋租赁费 | | | |
| | （4）资产摊销费 | | | |
| | 3.物料消耗 | | | |
| | （1）保安物料及器材消耗 | | | |
| | （2）消防物料及器材消耗 | | | |
| | （3）其他 | | | |
| | 4.其他 | | | |
| | （1）外包费 | | | |
| | （2）其他 | | | |
| | （三）保洁费用 | | | |
| | 1.人员费用 | | | |
| | （1）薪酬、餐补及工资附加费 | | | |
| | （2）体检、暂住证及用工管理费 | | | |
| | （3）社会保险 | | | |
| | （4）员工培训、考察 | | | |
| | （5）服装及其他 | | | |
| | 2.财务费用 | | | |
| | （1）固定资产折旧 | | | |
| | （2）固定资产维修 | | | |

续表

| 项目 | | 项目A | 项目B | …… |
|---|---|---|---|---|
| 成本情况 | （3）房屋租赁费 | | | |
| | （4）资产摊销费 | | | |
| | 3.物料消耗 | | | |
| | （1）保洁工具消耗 | | | |
| | （2）保洁用具、材料消耗 | | | |
| | （3）保洁水费 | | | |
| | 4.生活垃圾处理费 | | | |
| | 5.其他 | | | |
| | （1）外包费 | | | |
| | （2）其他 | | | |
| | （四）绿化园林景观费 | | | |
| | 1.绿化人员费用 | | | |
| | （1）薪酬、餐补及工资附加费 | | | |
| | （2）体检、暂住证及用工管理费 | | | |
| | （3）社会保险 | | | |
| | （4）员工培训、考察 | | | |
| | （5）服装及其他 | | | |
| | 2.绿化养护费 | | | |
| | （1）花卉苗木的肥料、药剂费 | | | |
| | （2）绿化水费 | | | |
| | （3）绿化分包费 | | | |
| | （4）其他 | | | |
| | 3.财务费用 | | | |
| | 4.园林景观费 | | | |
| | （1）道路、广场、草地、围墙费用 | | | |
| | （2）室外、水景水电费用 | | | |
| | 5.其他 | | | |
| | （五）维修费用 | | | |
| | 1.公共维修人员费用 | | | |
| | （1）薪酬、餐补及工资附加费 | | | |
| | （2）体检、暂住证及用工管理费 | | | |
| | （3）社会保险 | | | |

续表

| | 项目 | 项目A | 项目B | …… |
|---|---|---|---|---|
| 成本情况 | （4）员工培训、考察 | | | |
| | （5）服装及其他 | | | |
| | 2.行政及物料消耗费 | | | |
| | （1）设备工具费 | | | |
| | （2）公共部位维修养护物耗 | | | |
| | （3）其他 | | | |
| | 3.财务费用 | | | |
| | （六）公共设备运行费及养护费 | | | |
| | 1.电梯 | | | |
| | （1）电费 | | | |
| | （2）维修、年检、保险费 | | | |
| | （3）电梯维护分包费 | | | |
| | （4）其他 | | | |
| | 2.空调、通风设备 | | | |
| | （1）电费 | | | |
| | （2）维修费用 | | | |
| | （3）外包费用 | | | |
| | （4）其他 | | | |
| | 3.上下水泵 | | | |
| | （1）电费 | | | |
| | （2）维修费用 | | | |
| | （3）外包费用 | | | |
| | （4）其他 | | | |
| | 4.消防设施 | | | |
| | （1）水费 | | | |
| | （2）年检费 | | | |
| | （3）维修费用 | | | |
| | （4）外包费用 | | | |
| | （5）其他 | | | |
| | 5.公共照明（楼道、道路、广场） | | | |
| | （1）电费 | | | |
| | （2）其他 | | | |

续表

| 项目 | | 项目A | 项目B | …… |
|---|---|---|---|---|
| 成本情况 | 6.屋面、墙体等公共、共用部位 | | | |
| | （1）维修费用 | | | |
| | （2）其他 | | | |
| | 7.差价损失（量差） | | | |
| | （1）冷水费 | | | |
| | （2）热水费 | | | |
| | （3）电费 | | | |
| | （4）暖气费 | | | |
| | 8.其他 | | | |
| | （1）总供配电系统 | | | |
| | （2）照明系统 | | | |
| | （3）给排水系统 | | | |
| | （4）弱电系统 | | | |
| | （5）供暖系统 | | | |
| | （6）其他 | | | |

【实战范本1-01】

## 某公司物业费用成本预算表

### 一、人员费用支出成本预算表

| 项目 | 行次及关系 | 量值 | 备注 |
|---|---|---|---|
| 一、年平均从业人员人数（人） | 1=2+…+6 | 56 | |
| 其中：1.管理人员 | 4 | 2 | |
| 2.客服人员 | 3 | 2 | |
| 3.维修人员 | 5 | 12 | |
| 4.保洁、绿化人员 | 6 | 18 | |
| 5.办公室人员 | 7 | 20 | |
| 6.保安人员 | 8 | 2 | |
| 二、从业人员构成比例（%） | 9 | 99% | |
| 其中：1.管理人员 | 10=2÷1 | 4% | |
| 2.财务人员 | 11=3÷1 | 4% | |

续表

| 项目 | 行次及关系 | 量值 | 备注 |
|---|---|---|---|
| 3.保安人员 | 13=5÷1 | 22% | |
| 4.保洁人员 | 14=6÷1 | 33% | |
| 5.工程人员 | 15=7÷1 | 36% | |
| 6.绿化人员 | 16=8÷1 | 0 | |
| 三、从业人员费用支出总额（元） | 17=18+25+33 | 1397280.00 | 月均116440元 |
| （一）工资支出总额（元） | 18=19+…+25 | 1119600.00 | 月均工资总额93300元 |
| 其中：1.管理人员工资总额 | 19 | 69600.00 | 经理：4000元/月×12个月×1人=48000元<br>文员：1800元/月×12个月×1人=21600元 |
| 2.财务人员工资总额 | 20 | 54000.00 | 财务经理：2500元/月×12个月×1人=30000元<br>出纳：2000元/月×12个月×1人=24000元 |
| 3.保安人员工资总额 | 21 | 254400.00 | 保安主管1人×2500元/月×12个月=30000元<br>保安：11人×1700元/月×12个月=224400元 |
| 4.保洁人员工资总额 | 22 | 289200.00 | 保洁主管1人×2000元/月×12个月=24000元<br>保洁人员17×1300元/月×12个月=265200元 |
| 5.工程人员工资总额 | 23 | 416400.00 | 工程主管：2500元/月×1人×12个月=30000元<br>水电工：1700元/月×4人×12个月=81600元<br>综合维修：1600元/月×8人×12个月=153600元<br>弱电维修：1800元/月×4人×12个月=86400元<br>监控：1800元/月×3人×12个月=64800元 |
| 6.绿化人员工资总额 | 24 | 36000.00 | 绿化人员：1500元/月×24人×12个月=36000元 |
| （二）福利费支出总额（元） | 25=26+…+32 | 33600.00 | 月均2800元（春节、中秋节） |
| 其中：1.管理人员福利总额 | 26 | 1200.00 | 节日福利：200元/次×3次×2人=1200元 |

续表

| 项目 | 行次及关系 | 量值 | 备注 |
|---|---|---|---|
| 2.财务人员福利总额 | 27 | 1200.00 | 节日福利：200元/次×3次×2人=1200元 |
| 3.保安人员福利总额 | 29 | 7200.00 | 节日福利：200元/次×3次×12人=7200元 |
| 4.保洁人员福利总额 | 30 | 10800.00 | 节日福利：200元/次×3次×18人=10800元 |
| 5.工程人员福利总额 | 31 | 12000.00 | 节日福利：200元/次×3次×20人=12000元 |
| 6.绿化人员福利总额 | 32 | 1200.00 | 节日福利：200元/次×3次×2人=1200元 |
| （三）社会保障支出总额（元） | 33=34+…+39 | 244080.00 | 月均20340元，缴费人员占全员64% |
| 其中：1.管理人员社保总额 | 34 | 13560.00 | 2人×565元×12个月=13560元 |
| 2.财务人员社保总额 | 35 | 13560.00 | 2人×565元×12个月=13560元 |
| 3.保安人员社保总额 | 36 | 54240.00 | 8人×565元×12个月=54240元 |
| 4.保洁人员社保总额 | 37 | 67800.00 | 10人×565元×12个月=67800元 |
| 5.工程人员社保总额 | 38 | 94920.00 | 14人×565元×12个月=94920元 |
| 6.绿化人员社保总额 | 39 | 0 | 2人×（0元）×12个月=0元 |

## 二、项目物业服务运行总成本支出预算表

| 项目 | 行次及关系 | 年预算指标 | 备注 |
|---|---|---|---|
| 一、人员费用支出（元） | 1=2+…+8 | 1648160.00 | |
| 1.工资 | 2 | 1119600.00 | 月均137347元<br>见"人员费用支出成本预算表" |
| 2.过节福利费 | 3 | 33600.00 | |
| 3.社会保障费 | 4 | 244080.00 | |
| 4.餐费 | 5 | 201600.00 | 每人按照10元，即<br>56×10×30×12=201600（元） |
| 5.高温费 | 6 | 13440.00 | 每人按照60元，四个月即<br>56×60×4=13440（元） |
| 6.工装费 | 7 | 22400.00 | 每人按照100元/套，4套/年，即<br>56×100×4=22400（元） |
| 7.劳保用品 | 8 | 13440.00 | 每人按照20元/月，即<br>56×20×12=13440（元） |

续表

| 项目 | 行次及关系 | 年预算指标 | 备注 |
|---|---|---|---|
| 二、物业共享部位、共享设施设备日常运行维护费（元） | 9=10+…+23 | 25800.00 | 月均2150.00元 |
| 1.围墙铁栏杆 | 10 | 1200.00 | 100元/月×12个月=1200元/年 |
| 2.电梯 | 11 | 7200.00 | 100元·月/部×6部×12个月=7200元/年 |
| 3.路面照明灯 | 12 | 1200.00 | 100元/月×12个月=1200元/年 |
| 4.停车场 | 13 | 1200.00 | 100元/月×12个月=1200元/年 |
| 5.消防设施设备 | 14 | 1200.00 | 100元/月×12个月=1200元/年 |
| 6.供电设施 | 15 | 1200.00 | 100元/月×12个月=1200元/年 |
| 7.污水处理（含化粪池清理） | 16 | 4800.00 | 400元/月×12个月=4800元/年 |
| 8.日常维修、人防及单元楼道照明 | 17 | 3600.00 | 300元/月×12个月=3600元/年 |
| 9.公共门 | 18 | 1200.00 | 100元/月×12个月=1200元/年 |
| 10.其他 | 19 | 3000.00 | |
| 三、绿化养护费（元） | 20 | 24000.00 | 2000元/月×12个月=24000元/年；月均2000元 |
| 四、清洁卫生物耗（元） | 21 | 24000.00 | 物耗：2000元/月×12个月=24000元/年；月均2000元 |
| 五、物业共享部位、共享设施设备及公共责任保险费（元） | 23 | 0 | 不涉及，业委会成立后决定 |
| 六、特种设备年检费（元） | 24=25+26+27 | 1900.00 | 此项甲方负责，不计入成本。乙方负责以实际发生金额为准，向用户分摊 |
| 1.电梯年检费 | 25 | 6000.00 | 1000元/部×6部/年=6000元/年 |
| 2.消防年检费 | 26 | 6000.00 | 6000元·次/年 |
| 3.供电设施年检 | 27 | 7000.00 | 7000元·次/年 |
| 七、办公费（元） | 28=29+30+31 | 126200.00 | 月均10516.67元 |
| 1.营业税金 | 29 | 99000.00 | 1800000元×5.5%/年=99000元/年 |
| 2.管理费分摊 | 30 | 5000.00 | 分摊公司管理成本 |
| 3.其他费用 | 31 | 22200.00 | 办公用品：150元/月×12个月=1800元/年。电话费：200元/月×12个月=2400元/年。招待费：10000元/年。交通费：300元/月×12个月=3600元/年。打印机炭粉：90元/个×10个/年=900元/年；培训费（主管单位组织）：3500元/年 |

续表

| 项目 | 行次及关系 | 年预算指标 | 备注 |
|---|---|---|---|
| 八、固定资产折旧费（元） | 32 | 0 | |
| 九、应提取利润（元） | 33 | 30000.00 | |
| 十、所得税（元） | 34 | 9900.00 | 30000元×33%=9900元 |
| 十一、物业服务运行总成本（元） | 35=1+9+20+…+34 | 1907060.00 | 月均158922元 |
| 十二、服务物业管理面积（平方米） | 36 | 22714.60 | 可收物业服务费面积。25530元 |
| 十三、年平均单位面积物业服务运行成本［元/（平方米/年）］ | 37=35÷36 | 83.96 | 每平方米建筑面积一年的物业管理成本 |
| 十四、月平均单位面积物业服务运行成本［元/（平方米/月）］ | 38=37÷12个月 | 7.00 | 每平方米建筑面积一个月的物业管理成本 |

### 三、项目物业服务费收入预算表

| 项目 | 行次及关系 | 预算指标 | 备注 |
|---|---|---|---|
| 一、服务物业交付时间 | 1 | 2012年10月1日 | |
| 二、总建筑面积（平方米） | 2=4+7+10+11 | 32284.00 | |
| 服务物业管理面积（平方米） | 3=4+6 | 22714.60 | 可收取物业服务费面积 |
| 其中：1.餐饮、客房 | 4=5+6 | 7756.65 | |
| ① 餐饮 | 5 | 5025.38 | |
| ② 客房 | 6 | 2731.27 | |
| 2.民政局、军休 | 7=8+9 | 8579 | |
| ① 民政局 | 8 | 1275.79 | |
| ② 军休 | 9 | 7303.21 | |
| 3.写字间 | 10 | 6378.95 | |
| 4.其他面积（平方米） | 11 | 9569.40 | 地下室9569.40平方米，其中地下三层需要摊销2815.56元。地下一层和二层面积按照车位停放收取物业服务费 |
| 三、电梯数（部） | 12 | 6 | |
| 四、增压水泵数（台） | 13 | 2 | |
| 五、服务物业服务人数（人） | 14 | 约300 | |
| 六、物业服务费收入情况 | 15 | … | |

续表

| 项目 | 行次及关系 | 预算指标 | 备注 |
|---|---|---|---|
| （一）餐饮物业费收入情况（元） | 16 | … | |
| 1.应收餐饮物业服务费 | 17 | 732322.00 | 8718.12平方米×7.00元/（月·平方米）×12个月=732322元 |
| 2.实收写字楼物业服务费预测 | 18 | 732322.00 | |
| 3.预测收缴率（%） | | 100% | |
| （二）写字楼物业费收入情况（元） | 19 | … | |
| 1.应收写字楼物业服务费 | 20 | 688285.00 | 7169.64平方米×8.00元/（月·平方米）×12个月=688285元 |
| 2.实收写字楼物业服务费预测 | 21 | 688285.00 | |
| 3.预测收缴率（%） | 0 | 100% | |
| （三）民政局物业费收入情况（元） | 22 | … | |
| 1.应收民政局物业服务费 | 23 | 809962.00 | 9642.40平方米×7.00元/（月·平方米）×12个月=809962元 |
| 2.实收民政局物业服务费预测 | 24 | 809962.00 | 9642.40平方米×6.00元/（月·平方米）×12个月=694253元 |
| 3.预测收缴率（%） | 0 | 100% | 9642.40平方米×6.50元/（月·平方米）×12个月=752107元 |
| （四）地下车位物业服务费收入情况（元） | 25 | … | |
| 1.应收车位物业服务费 | 26 | 288000.00 | 60个×400元/（月·个）×12个月=288000元 |
| 2.实收车位物业服务费预测 | 27 | 144000.00 | |
| 3.预测收缴率（%） | 28 | 50% | |
| 七、物业服务费总收入（元） | 29=18+21+24+27 | 2374569.00 | 月均197880.75元 2374569.00/12=197880.75 |

**四、项目物业服务运行总成本支出补充说明**

物业服务运行总成本由"人员费用、物业共享部位/共享设施设备日常运行维护费、绿化养护费、清洁卫生费、秩序维护费、物业共享部位/共享设施设备及公共责任保险费、特种设备年检费、办公费、固定资产折旧费、应提取利润、所得税"11项开支扣除物业经营所得收益构成，全面涵盖物业管理各个系统，确保项目正常物业管理和服务工作的开展及服务质量的达标。

1. 餐饮全年收入按照每平方米7.00元，应收732322元。
民政局全年收入按照每平方米7.00元，应收809962元。
写字间全年收入按照每平方米8.00元，应收688285元。
停车场全年收入应收144000.00元。
全年收入合计2374569元，平均每月197880.75-158922=38958.75（元）。

2. 餐饮全年收入按照每平方米7.00元，应收732322元。
民政局全年收入按照每平方米6.50元，应收752107元。
写字间全年收入按照每平方米8.00元，应收688285元。
停车场全年收入应收144000.00元。
全年收入合计2316714元，平均每月193059.50-158922=34137.50（元）。

3. 餐饮全年收入按照每平方米7.00元，应收732322元。
民政局全年收入按照每平方米6.00元，应收694253元。
写字间全年收入按照每平方米8.00元，应收688285元。
停车场全年收入应收144000.00元。
全年收入合计2258860元，平均每月188238.33-158922=29316.33（元）。

## 第三节　建立预算控制体系

要使预算有效地得到控制，使各项费用开支不超过预算的范围，就必须建立预算控制体系，具体包括的制度如图1-5所示。

| 制度一 | 建立预算执行责任制度 |
| 制度二 | 建立监督检查制度 |
| 制度三 | 建立预算执行情况内部报告制度 |
| 制度四 | 建立预算执行情况预警机制 |
| 制度五 | 建立预算执行结果质询制度 |
| 制度六 | 建立预算执行情况分析制度 |

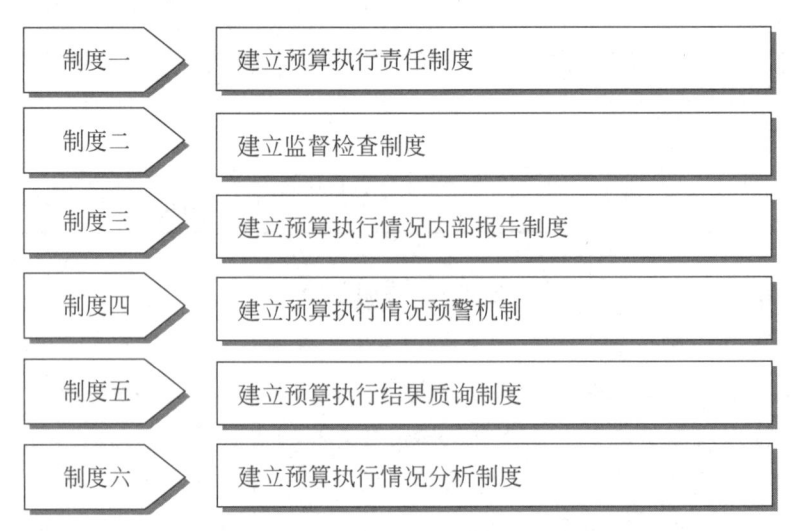

图1-5　建立预算控制体系的六大制度

## 一、建立预算执行责任制度

物业公司建立预算执行责任制度的目的是明确相关部门及人员的责任，定期或不定期进行检查、实施考核、落实奖惩。以下是某物业公司对财务部、各部门及管理处的职责的划分（表1-43）。

表1-43 财务部、各部门及管理处的预算管理职责

| 序号 | 部门 | 预算职责 |
| --- | --- | --- |
| 1 | 财务部 | （1）公司决策机构根据企业发展战略，在对预算期经济形势做出初步预测和决策的基础上，及时提出下一年度公司的预算目标，包括收入目标、成本费用目标、利润目标和现金流量目标等，并确定预算编制政策，由财务部下达到各部门、管理处<br>（2）对各部门、管理处上报的预算方案进行审查、汇总，提出综合平衡的建议。在审查、平衡过程中，与各部门、管理处进行充分讨论和协调，对发现的问题提出初步调整的意见，并反馈和修正<br>（3）在预算调整的基础上，编制出公司年度财务预算初稿，经相关部门审核。经进一步调整后，正式形成年度预算方案，并报公司批准<br>（4）公司年度预算经批准后，由财务部逐级下达各部门、管理处执行<br>（5）加强对各部门、管理处的指导、监督和服务。预算编制不及时或编制质量不高的部门，应及时做出报告<br>（6）严格控制预算资金的支付，调节资金收付平衡，严格控制支付风险<br>（7）严格执行按月度计划采购制度，坚持货比三家的原则，定期评审合格供应商，严格控制采购成本<br>（8）运用财务分析报告和预算反馈分析监控预算执行情况，及时向总经理和各部门、管理处报告或反馈预算执行进度、执行差异及其对公司预算目标的影响，促进部门完成预算目标<br>（9）如遇各部门、管理处提出预算调整申请后，组织审议程序，并提出审议意见。审议人员由公司总经理、各部门负责人及提议部门的负责人组成，审议意见应说明审议参议人和过程，包括对申请同意、反对或补充修改的内容，对申请调整事项做深入的调整研究和论证<br>（10）经审议通过的预算调整，必须报总经理批准，一旦审批同意，立即下发执行<br>（11）定期召开预算执行分析会议，全面掌握预算执行情况，研究、解决预算执行中存在的问题，提出改进措施<br>（12）应充分收集有关财务、业务、市场、技术、政策、法律等方面的信息资料，根据不同情况分别采用比率分析、比较分析、因素分析、平衡分析等方法，从定量与定性两个层面充分反映公司的现状、发展趋势及其存在的潜力。对于预算执行差异，应当客观分析产生的原因，提出解决措施或建议，提交公司总经理室研究决定<br>（13）定期或不定期地实施审计监督及时发现和纠正预算执行中存在的问题，维护预算的严肃性<br>（14）定期向总经理报告预算执行情况，并组织对各部门、管理处进行考核 |

续表

| 序号 | 部门 | 预算职责 |
|---|---|---|
| 2 | 各部门、管理处 | （1）部门、管理处在经理的领导下，实行分级负责、归口管理<br>（2）部门、管理处按照财务部下达的预算目标和政策，组织讨论，结合各自项目的特点以及预算的执行条件，提出本部门、管理处预算的具体方案<br>（3）预算的具体方案以上年度的数据为依据，充分考虑下年度的可变因素，如物业管理合同的期限、管理费的收缴率、人员编制、成本费用等，按照预算的项目分别进行分别预算<br>（4）公司的其他部门也需要根据本部门的职责编制业务预算、费用预算<br>（5）各部门、管理处预算方案编制完成，上报财务部<br>（6）预算一经批复下达，各部门、管理处必须认真组织实施，将预算指标层层分解，从横向和纵向落实到内部各部门、各环节、各岗位，形成全方位的预算执行责任体系。年度预算应细分，通过月度、季度、半年等分期预算控制实现年度预算目标<br>（7）凡纳入公司预算的资金拨付，都应按照授权审批程序执行。未纳入公司预算的支出项目，原则上不予支付。虽已纳入公司预算，但支付手续不健全、凭证不合格的支出项目一律不得支付<br>（8）各部门、管理处在执行过程中由于管理合同续签、新增管理项目、委托方提前终止合同等原因，或出现不可抗力如重大自然灾害、公共紧急事件等致使预算的编制基础不成立导致预算执行结果产生重大差异的，逐级向财务部、总经理提出书面报告，阐述预算执行的具体情况、客观因素变化情况及其对预算执行造成影响程度，提出预算的调整幅度<br>（9）对于预算执行差异，应当客观分析产生的原因，提出解决措施或建议<br>（10）每月对管理费收缴情况进行分析，必要时采取法律的途径进行解决<br>（11）定期编制预算执行报告，上报财务部 |

## 二、建立监督检查制度

物业公司应建立对预算内部管理的监督检查制度，对预算编制、预算执行、预算调整、预算分析和考核进行全面的监督检查，明确监督检查机构或人员的职责权限，定期或不定期地进行检查（表1-44）。

表1-44　预算检查的项目与内容

| 序号 | 检查项目 | 检查内容 |
|---|---|---|
| 1 | 岗位分工和授权批准情况 | 重点检查预算编制、审批、执行等各环节是否分离，各环节之间职责、权限是否明确，是否按照授权程度办理预算工作 |
| 2 | 预算编制情况 | 重点检查预算编制依据是否科学、合理，是否存在预算与经济实际相脱节甚至相互背离的情况。预算编制程序和方法是否规范、正确，是否存在违反编制程序、滥用编制方法的情况 |

续表

| 序号 | 检查项目 | 检查内容 |
|---|---|---|
| 3 | 预算执行情况 | 重点检查各部门、管理处是否建立预算责任制,是否严格执行批准的预算指标,对预算执行中出现的问题是否及时进行纠正和处理 |
| 4 | 预算调整情况 | 重点检查预算调整是否严格按照规定程序进行,预算调整理由是否充分、适当,有无盲目调整预算或借调整预算逃避责任的情况 |
| 5 | 预算分析和考核情况 | 重点检查是否建立科学的考核制度和严格的审计制度,是否落实预算责任制,兑现奖惩措施 |

对监督检查过程中发现的预算内部控制中的薄弱环节,监督检查部门应当告知有关部门,及时查明原因,采取措施加以纠正和完善。

### 三、建立预算执行情况内部报告制度

物业公司应建立预算执行情况内部报告制度,有助于企业及时掌握预算执行动态及结果,具体要求如下。

(1) 要加强计量、记录、定额等基础管理工作,完善各项规章制度,加强预算适时监控,及时掌握预算执行动态及结果。

(2) 各部门、管理处应当充分运用内部管理报告和财务会计报告等有关资料监控预算执行情况,及时向公司财务部报告预算执行进度、执行差异及其对单位预算目标的影响,提出消除差异的建议措施。

### 四、建立预算执行情况预警机制

物业公司应建立预算执行情况预警机制,通过科学选择预警指标,合理确定预警范围,及时发出预警信号,积极采取应对措施。

各部门、管理处对于预算执行过程中发生的新情况、新问题要进行必要的动态跟踪,对于出现偏差较大的项目或指标要及时进行预警。财务部应当责成有关预算单位剖析原因,采取必要的纠偏措施,确保预算目标的全面实现。

### 五、建立预算执行结果质询制度

物业公司应建立预算执行结果质询制度,各部门、管理处对预算指标与实际结果之间的重大差异进行解释和答辩。

### 六、建立预算执行情况分析制度

物业公司应建立预算执行情况分析制度,也就是说要对预算的执行情况分析原因,考核得失,并作为奖勤罚懒、奖优罚劣的重要依据。同时,应完善预算执行情况的差异分析(主观因素还是客观因素,主要因素还是次要因素,有利因素还是不利因素等),由

上而下滚动调整预算考核指标。

（一）财务部的分析

物业公司财务部每季度负责组织召开公司预算执行分析会议，了解预算执行进度以及存在问题，研究确保预算完成的具体措施，全面掌握预算执行情况。

（二）各部门、管理处的分析

各部门、管理处要充分利用有关政策、法规、市场、财务、业务、技术等方面的资料和预算执行过程中的动态信息，采用科学的分析方法，从定量与定性两个方面全面反映预算执行的现状、发展趋势及其存在的潜力等。对预算执行过程中产生的偏差，各部门、管理处应当客观分析具体原因，找出责任归属及改进工作的措施或建议，并针对问题采取有效措施消除偏差。

各部门、管理处都应当建立月度预算执行分析制度。预算执行过程中，各部门、管理处应组织专门人员进行定期、不定期的现场监督检查，追踪预算执行情况，对于预算执行差异要及时提交公司财务部门研究。

【实战范本1-02】▶▶▶

## 物业公司全面预算管理办法

### 第一章　总则

第一条　为了深化公司全面预算管理的思想，有效利用和控制公司在经营过程中的收支，做到计划性、前瞻性和有序性，特制定本制度。

第二条　通过实施全面预算管理，可以明确并量化公司的经营目标、规范公司的管理控制、落实各责任中心的责任、明确各级责权、明确考核依据，为公司的成功提供保证。

第三条　原则。事前预测、事中控制和事后分析相结合。

### 第二章　预算组织

第四条　预算主体。以"谁花费、谁预算"为原则，预算的主体是费用收支的责任人（或部门）。

第五条　预算管理组织。预算管理小组由公司经理、副经理、财务人员组成，全面负责公司运营范围的预算管理。

### 第三章　预算责权

第六条　职责和权利。

1.各预算主体负责预算的编制和执行。

2.公司、部门负责人依据权限进行审核和执行。

3.财务人员做好监督、信息支持和稽核工作。

4. 预算管理小组负责部门预算草案审批和执行监管。

5. 总公司财务部负责公司预算草案审批及执行监管。

第七条 预算范围。

1. 公司预算内容。

预算收入：物业管理费、商业经营费、有偿服务费、其他收入。

预算支出：人员经费（福利费）、办公费、公务费、业务费、设备购置费、维修费、绿化费、保洁费、保安费、税费、机动经费、其他支出。

2. 管理处预算内容。

预算收入：物业管理费、商业经营费、有偿服务费、其他收入。

预算支出：人员经费、设备购置费、维修费、绿化费、保洁费、办公费、一定比例的机动经费、其他支出。

3. 安保部按照部门做预算，由预算管理小组分解到各管理处。

预算支出：人员经费、器械购置费、业务费、其他支出。

第八条 预算目标的界定。

1. 在物业服务和管理过程中产生的计划性、周期性和阶段性的可预见的收支。

2. 因突发或新增项目的无预见依据而又超出预算机动经费30%的再按此办法进行预算管理。

## 第四章 预算编制和审批程序

第九条 各部门应按照公司规定时间编制年度预算草案，并分解到阶段性预算草案。

第十条 在编制收入预算时，避免漏项，不得将上年的非正常收入作为编制预算收入的依据。

第十一条 各部门预算支出的编制，应当贯彻厉行节约，勤俭办事的原则。

第十二条 各部门编制年度预算草案的依据。

1. 公司的目标以及本部门的工作目标。

2. 本部门的职责、发展计划及所属岗位职责。

3. 本部门定员、定额标准。

4. 本部门上一年度财务收支情况和本年度预算收支变化因素。

第十三条 公司编制年度预算草案的依据。

1. 总公司的目标和要求。

2. 本公司的职责、发展计划。

3. 本部门定员、定额标准。

4. 本部门上一年度财务收支情况和本年度预算收支变化因素。

第十四条 公司按照《预算草案编制的依据》确定今年支出重点、力保项目、支出金额总数。

第十五条 预算编制和审批。

1. 部门以下岗位预算主体按照预算依据提报年度和阶段性的预算支出草案。

2. 部门预算主体汇总各岗位预算主体的预算支出草案，进行综合审核，反复商讨，达成共识，再综合部门预算收入和工作目标形成部门预算草案，报公司预算管理小组。

3. 公司预算管理小组对部门提报的预算草案进行审核、商讨、汇总，达成共识，再综合公司的预算依据形成公司的预算草案。

4. 确定预算总额后，预算管理小组将预案上报总公司财务部审定预算，达不成共识，再下放到各逐级预算主体进行调整，直至达成共识。

第十六条 各纵向经费规模由财务人员组织各业务部门报预算计划，报预算管理小组讨论、确定。

## 第五章 预算执行与管理

第十七条 公司年度预算经总公司财务部批准安排后，公司各部门应加强日常收支管理，认真落实预算指标，增强预算的严肃性，确保预算的完整性和年度预算的实现。

第十八条 公司预算管理小组应按预算指标，会同有关部门积极落实收入，保证收入按计划或超计划完成。

第十九条 各部门应根据本部门实际编制年度支出计划，细化年度预算支出，并将具体支出计划报送预算管理小组监督执行，同时还应建立本部门支出辅助账（劳保用品、办公用品等的支出），定期与公司财务人员核对预算执行结果。

第二十条 部门预算支出额度一般只能用于日常维持性支出，不得用于购置设备（包括办公家具等）和劳务性支出。如确需购置急需设备或其他突发情况，必须经公司主管领导批准后，在不超过年度预算的情况下从公司机动经费中解决。

第二十一条 各部门的预算支出，必须按照预算管理小组批复的预算科目和数额执行；确需做出调整的，需经预算管理小组负责人批准。

第二十二条 预算管理小组的负责人要对公司的预算执行情况负总责，保证预算支出额度不突破，并严格实行审批制度，各项支出必须经公司领导审批签字后方可支付。

## 第六章 业绩报告及差异分析

第二十三条 公司预算管理小组对各部门和各专项经费预算支出情况进行管理、控制和分析，定期将预算执行情况予以公布，并每半年举行一次全面预算执行情况大检查。

第二十四条 年终，各部门主管必须向预算管理小组汇总编制预算执行报告。报告要分析预算收入、支出与实际收入、支出存在的差异，以及各项任务完成的情况，并提出改进措施。做到数字准确、内容完整、说明充分、报送及时。

## 第七章　预算指标考核

第二十五条　各部门的年度或阶段性预算列入部门年度或阶段性工作目标考核书中，公司将对各部门的预算执行情况进行考核。

第二十六条　本预算管理规定由预算管理小组负责解释。

第二十七条　本预算管理规定自发布之日起实行。

---

【实战范本1-03】▶▶

## 管理处财务预算管理监控办法

### 1. 目的

为规范管理处财务预算管理，合理、有效控制成本，确保预算目标实现，特制定本规定。

### 2. 适用范围

物业公司各管理处财务预算。

### 3. 管理规定

3.1 预算管理监控原则

3.1.1 年度预算以实现收支平衡，略有盈余为原则。

3.1.2 以权责发生制为基础，合理核算收入与支出。

3.1.3 权责明确，奖惩结合。

3.2 预算编制、审批监控

3.2.1 公司编制预算，应按照"上下结合、分级编制、逐级汇总"程序进行。

3.2.2 各管理处是否结合自身特点及预测的执行条件，按照统一的预算表格和科学的方法编制本单位年（月）度预算案。

3.2.3 分公司应建立预算审核小组，明确职责，认真审查、核实、平衡各管理处预算草案，就是否存在虚增预算成本、隐瞒预算收入等情况，在充分协调的基础上提出综合平衡的初步调整建议，并反馈给各管理处予以修正。

3.2.4 总部资产管理部应对修正调整后的各管理处预算草案进行核准、汇总。对于不符合公司发展战略或者预算目标的事项，总部资产管理部责成分公司预算审核小组做进一步的修订、调整。

3.2.5 在讨论、调整的基础上形成正式的各管理处年度预算案，报公司经营班子会议审议批准执行，总部资产管理部、财务稽核部及分公司财务核算部应备案。

### 3.3 预算执行与控制监控

3.3.1 各管理处是否按批准的年度总预算认真组织实施，将财务指标落实到内部各环节和各岗位，形成全方位的财务预算执行责任体系。

3.3.2 各管理处应当将财务预算作为预算期内组织、协调各项经营活动的基本依据，将年度预算细分为月度和季度预算，以分期预算控制确保年度财务预算目标的实现。

3.3.3 分公司财务核算部应按时组织预算资金流入，严格控制预算资金的支付。对于预算内的资金支付，一定要按照授权审批权限和程序执行。对于预算外的项目支出，应当按照预算外支出审批程序执行。

3.3.4 预算内支出审批流程。

（1）常规支出。

| 成本项目 | 初审 | 核准 | 审批 | 审签 |
| --- | --- | --- | --- | --- |
| 职员工资 | 分公司综合事务部经理 | 分公司财务核算部经理 | — | 分公司总经理 |
| 社会保险 | | | | |
| 物价补贴 | | | | |
| 伙食补贴 | | | | |
| 福利费 | 分公司财务核算部按会计制度自行提取 | | | |
| 工会经费 | | | | |
| 固定资产折旧费 | | | | |
| 教育经费 | | | | |
| 管理佣金 | | | | |
| 税金及附加 | | | | |
| 清洁绿化费 | 管理处经理 | 分公司财务核算部经理 | — | 分公司总经理 |
| 电梯维护费 | | | | |
| 社区文化费 | | | | |
| 交通费 | | | | |
| 设备设施维护费 | | | | |
| 业主委员会经费 | | | | |
| 公司分摊费用 | | | | |
| 公共水电费 | 管理处经理 | 分公司工程技术部经理+分公司财务核算部经理 | — | 分公司总经理 |
| 物料消耗费 | | | | |

（2）外委托工程。

| 金额 | 初审人 | 复核人 | 核准人 | 批准人 |
| --- | --- | --- | --- | --- |
| 20000元以下 | 工程主管+管理处经理 | 分公司工程技术部经理 | 分公司财务核算部经理 | 分公司总经理 |
| 20000元以上 | 管理处经理 | 总工程师 | 总部财务稽核部经理 | 总经理 |

（3）业务费及办公费。

| 金额 | 初审人 | 复核人 | 核准人 | 批准人 |
| --- | --- | --- | --- | --- |
| 1000元以下 | 管理处经理 | — | 分公司财务核算部经理 | 分公司总经理 |
| 1000元以上 | 管理处经理 | — | 总部财务稽核部经理 | 总经理 |

（4）固定资产购置支出。

按公司固定资产管理办法执行。

（5）其他支出。

| 金额 | 初审人 | 复核人 | 核准人 | 批准人 |
| --- | --- | --- | --- | --- |
| 5000元以下 | 管理处经理 | — | 分公司财务核算部经理 | 分公司总经理 |
| 5000元以上 | 管理处经理 | — | 总部财务稽核部经理 | 总经理 |

3.3.5 管理处所有项目支出预算金额都应该在年初预算中申报。当出现临时需追加的预算外合同金额或其他费用支出情况时，应先填制"预算外支出审批表"作为预算外申报，按规定流程由公司总经理核准后方可支出。

3.3.6 分公司财务核算部应在权责发生制的基础上，坚持一贯性、配比性等原则，以实际发生的交易或事项为依据，真实、准确反映各管理处的收支状况，杜绝账务处理的随意性。

3.3.7 公司总部应不定期检查和审核分公司费用归集标准的恰当性，费用分摊的合理性，以及是否存在费用列支的随意性和不合理开支，规范财务核算。加强适时监控，严格控制资金支付，调节资金收支平衡，控制支付风险，努力促成管理处完成年度预算指标。

3.3.8 分公司应建立财务预算报告制度，要求各管理处定期报告财务预算的执行情况。对于财务预算执行中发生的新情况、新问题及出现偏差较大的重大项目，分公司财务核算部应及时查明原因，如执行人的原因、目标不合理或成本核算的问题等，并提出解决办法。

3.3.9 分公司财务核算部应及时向各管理处出具财务报表，对预算执行过程中存在的差异以及对财务预算目标可能造成影响的因素应及时反馈和提示各管理处，并向分公司总经理汇报预算的执行进度，以促成财务预算目标的达成。

3.4 预算调整监控

3.4.1 对调整项目是否可行进行审查与评价，杜绝项目调整的随意性，维护预算管理的科学性和严肃性。

3.4.2 管理处调整预算应阐述预算执行的具体情况、客观因素变化及其对原预算执行造成的影响程度，并提出预算指标的调整幅度，按规定的流程上报审批后再下达执行。

3.4.3 预算调整应当遵循以下原则。

（1）调整事项不能偏离公司发展战略和年度财务预算目标。

（2）调整方案应当在经济上能够实现最优化。

（3）预算调整重点应当放在预算执行中出现的重要的、非正常的、不符合常规的关键性差异方面。

3.5 预算分析监控

3.5.1 对分公司财务核算部预算执行分析报告的精确程度进行审查和评价。每季度末，分公司财务核算部应在充分收集各管理处财务信息的基础上，采用比率分析、比较分析、因素分析等方法，从定量和定性两个层面对各管理处预算执行的现状、发展趋势及潜在风险予以分析，并形成预算执行分析报告。预算分析报告应于下季度第一个月的15日前发布，并提交分公司总经理及总部财务稽核部。

3.5.2 分公司每季度末应组织召开预算执行分析会议，对预算执行情况进行定期分析、测定和检查，针对预算执行中存在的问题制定切实可行的措施，纠正预算的执行偏差。

3.6 预算考核监控

3.6.1 预算考核要坚持一视同仁、权责明确、奖罚分明的原则。

3.6.2 年度终了，分公司预算审核小组就财务核算部提交的管理处预算实现报告进行考核。考核结果与具体奖惩按当年签订的经营管理目标责任书中的相应规定执行。

3.6.3 预算实现报告应满足：以会计资料真实、准确、完整为前提；内容与责任范围一致；信息要满足考核的需要。

3.6.4 管理处应严格按照权责发生制及时报销当年产生的全部费用。否则，会使本应进入当年成本的费用转入下一会计年度从而导致公司损失，公司应依据实际情况对当事人进行严肃处理。

3.6.5 分公司要明确业务费、交通费及办公费的预算管理。原则上不得突破预算金额，其余的各明细成本在管理处预算成本总额内可以进行相互调剂，但不能作为管理处个人补贴性支出。

**4.支持性工具**

预算外支出审批表如下。

预算外支出审批表

| 一、预算外支出项目名称及内容 |||
|---|---|---|
| 二、预算外资金<br>1.已核准预算金额<br>2.已产生金额<br>3.预算外项目需要资金 |||
| 三、申请理由<br><br><br> |||
| 管理处经理： | 日期： ||
| 四、分公司预算审核小组意见<br><br><br> |||
| 分公司总经理签名： | 日期： ||
| 五、总部财务稽核部意见<br><br><br> |||
| 部门经理签名： | 日期： ||
| 六、总经理意见<br><br><br> |||
| 总经理签名： | 日期： ||

注：此表保存期为永久。

# 第二章 人工成本降低

> **引言**
>
> 物业公司的成本中，人工成本的比例很大，占总收入的50%～70%，占总成本的60%～80%，人工成本控制下来了，物业公司的成本就降低了一大笔开支。

## 第一节 人力成本的构成

企业人力成本（以下简称为HR成本）是指为了获得日常经营管理所需的人力资源，并在使用过程中及人员离职后所产生的所有费用支出，具体包括招聘、录用、培训、使用、管理、医疗、保健和福利等各项费用。

根据人员从进入企业到离开企业整个过程中所发生的人力资源工作事项，可将HR成本分为取得成本、开发成本、使用成本与离职成本四个方面。在物业公司也是一样，包括以下几个方面。

### 一、取得成本

取得成本是指企业在招募和录取员工的过程中产生的成本，主要包括招聘、选择、录用和安置等各个环节所产生的费用，具体项目如表2-1所示。

表2-1 取得成本的构成

| 序号 | 成本项目 | 说明 |
|---|---|---|
| 1 | 招聘成本 | 招聘成本是指为吸引和确定企业所需内外人力资源而产生的费用，主要包括内部成本、外部成本和直接成本。内部成本为企业内招聘专员的工资、福利、差旅费支出和其他管理费用。外部成本为外聘专家参与招聘的劳务费、差旅费。直接成本为广告、参加招聘会的支出、职业介绍机构收费、员工推荐人才奖励金、大学招聘费用等 |

续表

| 序号 | 成本项目 | 说明 |
|---|---|---|
| 2 | 选择成本 | 选择成本是指企业为选择合格的员工而产生的费用,包括在各个选择环节(如初试、面试、心理测试、评论、体检等过程)中产生的一切与决定录取或不录取有关的费用 |
| 3 | 录用成本 | 录用成本是指企业为取得已确定聘任员工的合法使用权而产生的费用,包括录取手续费、调动补偿费、搬迁费等由录用引起的有关费用 |
| 4 | 安置成本 | 安置成本是指企业将被录取的员工安排在某一岗位上产生的各种行政管理费用,包括录用部门为安置人员所损失的时间成本和录用部门安排人员的劳务费、咨询费等 |

## 二、人力开发成本

人力开发成本是指为提高员工的能力、工作效率及综合素质而产生的费用或付出的代价,主要包括岗前培训成本、岗位培训成本和脱产培训成本,具体项目如表2-2所示。

表2-2　人力开发成本的构成

| 序号 | 成本项目 | 说明 |
|---|---|---|
| 1 | 岗前培训成本 | 岗前培训成本是指企业对上岗前的新员工在思想政治、规章制度、基本知识和基本技能等方面进行培训所产生的费用,具体包括培训者与受培训者的工资、培训者与受培训者离岗的人工损失费、培训管理费、资料费和培训设备折旧费等 |
| 2 | 岗位培训成本 | 岗位培训成本是指企业为使员工达到岗位要求而对其进行培训所产生的费用,包括上岗培训成本和岗位再培训成本 |
| 3 | 脱产培训成本 | 脱产培训成本是指企业根据生产和工作的需要,允许员工脱离工作岗位接受短期(一年内)或长期(一年以上)培训而产生的成本,其目的是为企业培养高层次的管理人员或专门的技术人员 |

## 三、人力使用成本

人力使用成本是指企业在使用员工的过程中产生的费用,主要包括工资、奖金、津贴、补贴、社会保险费用、福利费用、劳动保护费用、住房费用、工会费、存档费和残疾人保障金等,具体项目如表2-3所示。

表2-3　人力使用成本的构成

| 序号 | 成本项目 | 说明 |
|---|---|---|
| 1 | 维持成本 | 维持成本是指企业保持人力资源的劳动力生产和再生产所需要的费用,主要指付出员工的劳动报酬,包括工资、津贴、年终分红等 |
| 2 | 奖励成本 | 奖励成本是指企业为了激励员工发挥更大的作用,而对其超额劳动或其他特别贡献所支付的奖金,包括各种超额奖励、创新奖励、建议奖励或其他表彰支出等 |

续表

| 序号 | 成本项目 | 说明 |
|---|---|---|
| 3 | 调剂成本 | 调剂成本是指企业为了调剂员工的工作和生活节奏，使其消除疲劳、稳定员工队伍所支出的费用，包括员工疗养费用、文体活动费用、员工定期休假费用、节假日开支费用、改善企业工作环境的费用等 |
| 4 | 劳动事故保障成本 | 劳动事故保障成本是指员工因工受伤和因工患职业病的时候，企业应该给予员工的经济补偿费用，包括工伤和患职业病者工资、医药费、残废补贴、丧葬费、遗属补贴、缺勤损失、最终补贴等 |
| 5 | 健康保障成本 | 健康保障成本是指企业承担的因工作以外的原因（如疾病、伤害、生育等）引起员工健康欠佳，不能坚持工作而需要给予的经济补偿费用，包括医药费、缺勤工资、产假工资和补贴等 |

## 四、离职成本

离职成本是指企业在员工离职时可能支付给员工的离职津贴、一定时期的生活费、离职交通费等费用，主要包括解聘、辞退费用及因工作暂停而造成的损失等，具体项目如表2-4所示。

表 2-4 离职成本的构成

| 序号 | 成本项目 | 说明 |
|---|---|---|
| 1 | 离职补偿成本 | 离职补偿成本是指企业辞退员工或员工自动辞职时，企业所应补偿给员工的费用，包括至离职时间止应付给员工的工资、一次性付给员工的离职金、必要的离职人员安置费用等支出 |
| 2 | 离职管理费用 | 离职管理费用是指在员工离职过程中，管理部门为处理该项事务而产生的费用 |
| 3 | 离职前效率损失 | 离职前效率损失是指一个员工在离开某一单位前，由于原有生产效率受到损失而造成的成本 |
| 4 | 空职成本 | 空职成本是指企业在物色和招聘到离职者的替代人员之前，由于某一职位出现空缺，可能会使某项工作或任务完成受到影响，由此而引起的一种间接成本 |

# 第二节 岗位设置与编制缩减

岗位设置与编制缩减是物业管理服务行业人力资本控制的重要一环。它直接关系到团队的组成、人员的配置、工作效率的高低和组织执行力的强弱。合理设置岗位与编制缩减既可以提高团队工作效率，形成和谐的工作环境，有序地组织管理层级，又可大大降低行政管理成本和人力资源成本，是一个一举多得、事半功倍、提高经济效益的管理环节和组织程序。

## 一、岗位设置

岗位设置的要求如下所示。

（1）根据物业公司与业主签订的服务协议中的规定需要物业公司提供的服务品质达到什么标准为前提设置相应的岗位，关键是以节约人工成本为主。

（2）各管理处内部设置尽量采用三级管理模式进行管理，比如员工、班组长主管、经理。对于基层管理职位不要设置过渡性岗位，比如主管助理、副班长，如果设置了过渡性岗位，会增加管理层次，会让员工觉得和领导交流是一件可望而不可及的事情，直接影响企业的凝聚力。各管理处的行政类职责最好是合并到客户系列去开展，这样有利于拓展客户系列的人员对内对外的沟通协调能力的提升。特别是仓库管理员更是需要合并的岗位，前提是物资采购可以由公司就近选择供货商，采用定点采购和定期付款的方式，尽量减少库存物资的囤积，增大流动资金。

（3）职能部门的设置要少而精。物业公司职能部门的设置，应以精干、高效为宜，部门越少、人员越精越好。机构庞大、人员冗杂是极大的资源浪费，不但增加了成本，还增加了内耗，降低了管理效益。以下就物业项目管理处的组织架构来予以说明，如图2-1所示。

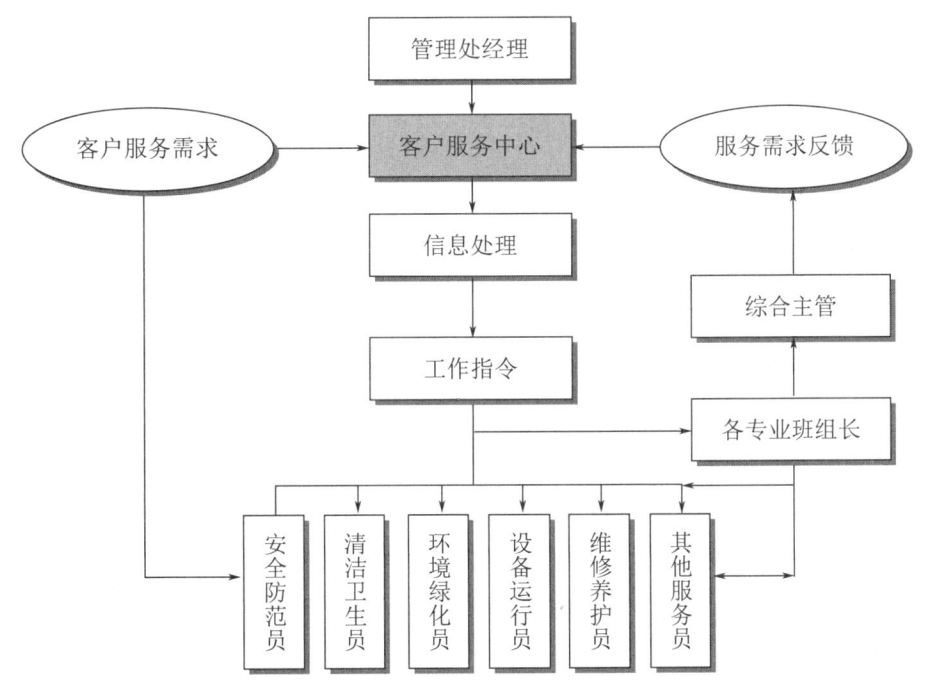

图2-1 物业项目管理处的组织架构

作为一个物业管理服务区域的管理处，实际上就是一个无形产品的日常管理中心。客户服务中心主要有以下几个分支。

① 管理处日常管理、专项服务组织中心。

② 管理处信息收集、处理、传输、反馈指挥中心。
③ 管理处内外事务跟踪处理协调中心。
④ 管理处品质监管、业绩考核控制中心。

客户服务中心是管理处组织架构的核心。管理处日常服务工作的80%由客户服务中心来完成；20%中的10%～15%由客服助理、专业主管来完成；5%～10%由管理处经理完成。管理处经理是客户服务中心的第一责任人。经理更多的精力应放在管理处的经营管理、日常服务、绩效考核、业务监管上。

客户服务中心设客户服务代表若干名，客户服务中心的人员配置和编制，应根据所管理服务的物业的具体资源情况来定。

设客户服务助理的管理处，客户服务助理是客户服务中心的直接责任人，是管理处经理的候选人，客户服务代表是客户服务助理的候选人。合理的组织架构设置也为人才的培养打下良好的基础。

客户服务中心的工作模式和管理架构，主要是发挥基层员工的工作热情和主观能动性，特别是班组长的组织能力、协调能力及第一线解决问题的能力，从而减少管理人员的配置，最终达到降低人力资源成本的投入。

客户服务中心组织架构，可最大限度地降低管理服务成本，减少管理服务的链条和环节，提高管理服务反应速度和工作效率，形成管理处的管理服务指挥调度中心，从而从组织上和流程上保证了服务质量和服务品质的稳步提升。

客户服务中心组织架构，也可以使管理处经理和其他管理人员从日常烦琐的工作中解脱出来，集中精力考虑和解决管理处的难点、热点问题，用更多的时间和精力去关注产品的品质及专项服务等。

## 二、岗位编制的核定

（一）岗位编制的依据

（1）根据保洁、护卫、维修的工作标准和要求来确定。

例如：公共区域的保洁频次是每天做一次和每两天做一次，其标准不同；每周做一次和每十天做一次，每十天做一次和每半月做一次，设置的人数就不同。所以，一定要根据其负责的具体工作标准要求来核定，关键是要与物业公司和业主签订的服务协议为蓝本来核定工作标准。行业大致标准是保洁工每人每天负责4000平方米为一个核定人数的方式。

（2）护卫的人数核定除去形象岗（大门护卫）可明确核定人数外，其余岗位也可以根据巡逻频次来核定相应的人数。

（3）如有特约服务的（家政服务、客户维修服务等）可根据企业外接特约服务的收益，来确定特约服务的人数。

（4）工程维修类人员的数量需根据楼盘的新旧程度确定。如果楼盘属于成熟楼盘，全部交房和入住80%以上，人数就相对前期来说就应适当减少，如果属于前期人数就要多一些，因为，新楼盘的设备实施多属于调试和磨合期，还有就是装修高峰期的现场管理也需要一部分工程维修工，也要适当增加人数。

（二）5万平方米以下小区管理处的组织架构及人员编制

以下为5万平方米以下小区管理处的组织架构设置（图2-2）。

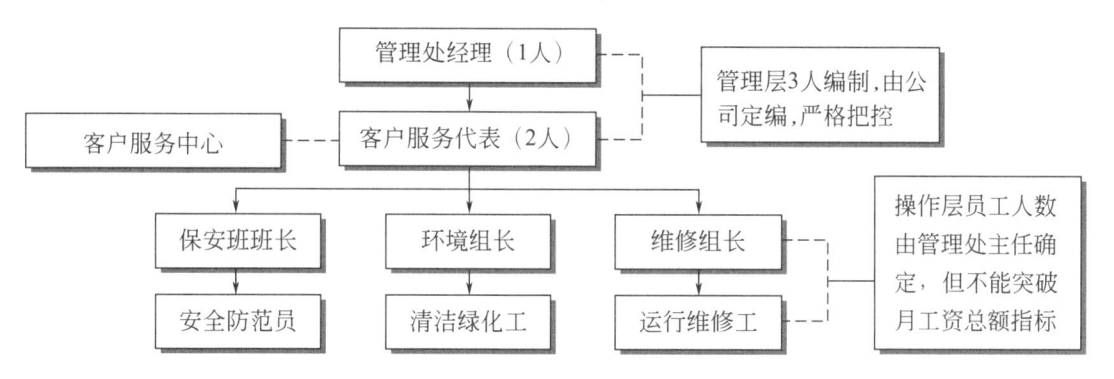

图2-2　5万平方米以下小区管理处的组织架构人员编制

首先，根据小区物业的整体资源状况和相应的等级管理标准，为确保服务品质，设置最低的人员编制底线，这个底线是不能突破的。确定了管理处定编人数后，按管理处月度工资总额确定管理处实际可用工人数（月度工资总额÷人均月工资额）。管理处月度工资总额与管理处定员定编人数是相辅相成、相互依赖的关系，是一个综合平衡数据。

其他类型物业，月度工资总额占到管理处月度管理服务费总收入的比例，要低于住宅小区。

（三）5万～10万平方米小区管理处组织架构与人员编制

5万～10万平方米小区管理处组织架构人员编制，如图2-3所示。

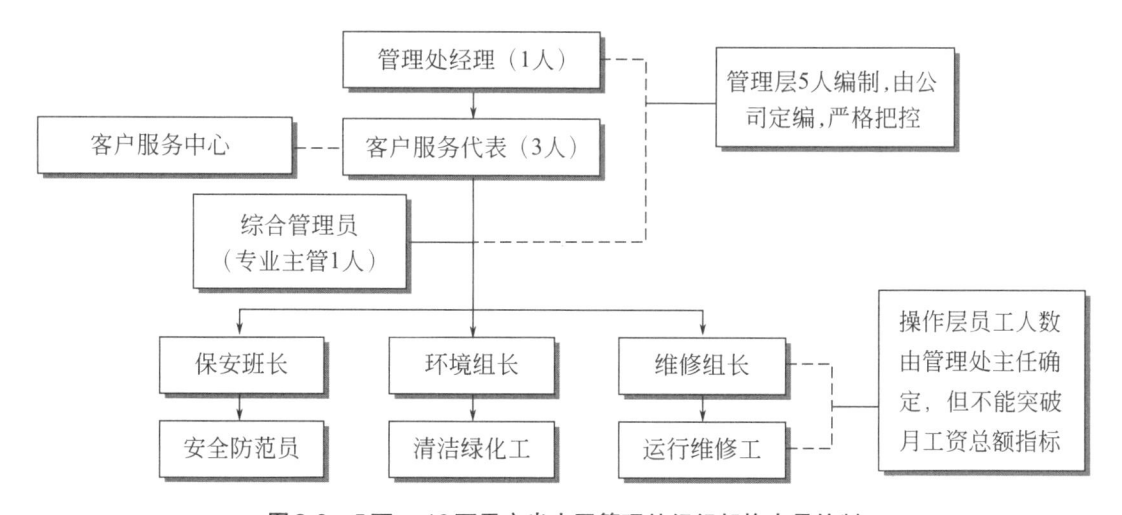

图2-3　5万～10万平方米小区管理处组织架构人员编制

(1) 管理处定员定编人数为：(总建筑面积+绿化面积+红线内道路面积)÷(人均管理面积定额)。

(2) 管理处月度工资总额：管理处定员定编人数×2000元(假定)÷人均月工资额度×系数(根据小区物业资源与服务确定的系数)=月度工资总额≤管理服务费总额/月×55%(可根据小区的实际资源情况确定，原则上以保本为底线)。

(3) 管理处实际可用人数=月度工资总额÷1800元÷人均月工资

(四) 10万～15万平方米小区管理处组织架构与人员编制

10万～15万平方米小区管理处组织架构人员编制，如图2-4所示。

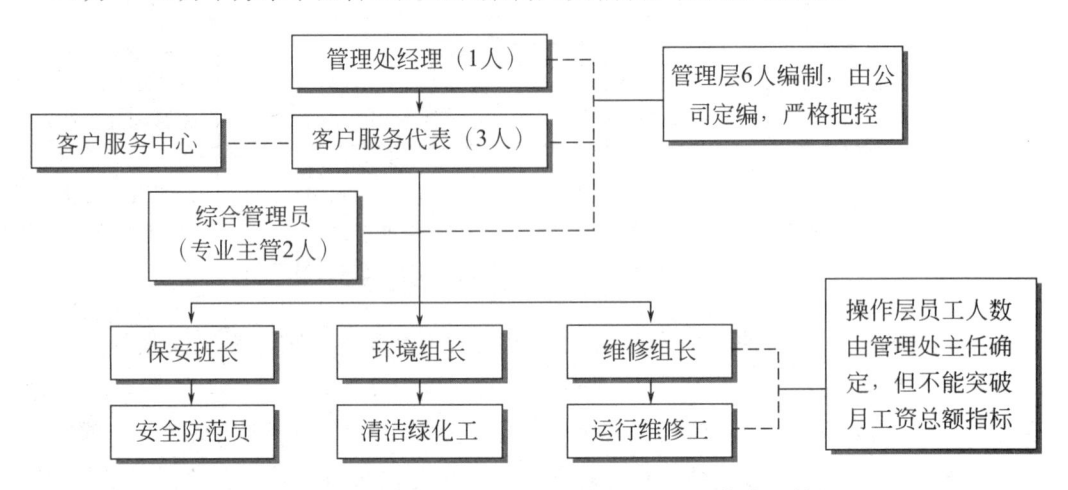

图2-4　10万～15万平方米小区管理处组织架构人员编制

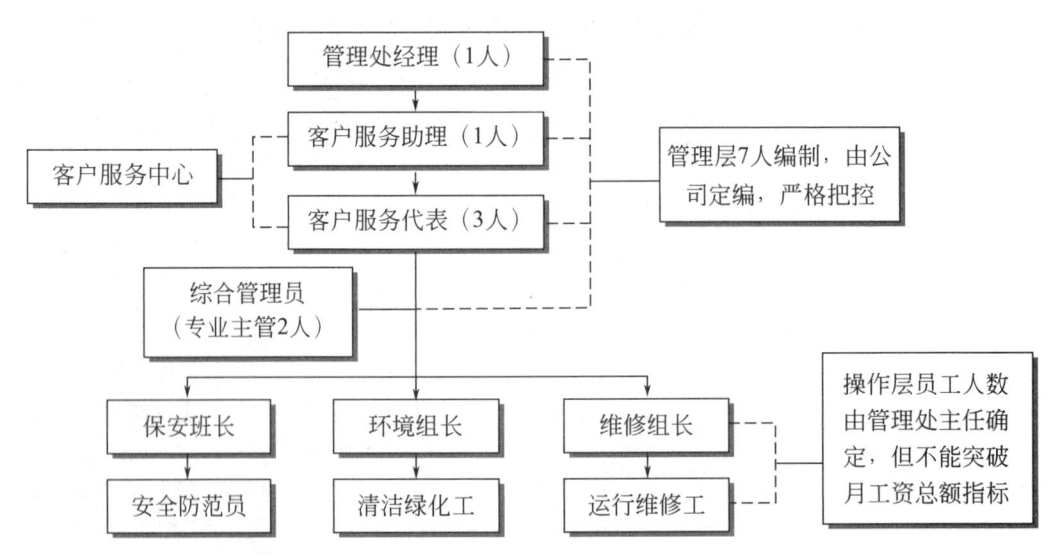

(五) 15万～20万平方米小区管理处组织架构与人员编制

15万～20万平方米小区管理处组织架构人员编制，如图2-5所示。

图2-5　15万～20万平方米小区管理处组织架构人员编制

公司层面只严格控制管理层人数和月度工资总额。至于在月度工资总额范围内，用几个清洁工、几个绿化工、几个保安员、几个维修工，哪个专业人可以多用一些，哪个专业人可以少用一些，完全由管理处经理根据物业小区的具体资源与客观情况来自主决定（具体岗位在公司备案，公司不作直接干预）。

（六）25万～40万平方米小区管理处组织架构与人员编制

25万～40万平方米小区管理处组织架构人员编制，如图2-6所示。

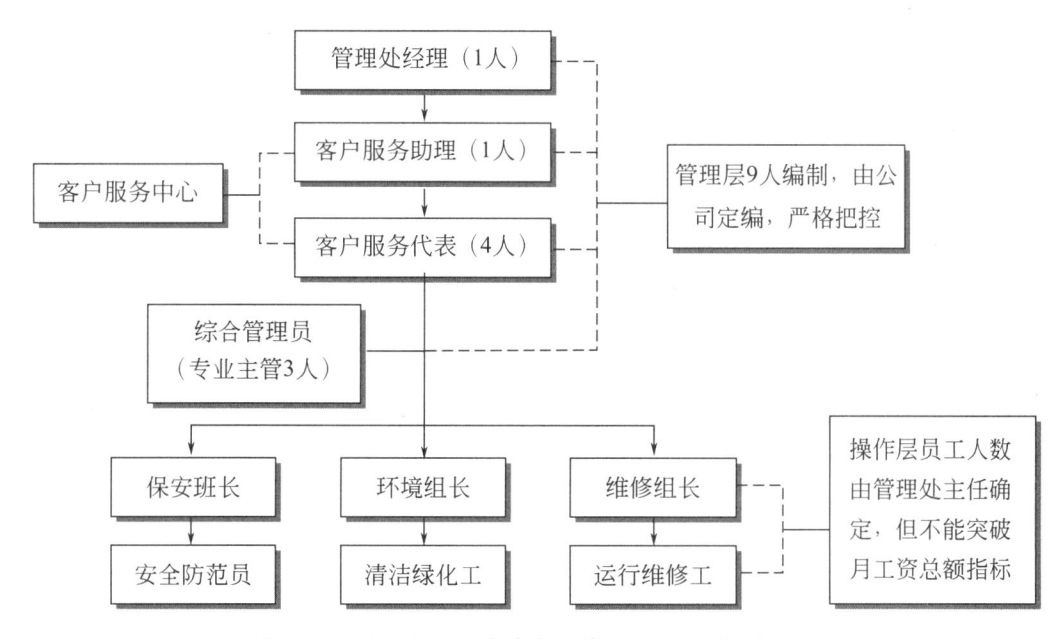

图2-6 25万～40万平方米小区管理处组织架构人员编制

物业管理服务是一种特殊的无形产品生产。物业小区管理处就是产品生产服务经营中心。管理处的组织架构设置的优劣直接关系到生产服务成本的高低，生产服务成本的高低直接影响到物业公司的生存。所以说，成本控制是企业内部管理的核心和核心竞争力的体现。在优化管理处组织架构的同时，也要优化公司机关的组织架构，做到人员精干高效，服务保障有力，管理监管到位，支出量力而行。

【实战范本2-01】▶▶▶

## 某物业服务集团在管项目人员配置标准

### 一、项目经理助理级以上的人员配置标准

1.公寓类（高层、多层、酒店式公寓）物业服务中心配置标准

（1）建筑面积在15万平方米以内且年可收物业费收入在360万元以内的物业服务中心，职级编制如下。

| 序号 | 岗位名称 | 人数/名 | 备注 |
| --- | --- | --- | --- |
| 1 | 经理 | 兼 | 该岗位配兼职经理1名，兼职项目总面积不可超过15万平方米或15万平方米以内的项目不超过2个 |
| 2 | 副经理 | 1 | 副经理或经理助理只配1名。若项目配置主持副经理的，可不设经理（兼）岗位，但主持工作副经理不可兼其他项目 |
| 3 | 经理助理 | 1 | |

（2）建筑面积15～30万平方米或年可收物业费收入在360万～900万元的物业服务中心，职级编制如下。

| 序号 | 岗位名称 | 人数/名 | 备注 |
| --- | --- | --- | --- |
| 1 | 经理 | 1 | |
| 2 | 副经理 | 1 | |
| 3 | 经理助理 | 1 | 建筑面积在10万平方米以上的，每增加10万平方米可增配经理助理1名 |

（3）建筑面积30万平方米以上或年可收入在900万元以上或平均物业管理费在3.8元/(月·平方米)以上的物业服务中心，职级编制如下。

| 序号 | 岗位名称 | 人数/名 | 备注 |
| --- | --- | --- | --- |
| 1 | 高级项目经理或经理 | 1 | 高级项目经理监管的项目面积在30万平方米以内的项目原则上不超过3个 |
| 2 | 经理或副经理 | 1 | 建筑面积在30万平方米以上的，每增加5万平方米可增配副经理或经理助理1名；每增加10万平方米可曾配经理1名 |
| 3 | 经理助理 | 2 | |

2.别墅类物业服务中心配置标准

（1）建筑面积在15万平方米以内且年可收物业费收入在650万元以内的物业服务中心，职级编制如下。

| 序号 | 岗位名称 | 人数/名 | 备注 |
| --- | --- | --- | --- |
| 1 | 经理 | 兼 | 该岗位配兼职经理1名，兼职项目总面积不可超过15万平方米或15万平方米以内的项目不超过2个 |
| 2 | 副经理 | 1 | 副经理或经理助理只配1名。若项目配置主持副经理的，可不设经理（兼）岗位，但主持工作的副经理不可兼其他项目 |
| 3 | 经理助理 | 1 | |

（2）建筑面积在15万平方米以上或年可收物业费收入在650万元以上的物业服务中心，职级编制如下。

| 序号 | 岗位名称 | 人数/名 | 备注 |
| --- | --- | --- | --- |
| 1 | 经理 | 1 | 可由高级项目经理兼任 |
| 2 | 副经理 | 1 | 建筑面积在15万平方米以上的，每增加5万平方米可增配副经理或经理助理1名 |
| 3 | 经理助理 | 1 | |

3.非住宅类物业服务中心配置标准

（1）建筑面积在6万平方米以内且年可收物业费收入在300万～800万元以内的物业服务中心，职级编制如下。

| 序号 | 岗位名称 | 人数/名 | 备注 |
| --- | --- | --- | --- |
| 1 | 经理 | 兼 | 该岗位配兼职经理1名，兼职项目总面积不可超过6万平方米或6万平方米以内的项目不超过2个 |
| 2 | 副经理 | 1 | 副经理或经理助理只配1名。若项目配置主持副经理的，可不设经理（兼）岗位，但主持工作的副经理不可兼其他项目 |
| 3 | 经理助理 | 1 | |

（2）建筑面积为6～15万平方米或年可收物业费收入在300万～800万元的物业服务中心，职级编制如下。

| 序号 | 岗位名称 | 人数/名 | 备注 |
| --- | --- | --- | --- |
| 1 | 经理或副经理 | 1 | 配经理或主持工作的副经理1名，主持工作的副经理不可兼职其他项目 |
| 2 | 经理助理 | 1 | |

（3）建筑面积在15万平方米以上或年可收物业费收入在800万元以上的物业服务中心，职级编制如下。

| 序号 | 岗位名称 | 人数/名 | 备注 |
| --- | --- | --- | --- |
| 1 | 高级项目经理或经理 | 1 | 高级项目经理监管的项目面积在15万平方米以内的项目则上不超过3个 |
| 2 | 经理或副经理 | 1 | 建筑面积在15万平方米以上的，每增加5万平方米可增配副经理或经理助理1名；每增加10万平方米可曾配经理1名 |
| 3 | 经理助理 | 2 | |

二、综合类人员配置标准

1.二级综管

（1）住宅项目：≥1200户以上配置专职人员1名；＜1200户配置标准见前台客服项。

（2）非住宅项目：≥10万平方米配置专职人员1名；＜10万平方米配置标准见

前台客服项。

2.二级财务

（1）住宅项目：≥1200户以上配置专职人员1名；＜1200户配置标准见前台客服项。

（2）非住宅项目：≥10万平方米配置专职人员1名；＜10万平方米配置标准见前台客服项。

3.园区专员

＞30万平方米的住宅项目配置专职人员1名，＜30万平方米配置兼职人员。

4.品质专员

（1）＞1200户以上住宅项目配置专职1名。

（2）＞10万平方米的非住宅项目配置专职1名。

（3）不满足上述条件，不得设专职人员，可由副经理、经理助理、客服主管等兼任。

### 三、"管家"族群人员配置标准

1.客服主管

客服类人员4人以上设主管（助理管家）1名，一个项目只设1名主管（助理管家，8人以下客服部成员的客服主管需兼其他工作事项）。

2.前台客服

（1）非住宅。

① 非住宅有合同约定按合同约定配置。

② 如服务中心客服热线并入呼叫中心后则取消前台客服呼叫岗（合同明确约定除外）。

（2）别墅与普通住宅。

① 户数≤800户的前台需兼任二级综管、二级财务。

② 800户≤户数＜1200户的配置专职人员1人，另由二级财务、二级综管辅助。

③ 户数≥1200户配置专职人员2人，且每增加600户增加1人。

④ 如服务中心客服热线并入呼叫中心后则取消前台客服呼叫岗（合同明确约定除外）。

3."管家"（住宅类）

（1）物业费≥3.50元/（平方米·月），且平均建筑面积＞100$m^2$/户的，配置标准为≥150户/人。

（2）物业费＜3.50元/（平方米·月），且平均建筑面积＞100$m^2$/户的，配置标准为≥200户/人。

按照物业服务合同的约定提供"管家服务"。

4.管理员

(1)普通住宅(高层、多层)及酒店式公寓配置标准为≥300户/人。

(2)非住宅(无居住功能)配置标准为≥100户/人。

5.服务员

按合同约定服务内容做相应的配置。无合同约定,则不设置服务员。

### 四、工程技术类人员配置标准

1.负责人

1人/项目。

2.日常维修

(1)普通住宅(高层、多层)≥400户/人。精装修项目配置人数在毛坯基础上增加50%(若因精装修而产生差异请在"差异说明"中列明原因)。

(2)别墅(别墅、排屋)≥250户/人。精装修项目配置人数在毛坯基础上增加不低于50%(若因精装修而产生差异请在"差异说明"中列明原因)。

(3)酒店式公寓≥500户/人。精装修项目配置人数在毛坯基础上增加50%(若因精装修而产生差异请在"差异说明"中列明原因)。

(4)非住宅按建筑面积确定:8万米$^2$以下,2万米$^2$/人;超过8万米$^2$部分,每4万米$^2$增加1人。按"Round"方式计算,若为非住宅项目,则至少1人。

3.公共设备设施维保

(1)住宅建筑面积≤30万米$^2$,10万米$^2$/人,不足10万米$^2$的按10万米$^2$计算,同上。

(2)住宅建筑面积>30万米$^2$,每超过15万米$^2$增加1人,同上。

(3)非住宅4万米$^2$/人,不足4万米$^2$的按4万米$^2$计算,12万米$^2$以上,每超过8万米$^2$增加1人,同上。

4.专业设备设施维保

项目必须配置电梯管理员1人,消防与安防管理员1人,非住宅类≥18万米$^2$(住宅≥30万米$^2$)需设专职各1人,共2人,但至多配2人,其他可兼任,但需经分(子)公司工程技术部任职资格鉴定批准后报备。

5.专业岗

(1)高配:3人/房。

(2)暖通:1人/(房·班)。

6.内勤仓管

(1)住宅类项目20万米$^2$及以上时,每20万米$^2$配1人。

(2)非住宅类项目5万米$^2$及以上的可配1名。

7.精装修返修管理

质保期内无售后服务队,且建筑面积大于10万米$^2$,需配置专职鉴定员1人,以此类推按"Round"方式计算。

### 五、保安及消监控人员配置标准

**1. 队长**

≥20名，配置队长1人，一个项目只配置队长1人；队长与副队长不同时存在。

**2. 副队长**

10名≤保安人数＜20名，设职副队长1人；＜10人，不设专职队长，队长由项目经理助理或以上职级人员兼任。

**3. 班长**

1班/1人。

**4. 保安员**

（1）人/车单行出入口：1岗/1班/1人，关闭时间调整后岗位和人员做相应的调整。

（2）人/车并行出入口：1岗/1班/1人，关闭时间调整后岗位和人员做相应的调整。

（3）单行人岗或车岗：1岗/1班/1人，关闭时间调整后岗位和人员做相应的调整。

（4）路面停车指挥岗：时间12:00～24:00，车位＜150个，由园区巡逻岗兼职；150个≤车位≤250个，可配专职人员1人。每增加150个增加1岗，以此类推。

（5）地下车库车辆停放指挥岗。

① 非住宅类项目：车位＜150个，由园区巡逻岗兼职；150个≤车位≤250个，可配专职人员1人；每增加250个增加1岗，以此类推。

② 住宅类项目，如服务合同无要求的一律不配专职人员。

（6）园区巡逻岗。

① 住宅类：按建筑面积≥7万平方米，1班/1人；如巡逻人员与出入口岗人员达不到1∶1时则白班时应配足1∶1；夜班巡逻人员应≤出入口岗人员。

② 非住宅：按建筑面积＞5万平方米/（班·人）的标准配置；如巡逻人员与出入口岗人员达不到1∶1时则白班时应配足1∶1；夜班巡逻人员应≤出入口岗人员。

（7）商业车场收费：1个出入口/1班/1人。

**5. 消监控员**

1岗/1班/1人（如当地有强制性政策，按当地政策执行）。

### 六、保洁类人员配置标准

**1. 主管**

≥15名保洁员，配置专职人员1人；15～20名保洁员不再另配专职班长；＞20名保洁员每增长10名保洁员配置专职班长1人。

**2. 班长**

8～15名，配置专职人员1人；8名以下，配兼职班长。

3.楼宇岗

(1)普通住宅精装修楼道/单元。

① 每层收集垃圾、配置为≥40层/(人·天)。

② 每层不收集垃圾、配置≥45层/(人·天)。

(2)普通住宅毛坯楼道/单元、配置50层/(人·天)。

(3)酒店式公寓或非住宅楼道/单元：≥0.5万平方米/(人·天)(含每层卫生间)。

(4)酒店式公寓或非住宅楼道/单元：≥1万平方米/(人·天)(不含卫生间)。

4.外围岗

(1)日常保洁：≥1.2万平方米/(人·天)(不含绿化面积)。

(2)高压水枪冲洗石材或砖铺路面：≥0.25万平方米/(人·天)。

(3)外围水池由主管或班长组织人员清洗。

(4)建筑面积≥30万平方米且人车不分流的住宅小区，2017年年底前完成扫地机外围保洁。

(5)扫地机车清扫：≥4万平方米/(车·人·天)(平均值)。

5.地下车库岗

(1)环氧树脂地坪≥1.2万平方米/(人·天)。

(2)金刚砂地坪或水泥地坪≥1.8万平方米/(人·天)。

(3)2017年年底前完成扫地机清扫。

6.会所岗

会所建筑面积≥5000平方米/(人·天)。

7.保洁技工

(1)住宅类：无玻璃幕墙外立面(大堂)，无石材地面大堂(不含瓷砖地面)，无地毯清洗，无不锈钢保养，无水池清理，不配技工，有其一的按≥20万平方米/人配置(四舍五入取整)。

(2)非住宅类：无玻璃幕墙外立面(大堂)，无石材地面大堂(不含瓷砖地面)，无地毯清洗，无不锈钢保养，无水池清理，不配技工，有其一的按≥5万平方米/(人·天)配置。

8.商业外围岗

项目围墙外商铺或开放式商业街外围地面面积按≥0.5万平方米/(人·天)配置。

## 七、绿化养护人员配置标准

(1)尊贵型(物业费5元/米$^2$以上，不含能耗)：6000米$^2$/人。

(2)舒适型(物业费2.5~5元/米$^2$，不含能耗)：8000米$^2$/人。

(3)居家型(物业费2.5元/米$^2$以下不含能耗)：10000米$^2$/人。

取最高值物业费。

酬薪制项目、案场服务及其他专项服务的人员按合同约定配置。

# 第三节　招聘成本的降低

招聘，是一个企业吸纳人才采用的最普遍方法。任何工作都会有成本，同样，招聘成本也是企业中必要的开支，尤其是现在流动性较大的物业公司。企业经营的最大目标就是降低成本，提高利润，降低招聘成本应该做到下面几点。

## 一、制定详细的招聘方案，加强对招聘人员的培训

所谓"磨刀不误砍柴工"，在招聘实施以前企业应该制定详细的招聘方案，对招聘时间、招聘岗位、招聘要求、招聘流程和招聘方法做出科学规划，使招聘人员对招聘目标了若指掌，在招聘实施的过程中可以提高效率和收获较好的效果，从而可以提高招聘成功率，以降低重新招聘带来的麻烦。

## 二、选择科学的招聘方法

不同岗位的员工要求的胜任力特征也有所差异，所以对于不同岗位在招聘方法上应有所区别。不同岗位的招聘过程，选择适宜的方法能够避免不必要的费用支出，从而降低选拔费用。有研究表明，对于技术人员（如工程部电工、维修人员等）的招聘，招聘效果与操作成绩的得分相关系数较高；而对于客服中心文员招聘，招聘效果与笔试和面试的综合成绩相关系数较高。

## 三、招聘应选择合适的招聘渠道

对于物业公司，一般的招聘渠道主要分两种：直接招聘渠道和间接招聘渠道。其中直接招聘渠道主要为校园招聘和人才专场招聘；间接招聘渠道是委托招聘、猎头招聘以及网络（如58同城网、赶集网等）、媒体招聘。对于企业而言，校园招聘一般不需要支付场地费用和广告费用，而且在现在大学生就业困难的情况下，校方也是千方百计邀请企业进行校园招聘，但是校园招聘的对象主要是没有工作经验的大学毕业生，有长期人才规划的企业采用这种校园招聘的方式网罗优秀人才是比较合适的；但是对于技术人员的招聘，一般需要应聘者有一定的工作经验，采用委托招聘和在媒体发布广告的方式比较合适。总之选对了合适的招聘渠道，就能有效地降低招聘成本。

（一）主要招聘渠道的对比

主要招聘渠道的对比如表2-5所示。

表 2-5 主要招聘渠道的对比

| 序号 | 招聘渠道分类 | 细分 | 优点 | 缺点 | 整体分析 | 备注 |
|---|---|---|---|---|---|---|
| 1 | 网络招聘 | 专业人才网络 | 信息传播范围较广：如智联招聘网、58同城网、赶集网等 | 花费较高 | 网络是最常用的招聘形式，招聘信息可以定时、定向投放，发布后也可以管理，信息真实度低 | 与各大网站的业务员建立良好的合作关系 |
| | | 企业网站 | 这是花费最少的招聘方式 | 但网站的点击率是关键 | 适用于全国性的大企业或者行业内的知名企业。一般企业网站的点击率不会很高 | 定时更新 |
| | | 相关论坛、微信群、QQ群等 | 人员多，信息传达比较快 | 需要一定的人力和时间发帖，诚信度不是很高 | 如果其他渠道效果不好，可以使用此种招聘方式 | 一般只发布职位信息，不发布公司信息，留有简历投递方式即可 |
| 2 | 校园招聘 | 校企联合专场 | 人数能得到极大满足，也可提高企业知名度 | 花费可能要相应大一点 | 最好在校方准备招聘会前期举行 | 根据自己公司特点找几家适合的学校，并和相关专业就业办负责人保持良好关系 |
| | | 学校组织招聘会 | 花费较少，信誉度等方面都有所保障 | 竞争力比较大，很多其他企业也在大量招人 | 时刻保持与校方就业办联系，随时准备参加 | |
| 3 | 现场招聘会 | 大型招聘会现场/人才市场现场招聘 | 总体上效率比较高，可以快速淘汰不合格人员，控制应聘者的数量和质量 | 受到展会主办方宣传推广力度的影响，求职者的数量和质量难以有效保证 | 常用于招聘一般型人才 | 与负责招聘会的人保持良好的合作关系，在选择展位时提前告知，才能选择比较好的位置 |
| 4 | 猎头、外包、培训公司 | 猎头公司 | 利用储备人才库、关系网络，在短期内快速、主动、定向寻找所需人才 | 收费比较高，通常为被猎成功人员年薪的20%～30% | 因为猎头主要面向的对象是企业中高层管理人员和企业需要的特殊人才 | 慎重审核简历的真实性及期望工资的现实性 |
| | | 外包公司 | 利用其关系网络，在短期内快速、主动寻找企业所需要的人才 | 员工劳动关系属于外包公司，工作时缺乏主人翁精神，流动性大，稳定性差 | 主要适用大量中低端人员（有一定社会经验）的招聘，特别是在年底等特殊时期能保证人员的及时上岗 | 与相关公司保持良好的合作关系，以备在人员需求特殊时期能保证人员上岗 |

续表

| 序号 | 招聘渠道分类 | 细分 | 优点 | 缺点 | 整体分析 | 备注 |
|---|---|---|---|---|---|---|
| 4 | 猎头、外包、培训公司 | 培训公司 | 一般是比较热门的职业，毕业生经过简单培训就能上岗 | 虽然能立刻上岗工作，但是理论基础不深，不适合培养骨干人员 | 适用于对技术含量要求不高、需要有人辅导才可操作熟练的职位 | 与相关公司保持良好的合作关系，以备在人员需求特殊时期能保证人员上岗 |
| 5 | 内部招聘 | 企业内部招聘 | 企业内部竞聘大会，有利于增加员工的主观能动性 | 适合内部人才的选拔，人员供给的数量有限，易"近亲繁殖"，形成派系 | 通常这种方式用于那些对人员忠诚度比较高、重要且应熟悉企业情况的岗位 | 为避免"近亲繁殖"，有关系的人员应该分配到不同体系就职 |
| | | 员工推荐 | 招聘成本低，应聘人员与现有员工之间存在一定的关联相似性 | 选择面较窄，难以招到能力出众、特别优异的人才 | 适合需求不是太大的专业人士和中小型物业公司 | |

## （二）选择渠道说明

**1. 内部招聘**

通过内部招聘，一方面确保公司内部业务和文化的匹配；另一方面也是公司为员工的职业生涯发展提供的机会。此种方式费用低，质量有保证，大部分职位可先通过发布内部信息的方式进行招聘。

**2. 员工推荐**

这种方法在寻找很难招到的人才时，如招聘高科技或信息专业人才时特别有效，可节省大量费用。

**3. 网上招聘**

专门的招聘网站按年收费，费用较低，可以发布任何数量的广告，因此可以作为一般职位招聘需求的首选方式，但对高级职位的招聘效果不理想。

**4. 报纸广告**

招聘渠道中，所在地区主流报纸效果较好，目前处于垄断地位。特别适用于招聘各类中高级人才职位，但费用较高。

**5. 校园招聘**

校园招聘适用于有长期人才培养计划、相同需求职位较多的公司。

**6. 猎头公司**

仅限于招聘部门经理及以上级别的职位使用。

## 四、招聘信息发布要讲技巧

常常逛人才市场的人，也许都会有这样一种印象：所有招聘海报的格式几乎都是一样的，而且各个招聘职位的排版也几乎没有什么差异。这其实就在某种程度上说明了招聘信息发布工作没有得到重视。那么物业公司应该怎样重视信息发布工作呢？具体来讲，在选择了合适的招聘渠道后，物业公司在信息发布方面要做好以下两点工作。

### （一）要明确招聘重点

在将招聘信息对外发布时，物业公司需要根据不同职位人员需求的轻重缓急来确定每次招聘活动的重点，从而为招聘活动确定一个核心。

### （二）重点职位要突出显示

一般来讲，物业公司发布招聘信息的第一层次目的就是吸引求职者目光，那怎样才能吸引求职者的目光呢？那就是突出显示，在确定了整个招聘活动的重点和核心职位后，物业公司就需要在排版上对这些职位信息进行突出显示，如放大职位需求信息、加"急聘"两字等，总之，要使这些职位信息能够达到突出、个性、差异的效果。

## 五、招聘评估要及时

招聘评估通常是一个很容易被遗忘的角落，因为就一般情况来讲，物业公司对招聘关注更多的是原定的招聘目标是否完成，这其实就是一种结果导向式的评估。但熟知绩效管理的从业者都知道，绩效管理不仅需要评估结果，也要评估过程，所以，物业公司招聘评估的焦点就需要集中在已发生的招聘活动的过程和招聘结果这两大方面。

在过程评估方面，物业公司要关注是否有突发事件、突发事件是否得到了合理解决、计划与实际是否有差异之处、是否存在明显的纰漏之处等几大指标。而在招聘结果方面，物业公司主要锁定三大关键指标：一是成本核算；二是实际到位人数；三是应聘总数。与此同时，在开展招聘评估工作时，物业公司还需要把握的一个关键点就是及时。通常来讲，在完成每个项目或阶段性的招聘活动后的一个月内，物业公司就需要开展招聘评估，因为一旦绩效评估与招聘活动的间隔时间过长，绩效评估的激励力度就会呈现出递减之势，所以招聘评估的及时性工作也是在整个招聘流程中需要把握的一个重点。

## 六、实施招聘工作团队负责制

招聘工作是有较强的季节性的工作，可以针对招聘工作成立招聘小组，小组成员可以根据招聘环节需要和招聘对象不同选择合适的人员。这样的设置可以使招聘工作成为团队工作，不需要在公司内部设置专门招聘岗位。这样可以减少招聘费用，可以有效控制招聘参与人员的工资、津贴以及差旅费支出。

降低招聘成本是一项开源节流的工作，它将越来越强烈地引起决策者们的高度重视。但客观来说控制招聘成本是一件困难的事，无论企业大或小，只有根据自身的实际情况，灵活运用各种降低成本的方法,才能真正做到花小钱办大事,完全照搬其他企业的做法,或者一味选择花费最少的渠道都会适得其反。

# 第四节　员工培训成本降低

## 一、员工培训成本的构成

培训成本具体包括以下几个方面,如表2-6所示。

表2-6　员工培训成本的构成

| 类别 | 构成 | 说明 |
| --- | --- | --- |
| 直接成本 | 培训需求分析成本 | 即培训需求分析的费用。若企业借助外部的专家则要支付咨询费,包括培训需求分析人员的工资,问卷调查等需求分析方法的费用 |
| | 培训设备费用 | 若设备可重复使用,则可按其折旧费计算 |
| | 培训人员的工资 | 即支付给培训人员的工资,若为外聘的,还包括交通费和食宿费 |
| | 受训人员的工资 | 由于员工培训需占用一定的工作时间,从企业角度来看,这段时间员工没有为企业创造价值,若为完全脱产培训,这部分费用更高 |
| | 培训教材和手册费用 | 制作或购买培训教材和手册所产生的费用 |
| | 培训的管理费用 | 即在培训过程中员工的食宿、场地、水电等方面的费用 |
| 间接成本 | 培训的机会成本 | 即所有用于培训的投入在其他领域可获得的收益 |
| | 其他 | 培训需要其他环节的支持,比如形成规范、构建程序、界定方法等所耗费的物质、时间和信息资源等 |

以下列举具体的费用明细,如表2-7所示。

表2-7　培训费用明细

| 费用项目 | 费用类别 | 费用明细 |
| --- | --- | --- |
| 授课费 | 内部费用 | 内部兼职讲师讲课津贴 |
| | 外训费用 | 外部培训机构合作费用、继续教育费用等 |
| | 外聘费用 | 外聘培训师授课费用 |
| | | 网络远程学习工具费用 |
| 食宿差旅费 | 外训费用 | 内部培训师外派食宿差旅费、外派员工培训食宿差旅费 |
| | 外聘费用 | 外聘培训师差旅费、住宿费及餐费 |
| | 内部费用 | 内部培训实施期间食宿费用 |
| 培训材料费 | 内部费用 | 培训场地费,指集中培训时租赁培训场地的费用 |
| | | 培训资料费,如教材编印、培训资料制作、购买培训光碟、书籍等费用 |
| | | 培训文具费,如麦克风电池、证书、学员牌等 |

## 二、进行科学合理的培训需求分析

### （一）培训需求分析不合理会使培训效果大打折扣

合理的培训计划，应建立在物业公司对员工培训需求进行科学分析的基础之上，确保满足物业公司需要的同时也能满足受训员工需要。然而，许多物业公司在实际培训过程中，常出现培训内容与实际需求脱节的问题。一方面，培训前不能准确地进行培训需求分析，培训的内容、方式与物业公司总目标联系不紧，与员工"短板"结合较差，盲目跟风，趋从他人。表面看，开展得轰轰烈烈，内容也响应时代，实则无的放矢，华而不实。另一方面，在实际培训过程中，结合岗位需求让员工参与实践的机会太少，员工只是单纯学习一些理论知识，难以在实际工作中灵活应用。总之，培训需求分析不合理会使培训效果大打折扣，不但造成物业公司大量的资源浪费，而且不能解决物业公司的实际问题，还会在某种程度上打击员工参与培训的积极性。

### （二）物业公司必须进行合理的培训需求分析

只有科学、准确的培训需求分析，才可以使物业公司把有限的人力、物力、财力都用在亟须解决的问题上，使培训效果达到最佳。而要做好培训需求分析，物业公司必须做好培训需求调查，以了解不同岗位的差异化需求，为培训计划奠定牢固的基础。将员工个人特质与物业公司要求相结合，如员工的知识、技能低于工作任务要求时，表明需求已经存在，就须再进行培训。可以通过问卷调查、职代会提案等方式定期进行培训需求调查，将物业公司和员工的需求统一到培训的具体内容和途径等方面中去。

## 三、针对不同群体实施菜单式培训

在深入调查不同需求的基础上由物业公司的培训组织部门提出一个培训项目菜单，主要分为三类。

（1）物业公司规定的全体员工必选培训项目。

（2）部门规定的必选培训项目。

（3）员工根据物业公司相关规定和自身需求的自选培训项目。

## 四、做好培训的转化工作

当一项培训活动结束后，即使前期培训工作做得再好，如果受训人员没有把培训中所学知识、技能应用到实际工作中，那么这个培训项目毫无疑问也是失败的。物业公司的最终目标是创造高效益，这个目标能否顺利实现很受员工表现影响。物业公司如果不能采取适当措施将培训成果转化为现实生产力，员工难免得过且过，易滋生消极怠工情绪，进而导致培训风险发生，影响到培训效益和组织目标的实现。目前，很多物业公司不注重建立自己的培训效果评估体系，在培训工作结束后，忽视了成果转化工作，缺乏对培训前后物业公司绩效差异进行跟踪分析，对培训中的盲点认识不充分也使得培训工作难以发挥应有作用。

物业公司实施员工培训，能使受训员工将所学知识运用到实际工作中去才是最终目的。但有研究表明，员工所学只有10%转移到工作中。可见，做好培训转化工作对于增强培训效果意义重大。为促进培训成果的顺利转化，可采取如下措施。

（一）采取合理的激励措施提高员工工作积极性

物业公司应根据员工自身特点，在培训过后采取直接或间接的激励手段，或是让员工选择自己最满意的激励方式来保证培训效果，这样可以有效改善员工的工作态度、提高员工的忠诚度，对于培训成果的转化以及培训风险的规避起到重要作用。

（二）加强物业公司的硬件设施建设

培训后，员工的自身技能和素质得到提高，物业公司原有的设施和条件可能不再满足员工需求，员工获得的新技能只有与新的硬件设备相结合，才能发挥实效，才能最大限度提高物业公司的生产效益。

（三）做好培训后的评估工作

培训评估作为培训管理流程中的一个重要环节，是衡量物业公司培训效果的重要途径和手段，具有信息反馈作用。通过评估，物业公司可以清楚地了解培训后员工的知识是否得到了更新，员工工作表现是否得到了改善，物业公司的绩效是否得到了提高，它既是对上一阶段培训效果的估量，也为下一阶段的培训工作做好准备。

**五、合理设计培训协议防止员工流失**

防范员工流失的一个有效办法就是与员工签订培训协议。

通常，物业公司为了提高员工素质和工作技能而对员工进行的在岗培训是单位应尽的义务，不需要与员工签订培训协议。但物业公司如对部分员工进行特殊培训或花高额培训费进行的培训，就可以与员工签署培训协议，将有关权利义务和离职补偿问题等作为劳动合同的附件。签署培训协议需要注意如下事项。

（一）关于培训服务期

如果培训服务期短于劳动合同期，则员工的劳动合同期限包含其相应的培训服务期，员工劳动合同期限以签署的劳动合同为准。如果培训服务期长于劳动合同期，则劳动合同自动延长至培训服务期截止日期，双方应另行签署补充劳动合同协议。

（二）建立培训者档案

物业公司应为每一位须签署培训协议的员工建立培训者档案，包括以下内容。

（1）申请批准资料，员工本人的培训申请表、单位关于批准或指派其参加培训的文件批复。

（2）培训机构课程资料，学校或培训机构的招生简章、培训项目名称、课程体系介绍、任课教师资料、教学计划资料以及具体培训时间等。

（3）员工学习成绩资料，培训或考试成绩单，学校或培训机构对该员工的学业、品绩等评价资料，员工的培训总结的书面资料。

（4）物业公司与员工签署的培训服务期协议，包括学习与培训费用的计算方法、报销办法、培训服务期的起止时间、员工义务与离职补偿办法等。

（5）留好员工参加外训或内训的发票，并由员工本人签字的有关付费凭证。

（三）建立培训服务期的相应管理制度和管理办法

物业公司须建立培训服务期的相应管理制度和管理办法，并在制度、办法和与员工签署的培训服务协议中明确规定有关原则、标准和奖罚办法，这样作为制度或办法就可以作为员工劳动合同的有效附件，其中包括的主要问题如下。

（1）对于物业公司出资外派员工参加培训，员工因个人原因而中途退学，要制定明确的处罚标准。

（2）要明确培训费的范围，比如培训费、教材费、资料费、场地费、餐饮费、培训期间的住宿标准、交通费等是否都计算在培训费范畴，要在协议中明确，以免在员工培训纠纷中引起不必要的争议。

（3）要明确较长时间的培训期间是否有探亲假，如有探亲假将如何规定。

（4）单位对于参加时间周期比较长、培训费用比较高的员工有权在培训期间或培训结束后根据工作需要调整工作岗位和薪酬的权力。

（5）要明确培训服务期限的计算方式，是在一定期限内单次计算时间还是累计时间，是单次培训费用计算还是累加培训费用计算，如用数学公式明确标明将更清晰。

（6）明确违约责任。如员工因个人原因提前解除或终止劳动合同，要明确赔偿方法和额度，原则上培训服务期最多不超过5年，并平均分摊在相应年度内。员工的最高赔偿标准不超过培训费之和。

## 六、培养内部兼职培训师

内部兼职培训师是指公司内部除负责原职位工作职责外，还承担部分培训课程教学的员工。

内部兼职培训师往往能根据物业公司的具体情况有针对性地进行课程设置制作，从而能吸引员工的听课热情，效果往往很好且省去了高额的培训成本。

（一）内部培训师的形成过程

物业公司对内部培训师的要求应该是既熟悉物业公司的业务又在专业方面有所长，一般是物业公司内部表现比较好的员工。同时也要求内部培训师具有良好的沟通能力、语言呈现能力、课程开发设计能力，能结合物业公司的案例进行课程讲解。内部培训师建设流程可以分解为以下几个步骤。

**1. 动员报名**

这是整个培训师建设的首要环节，这个阶段的工作应由人力资源部门发起，需征得高层管理者的同意,赢得部门领导及员工们的支持。内部培训师是一份兼职工作,如果没有很好的激励措施,一般员工是不会干的。所以要求高层管理者高度重视,最好能在公司大会上公开提出内部培训师建设和相关的奖励方案,同时在全公司上上下下形成一种争当培训师的风气。一旦能够获得培训师的称号,员工就会有一种成就感。这样愿意参加报名的员工就会大大增加,报名人数的增多必然就能争取到更多优秀的内部培训师。人力资源部门最好设有一个网上报名系统,内部员工可以在网上自由报名。同时公布选拔的资格要求,这些要求基本上是对员工业务知识、技能、EQ(包括沟通能力、表达能力等)等方面的要求。

### 2. 上报、筛选报名者

这个环节是整个内部培训师建设最重要的一环,直接关系到整个培训师队伍的质量。在物业公司自上而下的宣传后,根据网上的报名情况和部门的推荐情况整理好所有报名者的资料。在对报名者的条件和资历要求进行对比后,对一些业务知识、技能、EQ比较高的人要作为重点考察对象。通过第一轮筛选,人力部门有必要与相关的职能部门共同考核第一轮通过者,考核可以采取面谈、试讲的方法进行。对面谈、试讲表现突出的个人作为拟录取的对象。

### 3. 培训部门对培训师队伍组成人员进行培训技能方面的培训

对所有培训师队伍的组成人员进行培训,是建立内部培训师队伍的最重要的环节。这直接关系着初步建立的培训师队伍能否有效地发挥应有的作用,直接关系着整个人力资源开发和培训的效果。由于这些组成人员以前很少或没有接触过物业公司培训,因此对于培训的专业技巧方面掌握得很少;即使具备一些相关知识,也需要加以规范和强化。所以,培训的重点就是关于培训活动的策划、组织技巧方面的内容,具体包括:培训师的职责和角色,培训师的基本技能,课堂组织技巧,培训效果的评估方法等。对这些组成人员培训后,再次进行测试,以确保组成人员被培训的效果,提高培训师队伍的整体素质。拥有知识与传播知识还是有很大的差别的,因此需要对培训师给予专业的训练。

### 4. 对培训合格后的人员进行培训师的资格认定

培训测试后,要对这些组成人员进行正式的资格确认。这一最后环节标志着培训师队伍最终建立起来。进行资格确认可以仿照培训动员的方法,即由物业公司的高层管理机构或管理者出面,以开会颁发证书的方式进行公开确认和表扬,宣布培训师队伍的最终建立。最后,人力资源部将其培训师资格归档并录入个人人力资源资料,从而成为绩效考核、晋升、薪酬评定等方面的依据。上述过程,不仅使选聘兼职培训师的工作做得扎实,而且使培训理念、公司发展、个人成长等公司文化风靡整个物业公司,十分有利于物业公司的健康快速发展,从而取得一箭双雕的效果。

## (二)内部培训师的管理

### 1. 授予资格,并给予相应的鼓励

培训师的地位确认是以上述的资格授予为标志的。因为他们有着自己的本职工作,

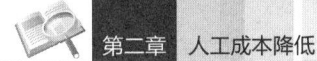

参与人力资源的开发和培训的主讲或主持是他们的分外工作。因此，如何激发他们对分外工作的积极性和主动性，就是一个必须解决的问题。

要激发他们对于培训工作的积极性和主动性，除了进行颁发聘书或荣誉证书以授予资格外，重点还有物质上的激励以认可、鼓励其所做的培训工作，比如提高薪酬、增加福利等。具体操作既可以按照本物业公司内部的薪酬设计标准比附进行，也可以按照项目管理的市场运作标准比附进行。当然，对其提供充足的职位晋升空间也是很重要的。同时我们每年要对每个培训师进行评估考核，可每年设"年度培训之星"若干名并予以精神和物质奖励。经实践和理论证明，此举的激励作用非同小可。

### 2.双重管理

如何正确处理好培训师的本职工作与兼职工作之间的关系呢？这就需要从管理体制上着手进行。遵照"分开管理、双重管理"的原则，对这些培训师的管理可从以下几个方面进行。

（1）对于本职工作，由其所在的部门进行管理，人力资源培训部门不必、不需、不要予以干涉，但培训部门要负责与其所在部门及其管理者沟通协调妥当，保证其本职工作顺利圆满地完成。

（2）对所兼任的培训工作，人力资源培训部门要及时、经常地给予他们适当的指导和监督。人力资源培训部门和培训师之间是合作伙伴的关系，是业务指导与被指导的关系，而不是领导与被领导的关系。

### 3.保持培训师开发实施培训的相对独立性，但需及时协作、指导和监督

按照上述的管理原则，在具体的培训和开发人力资源的过程中，围绕培训的规划和目标，人力资源培训部门和兼职的培训师要共同处理好以下几个方面的问题。

（1）在课程开发、教材编写、培训活动的策划上，要尽量保证培训师基于本部门实际情况的相对独立的操作。人力资源培训部门支持和鼓励培训师根据实际情况所进行的培训开发，在必要时给予协作或帮助。

（2）人力资源培训部门要把各个部门的培训师的培训开发课程纳入整个培训计划中，予以统筹安排。比如，对于需要加以推广的课程，就可以扩大受训对象。

（3）在具体的培训实施过程中，人力资源培训部门要协助培训师，以便于指导和监督培训的过程及质量。

（4）对于培训的跟踪评估，由人力资源培训部门承担。无论是对于培训现场的评估还是对于培训后的跟踪评估，人力资源培训部门都最好亲自操作。这一方面是基于对培训的全局控制和监督的考虑；另一方面是由于培训师本身的专业化程度不高、本职工作的压力、工作时间限制等方面与评估工作的复杂浩繁之间的矛盾。

### 4.鼓励培训师交流培训经验，鼓励以老带新

内部培训师在自己培训过程中会积累很多独到的培训经验，这些经验可以用来被其他培训师借鉴和学习。对那些表现突出的内部培训师，要对他们进行采访，并通过内部

刊物或媒体进行宣传。一方面会让这些培训师有一种强烈的荣誉感,更能够激发他们的工作热情和奉献精神;另一方面也是对物业公司文化的一种推广。

## 第五节　留住人才,降低员工流失成本

管理学的经验告诉我们,员工流失率高会给企业带来非常惨重的损失。这个道理同样也适用于物业公司,尤其是近几年来,由于物业公司待遇普遍不高,有些员工没有积极性,流动性也比较大。

### 一、人员流失成本的表现

走马灯似的人员流失,意味着企业成本支出增加,甚至付出更大的代价。这些流失成本主要表现在以下几个方面。

(一)人员流失增加的物业公司经营成本

人员流失增加的物业公司经营成本,包括员工的招聘成本、培训成本、内部员工填补空缺成本、外聘人员填补空缺成本、生产率损失成本、各种薪酬福利待遇支出成本及其他不可估量的损失成本。

通常,一个岗位的流动成本大约为该岗位月薪的4倍,而对于一些关键性岗位和富有经验的员工,其无形损失更大。因为,一个员工从招聘、培训到使用,要花费很多成本,包括招聘成本费用,培训所花费的时间、精力和培训费用。如果离职员工工作年限小于人才成长期,物业公司基本上只是成本投入,而得不到回报。在原来的员工流失后,为了维持正常的经营活动,需要重新寻找合适的人员来顶替暂时空缺的职位,这使物业公司必须支付更多的更新成本。据研究发现,一个员工离职以后,从找新人到顺利上手,光是替换成本就高达离职员工薪水的1.5倍,而如果离开的是核心管理人员则代价更高。

(二)人员流失造成物业公司后备力量不足的成本

如果离职员工均是工作满两年以上的大专以上学历的基层员工,这说明随着物业公司的发展,不稳定的基层员工因不具备一定年限的工作经验,使物业公司今后在选拔中层管理人员时面临后继无人的困境,进而使物业公司如果从中层中选拔高级人才,会出现无法从内部填充中层岗位空缺,出现人才断层的现象,影响到物业公司人才梯队建设。如果离职员工大部分是物业公司的中层人员,同样物业公司也面临着后备力量不足的困境。

(三)人员流失造成物业公司相关资源等流失的成本

如果这些离职员工带走的资料和信息流入竞争对手手里,后果将不堪设想,可能直接威胁到公司的生存,很可能会使物业公司一蹶不振。

### （四）人员流失造成物业公司名声被破坏的成本

如果一个物业公司的员工流动频繁，一方面，离开物业公司的员工自然会对物业公司存在的问题有些自我的评价，并且大多数是对物业公司负面的评价；另一方面，物业公司内外人员会对物业公司的这种现象有些猜忌和传言。这些评价、猜忌和传言会逐渐破坏物业公司名声。人们在选择加入物业公司时，总会打听到关于物业公司的一些情况，这使物业公司面临着很难再次招聘到合适人才的尴尬局面。

## 二、物业公司人才流失的原因

### （一）人才自身因素

#### 1.渴望获得更好的发展机会

目前大多数物业公司的管理团队以年轻人为主，对于许多年轻人来说，物业管理工作报酬低且单调、乏味，不是他们理想的工作。他们渴望获取更好的发展机会，得到更好的报酬。一旦有利于发挥自己才能的机会，他们就会选择离职。

另外，很多年轻人才并不了解自己真正的需求，只是一味地想要不断尝试新的工作，寻求更多、更丰富的人生体验，不喜欢在同一个公司长时间的工作。

#### 2.精神压力大

有时候，物业管理人员的工作得不到业主的理解。有些业主认为自己就是"上帝"，当他们对物业公司的服务、收费不满时，就把怒气发泄到管理人员的身上，有时候甚至侮辱管理人员的人格和尊严。物业管理人员在面对业主的不尊重、不谅解时，也只能把委屈往下咽。压力积累太多又无法化解，物业管理人员就会流向其他行业。

### （二）物业公司外部因素

所谓物业公司外部因素，即物业公司所处的经济、政治、文化等社会环境因素以及行业因素。其中，物业公司所在行业的薪酬水平对人才的流失影响最大。

根据调查，相对于其他行业来说，我国物业管理行业的薪酬水平始终处于市场的较低端位置。物业管理行业整体平均薪酬水平大约只相当于高科技公司的63%，汽车行业的60%，快速消费品行业的80%。

### （三）物业公司内部因素

#### 1.招聘工作比较随意

随着接管物业项目的增多，物业公司必须不断招聘人才来满足日常的经营管理活动。但市场上物业人才紧缺，而公司又急于用人，在这种供求矛盾下，公司在对人才的招聘上显得比较随意，不深入评价分析应聘者的综合素质就进行招聘，会给日后人才的流失留下隐患。

物业公司在人才队伍的建设上过于追求年轻化，因而在对很多岗位的招聘要求中限定了人才的年龄，并偏好录用年轻人。然而人才的年龄与流失率呈相互关系，年龄越年轻流失的可能性也就越大。

物业公司对人才的素质要求比较不合理。一些初级岗位（如保安人员、普通物业管理员）的学历要求在大专学历及以上，与人力资源专员、财务人员、行政人员以及物业管理处经理的学历要求是一样的。选用一些高学历的人才去从事一些初级的岗位，容易导致人才流失。

### 2. 培训力度不够

由于资金有限，营业利润也相对较小，为节省开支，公司很少有计划、有目的地给物业人员提供专业的培训。物业公司目前也有一定的培训，但是培训力度不够，只是不定期地对保安人员进行消防安全培训，对管理人员进行计算机和物业相关法律法规等培训。培训随意性较大，缺少专人负责，缺乏系统安排和规划，因而显得缺乏针对性。

### 3. 激励机制不够完善

激励机制在某种程度上决定了物业公司的人才竞争力，它分为物质激励与非物质激励两个方面，这也是导致人才流失的主要原因之一。如果物业公司既不能提供优厚的物质待遇，又不能提供满足人才精神需要的非物质待遇，很难想象物业公司能吸引和留住人才。

### 4. 缺乏良好的物业公司文化

物业公司文化是物业公司全体员工认同的价值观，它具有较强的凝聚功能，因此，它对稳定员工起着重要作用。物业公司缺乏良好的物业公司文化，就很难留住人才。

## 三、人才流失的防范对策

### （一）加强招聘过程管理

针对人才流失的特点，物业公司在招聘的过程中应该对应聘者进行必要的考察，判断应聘者的综合素质，从中挑选出适合岗位的人才，合适的才是最好的。

#### 1. 招聘方式

除了通过原先的平面广告招聘、网络招聘外，也应该选择校园招聘以及员工推荐等招聘方式。虽然通过校园招聘招来的都是年轻人，年轻人才容易流失，不过可以通过薪酬、福利等激励手段来留住人才。

鼓励现有员工推荐，是由于员工对被推荐者通常都比较熟悉，能够推荐适合所需岗位的人才。此外，被推荐者事先已经从推荐者那里了解了公司的情况，他在进入公司后不会产生强烈的意外和失望，因而能够比较稳定地工作，不会在很短的时间内离职。

#### 2. 选人环节

在招聘的过程中，要特别注意选人环节。选人环节不到位，容易造成人才的流失。招聘人员一是要考察应聘者的态度，公司应该优先考虑那些态度诚恳的人才，应聘态度诚恳，说明他（她）非常在乎这份工作，在努力争取。这样的人才争取到工作之后也会比较珍惜，不会轻易离职。二是要考察应聘者面试时的表现。在面试时，除了负责招聘工作的人力资源主管外，还应该让所招聘岗位的部门负责人在场，这样更能招聘到适合岗位的人才。面试主管应该仔细观察应聘者的言行举止，对应聘者的性格做出评估，根据不同的岗位特点挑选不同类型和性格的人才。例如保安、水电维修等工作相对枯燥和乏味，比较适合稳重型的人才；而物业管理处经理、主管等需要具备较强的沟通和管理能力，比较适合性格外向的人才担任。针对岗位特点选择适合岗位的人才，可以对减少人才的流失起到一定的作用。

### （二）加大培训力度

对员工进行培训，既可以让他们更好地为物业公司提供服务，也可以让他们学到更多的技能，积累更多的资本，让他们觉得在物业公司能够学到很多东西，从而达到留住人才的目的。

物业公司应立足自身条件，制订一份详细的培训计划，对培训时间和培训内容进行系统的安排及规划，并指派专人负责，有针对性地开展培训工作。除了必须学习与物业相关的法律法规外，员工的培训内容应针对其工作特点而定。对于保安人员来说，在进行消防安全培训和体能培训的同时，还应该加强服务礼仪方面的培训；对于作业人员的培训内容着重在操作性上，学习房屋结构构造、保养维修的基本知识及该类员工工作范围内的专业知识，鼓励他们参加供应商提供的相关培训；对于项目经理（管理处经理）和主管的培训内容，应该增加一些沟通技巧、物业公司经营管理、计算机应用的培训以及财务相关知识的学习；对于高级管理人员的培训内容，应将重点放在市场经济理论、物业管理学、房地产经济学、房地产法律及金融保险学等方面的学习运用上。

### （三）完善激励体制

首先，要改善薪酬制度体系，使其具有激励功能。要经常调整薪酬，确保物业公司薪酬的竞争力。其次，物业公司在日常管理中，尽量少采用处罚性措施，多采用目标、参与和荣誉等员工激励方法来提高员工的工作热情，达到留人的目的。

#### 1. 物质激励

首先，物业公司必须时刻关注市场上同行业的薪酬水平，做到心中有数，并且依据市场薪酬水平做相应的调整，保持物业公司薪酬的竞争力。其次，物业公司应该根据员工的表现调整薪酬，奖优罚劣。

另外，员工试用期结束后，物业公司应该为符合条件的员工办理养老保险、医疗保险和失业保险等基本保险，为维修工、保安员等办理意外险。同时，根据物业公司的经营状况，实行年终双薪、带薪休假、生日贺金、伙食补助等福利措施来保障员工的利益，为员工解除后顾之忧，使员工全身心投入工作中。

#### 2. 非物质激励

非物质激励包括表2-8所示的几个方面。

表 2-8 非物质激励措施

| 序号 | 措施 | 说明 |
|---|---|---|
| 1 | 目标激励 | 员工从事任何一项工作，都希望所在公司能有一个明确的工作目标，并引导他们围绕着这一个目标去工作，最终实现这个目标。只有目标明确了，员工才能有奋斗方向和工作动力。因此，物业公司可以制定一个详尽的发展规划，并规定每年要达到目标 |
| 2 | 参与激励 | 物业公司可以组织员工参与企业的各项管理工作，员工就会以公司为家，焕发出旺盛的工作热情。物业公司还可以建立员工对话制度，如总经理接待日、沟通例会等；也可以成立一个网站，设立聊天栏目，让员工畅所欲言，一方面可以使日常管理中的问题及时暴露；另一方面可以增加员工感情 |
| 3 | 荣誉激励 | 人的需求和追求是分层次的，当基本的工作需求和物质利益得到满足后，他们往往渴望得到各种荣誉。在此情况下，物业公司应尽量满足员工的这部分需求。对工作成绩优异、素质高、业务能力强的员工，要尽快晋升到高一级的工作岗位，使工作岗位与他们的工作能力相一致；对工作突出、模范遵守公司管理规定、用户称赞的员工授予优秀服务标兵、先进个人等荣誉称号，并将其主要事迹在有关报纸宣传栏中大力宣传 |

（四）营造良好的物业公司文化

工作环境和工作氛围对人的工作情绪、工作效率、创造力等都有很大影响。当员工的人格独立、个人尊严、人身权利得到充分尊重并能经常感受到来自物业公司大家庭的理解、关怀、帮助的时候，他们会对物业公司产生真切的认同感、安全感、归属感，并从内心爆发出强烈的报效物业公司的感情冲动，进而产生持久的工作热情和创造力；相反，当员工经常受到冷落排挤时，就会对物业公司产生失望、抵触、憎恶情绪，并严重影响其工作效率和工作业绩。所以，物业公司文化应贯穿人本理念，营造一种宽松的工作环境与氛围。物业公司在日常管理中，尽量少采用处罚性措施，多进行表扬激励，使员工有被尊重的感觉。从员工招聘、培训、薪酬、福利、职业发展到激励机制，都尽量考虑员工的需要和收益。

【实战范本 2-02】▶▶▶

## 人力资源管理年度费用预算表

编号：　　　　　　　　　　　　　　　　　　　　　　　　　　　单位：元

| 序号 | 费用项目 | | 上年度实际 | 本年度预测 | 变动量 | 变动率/% | 备注 |
|---|---|---|---|---|---|---|---|
| 1 | 工资成本 | 基础成本 | | | | | |
| | | 计时成本 | | | | | |
| | | 计件工资 | | | | | |

续表

| 序号 | 费用项目 | | | 上年度实际 | 本年度预测 | 变动量 | 变动率/% | 备注 |
|---|---|---|---|---|---|---|---|---|
| 1 | 工资成本 | | 职务工资 | | | | | |
| | | | 奖金 | | | | | |
| | | | 津贴 | | | | | |
| | | | 补贴 | | | | | |
| | | | 加班工资 | | | | | |
| 2 | 福利与保险 | 福利 | 员工福利费 | | | | | |
| | | | 住房公积金 | | | | | |
| | | | 员工教育经费 | | | | | |
| | | | 员工住房基金 | | | | | |
| | | 保险 | 基本养老保险 | | | | | |
| | | | 基本医疗保险 | | | | | |
| | | | 失业保险 | | | | | |
| | | | 工伤保险 | | | | | |
| | | | 生育保险 | | | | | |
| 3 | 招聘费用 | | 招聘广告费 | | | | | |
| | | | 招聘会会务费 | | | | | |
| | | | 高校奖学金 | | | | | |
| 4 | 培训费 | 培训 | 教材费 | | | | | |
| | | | 讲师劳务费 | | | | | |
| | | | 培训费 | | | | | |
| | | | 差旅费 | | | | | |
| | | 公务出国 | 护照费 | | | | | |
| | | | 签证费 | | | | | |
| 5 | 行政管理费 | | 办公用品与设备费 | | | | | |
| | | | 法律咨询费 | | | | | |
| 6 | 其他支出 | | 调研费 | | | | | |
| | | | 测评费 | | | | | |
| | | | 专题研究会议费 | | | | | |
| | | | 协会会员费 | | | | | |
| | | | 认证费 | | | | | |

续表

| 序号 | 费用项目 | | 上年度实际 | 本年度预测 | 变动量 | 变动率/% | 备注 |
|---|---|---|---|---|---|---|---|
| 6 | 其他支出 | 辞退员工补偿费 | | | | | |
| | | 残疾人就业保证金 | | | | | |
| 合计 | | | | | | | |
| 说明 | 本表由人力资源部根据申报预算的具体涉及内容汇总填写 | | | | | | |

【实战范本2-03】▶▶

## 人力资源管理费用预算执行表

填报单位：　　　　　　　填报人：　　　　　　　填报时间：

| 费用分摊额 | | 月度 | | | | 本季度累计 | | | | 本年累计 | | | |
|---|---|---|---|---|---|---|---|---|---|---|---|---|---|
| | | 预算 | 实际 | 差异 | 差异率/% | 预算 | 实际 | 差异 | 差异率/% | 预算 | 实际 | 差异 | 差异率/% |
| 培训费用 | 外派学习 | | | | | | | | | | | | |
| | 入职培训 | | | | | | | | | | | | |
| | 业务培训 | | | | | | | | | | | | |
| | …… | | | | | | | | | | | | |
| | 小计 | | | | | | | | | | | | |
| 薪金费用 | 员工工资 | | | | | | | | | | | | |
| | 保险总额 | | | | | | | | | | | | |
| | 福利费用 | | | | | | | | | | | | |
| | 其他 | | | | | | | | | | | | |
| | 小计 | | | | | | | | | | | | |
| 办公费用 | 办公用品 | | | | | | | | | | | | |

续表

| 费用分摊额 | | 月度 | | | | 本季度累计 | | | | 本年累计 | | | |
|---|---|---|---|---|---|---|---|---|---|---|---|---|---|
| | | 预算 | 实际 | 差异 | 差异率/% | 预算 | 实际 | 差异 | 差异率/% | 预算 | 实际 | 差异 | 差异率/% |
| 办公费用 | 出差 | | | | | | | | | | | | |
| | 小计 | | | | | | | | | | | | |
| …… | | | | | | | | | | | | | |
| 总计 | | | | | | | | | | | | | |

【实战范本2-04】

## 人力资源成本分析表

部门：

| 指标名称 | 单位 | 序号 | 2014年 | 2015年 |
|---|---|---|---|---|
| 一、在岗人数 | 人 | 1 | | |
| 二、销售收入 | 万元 | 2 | | |
| 三、费用总额 | 万元 | 3 | | |
| 其中1.工资总额 | 万元 | 4 | | |
| 2.培训费用 | 万元 | 5 | | |
| 3.社保费用 | 万元 | 6 | | |
| 4.劳保费用 | 万元 | 7 | | |
| 5.福利费用 | 万元 | 8 | | |
| 6.招聘费用 | 万元 | 9 | | |
| 四、利润总额 | 万元 | 10 | | |
| 五、指标 | | | | |
| 1.人均销售收入 | 元 | 11 | | |
| 2.人均利润 | 元 | 12 | | |
| 3.人均费用 | 元 | 13 | | |
| 4.人均工资 | 元 | 14 | | |
| 5.费用利润率 | % | 15 | | |
| 6.工资利润率 | % | 16 | | |

续表

| 说明： |
|---|
| 1.销售收入指已开票实现的无税收入 |
| 2.费用总额指经营费用、管理费用、财务费用的合计 |
| 3.元、万元、%单位后面保留1位小数 |

| 填报人： | 单位负责人： | 填报时间： |
|---|---|---|

【实战范本2-05】▶▶

## 年度招聘计划及费用预算表

| 一、招聘目的 | 通过招聘的开发与管理，为各部门提供招聘工作的流程和依据，建立良好的人才选用机制，满足公司发展对岗位人才的需要 | | | | | | | |
|---|---|---|---|---|---|---|---|---|
| 二、招聘方法/渠道 | 内部招聘：岗位晋升□ 岗位轮换□ 内部推荐□ | | | | | | | |
| | 外部招聘：网络媒体□ 校园招聘□ 猎头□ 现场招聘会□ | | | | | | | |
| 三、年度招聘费用预算 | 一季度 | | 二季度 | | 三季度 | | 四季度 | |
| | | | | | | | | |
| 四、年度公司人员编制定额 | | 人 | | 目前人员配置额 | | 人 | | |
| 五、年度各部门岗位设置、人员配置规划 | | | | | 六、招聘实施时间计划 | | | |
| 部门名称 | 定编人数 | 现有人数 | 申报人数 | 核定人数 | 核定招聘岗位的职位概要 | 一季度 | 二季度 | 三季度 | 四季度 |
| | | | | | | | | | |
| | | | | | | | | | |
| | | | | | | | | | |
| 招聘责任人编制： | | | 人力资源经理审核： | | | 总经理审批： | | | |

【实战范本2-06】▶▶

## 部门招聘成本预算表

| 所需职位 | 空缺职位数 | 拟采取的招聘方式 | 预算费用 |
|---|---|---|---|
| 基层员工 | | | |
| 中层员工 | | | |
| 高层员工 | | | |

续表

| 人力资源部意见 | 负责人签字：<br>　　年　　月　　日 |
|---|---|
| 总经理审核意见 | 负责人签字：<br>　　年　　月　　日 |

【实战范本2-07】▶▶

### 招聘成本登记表

| 招聘项目 | | 时间及地点 | 参加部门 | 各部门招聘负责人签名 |
|---|---|---|---|---|
| | | | | |
| | | | | |
| | | | | |
| | | | | |
| 备注 | | 招聘负责人 | | |
| | | 招聘费用 | | |

【实战范本2-08】▶▶

### 招聘工作成本分析表

| 招聘部门 | 人力资源中心 | | 招聘组成员 | |
|---|---|---|---|---|
| 招聘周期 | 第一季度 | | 招聘 | |
| 第一部分　计划效益分析 ||||| 
| 效用项目 | 效用科目 | 人数 | 折算金额/元 | 备注 |
| 计划效用 | 计划招聘效用 | | | 计划招聘的所有岗位的工资总额 |
| 实际效用 | 实际预约效用 | | | 均按该岗位原增补单申请的定薪标准乘以人数计总 |

续表

| 效用项目 | 效用科目 | 人数 | 折算金额/元 | 备注 |
|---|---|---|---|---|
| 实际效用 | 实际初试效用 | | | |
| | 实际终试效用 | | | |
| | 实际到岗人力效用 | | | |
| | 实际花费工资总额 | | | 按实际到岗后试用期谈定工资总额计总 |
| 达成率 | 计划招聘完成率 | | | |
| | 招聘薪资节约率 | | | |

第二部分　费用成本分析

| 成本项目 | 费用科目 | | 项目/人数 | 折算金额/元 | 备注 |
|---|---|---|---|---|---|
| 招聘成本 | 宣传海报及制作费用 | | | | |
| | 招聘场地租用费 | | | | |
| | 广告费 | | | | |
| | 交通费 | | | | |
| | 食宿费 | | | | |
| | 接待费 | | | | |
| | 招聘资料打印费 | | | | |
| | 其他专项费用 | | | | |
| 面试成本 | 面试时间成本 | 电话邀约 | | | |
| | | 简历筛选 | | | |
| | | 面试 | | | |
| | 录用亏损成本 | | | | |
| | 其他成本 | | | | |
| 录用成本 | 试用期工资标准 | | | | |
| | 社保 | | | | |
| | 公积金 | | | | |
| | 新员工福利 | | | | |
| | 其他费用 | | | | |
| 人员流失成本 | 面谈时间成本 | | | | |
| | 缺岗时间成本 | | | | |
| | 其他成本 | | | | |
| 总计 | | | | | |
| 招聘效用成本比 | | | | | |

【实战范本2-09】▶▶

## 培训费用预算明细表

| 序号 | 项目名称 | 参训人数 | 培训费用 | | | | | | | | 备注 |
|---|---|---|---|---|---|---|---|---|---|---|---|
| | | | 人员费用 | 场地及设施设备费用 | | | 材料费用 | | | | |
| | | | 讲师津贴 | 场地费用 | 设备费用 | 设备折旧 | 资料印刷 | 教材购买 | 食宿费 | 文具费用 | |
| | | | | | | | | | | | |
| | | | | | | | | | | | |
| | | | | | | | | | | | |
| | | | | | | | | | | | |
| 合计 | | | | | | | | | | | |
| 审核 | 签名：　　　　　　　　　　日期： | | | | | | | | | | |
| 批准 | 签名：　　　　　　　　　　日期： | | | | | | | | | | |

【实战范本2-10】▶▶

## 各培训课程费用明细表

| 课程对象 | 允许发生费用 | | | | | | |
|---|---|---|---|---|---|---|---|
| | 外训费用 | 外请费用 | 内部费用 | | | | |
| | | | 讲师津贴 | 食宿费用 | 培训场地费 | 培训资料费 | 培训文具费 |
| 新员工 | | | √ | √ | √ | √ | √ |
| 岗位培训 | | | √ | | √ | √ | √ |
| 领导力与人才发展类 | √ | √ | | | | | |
| 学历与技术进修 | √ | | | | | | |
| 其他培训 | √ | √ | √ | √ | √ | √ | √ |

【实战范本2-11】

## 加班费明细表

部门：　　　　　　　　　　　　　　　　　　　　　　　　日期：　　年　　月　　日

| 日期 | | | | 工作内容及地点 | 实际加班时间/小时 | 加班费 | 午餐费 |
|---|---|---|---|---|---|---|---|
| 起 | | 讫 | | | | | |
| 月 | 日 | 月 | 日 | | | | |
| | | | | | | | |
| | | | | | | | |
| | | | | | | | |
| | | | | | | | |
| | | | | | | | |
| | | | | | | | |
| | | | | | | | |

总经理：　　　　　会计：　　　　　出纳：　　　　　审核：　　　　　申请人：

【实战范本2-12】

## 员工离职成本核算表

姓名：　　　　　　　　　岗位：　　　　　　　　　离职总成本：

| 项目 | 成本明细 | 数量 | 单位 | 说明 |
|---|---|---|---|---|
| 培训开发成本 | 培训人员月工资 | | 元/小时 | 月工资范围含薪资、福利等全部支出 |
| | 培训花费工时 | | 小时 | 在培训该员工时所花费的时间 |
| | 其他培训费用 | | 元 | 由培训组统计的其他费用，如材料、交通、活动等培训相关费用 |
| | 每月培训成本小计 | | 元 | 培训人员的时间成本+培训其他费用 |
| 管理成本 | 直属主管分管的人员数 | | 人 | 下属总数 |
| | 直属主管分管人员时间 | | 小时 | 直属主管基本用于人员管理的时间占总体时间的1/3 |
| | 直属主管的月工资 | | 元/小时 | 月工资范围含薪资、福利等全部支出 |
| | 人力资源离职、入职手续办理人员薪资 | | 元/小时 | 人力资源离职、入职手续办理人员薪资、福利全部支出 |

续表

| 项目 | 成本明细 | 数量 | 单位 | 说明 |
|---|---|---|---|---|
| 管理成本 | 平均每个手续办理时间 | | 小时 | 具体流程办理所用时间 |
| | 每月管理成本小计 | | 元 | 直属主管的管理成本+人力资源相关手续的办理成本 |
| 再招聘成本 | 面试一名人员所需成本 | | 元/人 | 引用"面试时间成本"所得数据 |
| | 招聘一名员工需面试多少人 | | 人 | 一般面试6～7个人才会确定1个人 |
| | 招聘甄选、录用的准备成本 | | 元/人 | 主要包括确定招聘策略、招聘渠道、修订岗位描述、准备招聘广告、选择、测试等 |
| | 每月其他成本小计 | | 元 | 面试1名人员的时间投入成本+其他材料及渠道成本 |
| 再招聘人员试用 | 再招聘人员底薪（试用工资） | | 元/月 | 填补空缺岗位再招聘人员薪资底薪 |
| | 再招聘人员社保及福利 | | 元/月 | 薪资以外的其他人力资源成本支付 |
| | 再招聘人员各项运营费用成本 | | 元/月 | 除培训和薪资福利外的其他费用支出 |
| | 再招聘人员适应岗位周期 | | 月 | 新招聘员工录用至正式上岗所需周期 |
| | 每月运营成本小计 | | 元 | 再招聘人员的各项费用支出×正式上岗所需的周期（如销售经理必须经过1个月培训才能上岗） |
| 差异成本 | 离职人员原薪资、福利合计 | | 元/月 | 原薪资、福利与再招聘人员薪资、福利之差，可正可负 |
| | 再招聘人员薪资福利合计 | | 元/月 | |
| | 再招聘人员绩效优于原离职员工 | | 元/月 | 上岗后六个月以内的绩效 |
| | 岗位空缺后节省的薪资及福利 | | 元/月 | 没有招聘或无须再招聘（原岗位由于离职而省却） |
| | 差异成本小计 | | 元 | 离职人员与再招聘人员的各项费用之差 |
| 离职人员访谈人力资源成本 | 离职人员访谈时间 | | 小时 | 离职时对其挽留、协商等商谈时间（平均/人） |
| | 部门访谈人员薪资 | | 元/小时 | 部门访谈人员的人力支付成本 |
| | 人力资源访谈人员薪资 | | 元/小时 | 人力资源访谈人员薪资支付成本 |
| | 每月其他成本小计 | | 元 | 针对人员离职主管及人力资源所做的挽留或产生纠纷所做的沟通处理等工作费时成本 |

续表

| 项目 | 成本明细 | 数量 | 单位 | 说明 |
|---|---|---|---|---|
| 相关补偿 | 离职补偿金 | | 元 | 员工每工作一年支付一个月工资（辞退、协商解除） |
| | 代通金 | | 元 | 提前一个月通知，一个月工资 |
| | 其他实际支付费用 | | 元 | 其他在离职时实际支付的费用 |
| | 因离职产生的纠纷仲裁等费用 | | 元 | 如仲裁材料准备费用或相关手续支付费用，按实际支付计算 |
| | 每月其他成本小计 | | 元 | 各项实际支付费用的总计 |
| 岗位空缺损失 | 该岗位空缺周期 | | 月 | 该岗位从离职到新员工到位的中间阶段 |
| | 该岗位空缺造成的损失 | | 元/月 | 平均劳动生产率×该岗位投入成本－投入成本 |
| | 要额外加班的成本 | | 元/月 | 因岗位空缺，需要其他人员完成的工作，额外支付的劳动时间成本 |
| | 主管级人员协调完成空缺岗位工作的成本 | | 元 | 因岗位空缺，主管需要协调其他人员负责该岗位工作所造成的管理时间成本 |
| | 损失生产率费用小计 | | 元 | 空缺损失×空缺周期+加班成本+主管协调成本 |
| 离职前后生产率降低 | 离职前后生产率降低周期 | | 元 | 因员工有意离职和新人到岗适应阶段生产率降低成本（一般为一个月） |
| | 生产率降低程度 | | % | 员工生产率降低后可达到的产出水平，一般为70% |
| | 损失生产率降低成本小计 | | 元 | （劳动投入－降低程度×劳动投入×劳动生产率）×周期 |
| 造成市场的损失 | 销售方面的损失 | | 元 | 潜在市场销售额的下降，离职人员至竞争对手方造成的损失 |
| | 知识产权的流逝成本 | | 元 | 重要的资料文件、知识和技能等的流失 |
| | 维护和恢复供应商和客户成本 | | 元 | 有关客户、供应商因员工离职而中断产生的损失或维持和恢复关系成本 |
| | 公司历史、文化的流失成本 | | 元 | 公司在员工心中建立和形成的历史及企业文化因员工流失而受到影响 |
| | 损失成本小计 | | 元 | 各项损失费用的合计 |

注：1. 本表可根据物业公司情况测算出一名员工的用工成本。
2. 劳动生产率=产出/劳动力投入。

【实战范本2-13】

## 员工异动分析表

| 1月人数 | 12月人数 | 增加人数 | | 减少人数 | | | | 实增（减）人数 | 流失率 | 离职率 | 劝退率 |
|---|---|---|---|---|---|---|---|---|---|---|---|
| | | 外部增加 | 内部增加 | 离职 | 劝退 | 退休 | 其他 | | | | |
| | | | | | | | | | | | |
| | | | | | | | | | | | |
| | | | | | | | | | | | |
| | | | | | | | | | | | |
| | | | | | | | | | | | |
| | | | | | | | | | | | |

说明：
1.流失率：员工减少总数除以1月人数到12月人数（全年度）的平均数
2.离职率：离职员工总数除以1月人数到12月人数（全年度）的平均数
3.劝退率：劝退员工总数除以1月人数到12月人数（全年度）的平均数

填报人：　　　　　　单位负责人：　　　　　　填报时间：

# 第三章
# 控制物料消耗降成本

## 引言

为确保物业公司对物业的正常维修保养，给业主（租户）提供良好的服务，物业公司需采购、储存各种工具、备品、备件、材料和原料等货物（以下统称为物料）。

物料消耗是物业管理的重要领域，是指物业管理服务过程中对物料、用品、机具、工具、器材等的耗用。物业公司的成本费用除了人员费用之外，物料消耗占了很大比重。合理采购和有效储存物料是一个公司成本控制的主要环节之一。

## 第一节 物料消耗控制的基础

### 一、建立严格的物料消耗控制制度

（一）制定物料消耗控制岗位责任

规定"四重"负责制，即职能部门主管负责本部门物料消耗预算和执行、物料消耗管理员负责出入库登记、行政助理负责审核、质量检查监督员负责检查监督。

（二）实行物料采购申报制

职能部门每月物料消耗需由部门主管填写月度"物料采购申请表"（特种情况可填单次申请表），行政助理和物料消耗管理员就需要和数量进行盘仓及审核，经审批后方可采购。极致物料管理系统采购管理模块是针对物业公司管理的物业项目多、物料规格相近和物料需求周期相对固定等特性而设计的，能够与仓库管理、应收应付管理等功能模块组成集中采购解决方案。物业公司可以根据采购的特性将采购计划分为计划内采购、计划外采购和临时性采购，根据采购计划类型实现"统议统购""统议分购""分议分购"等多种集中式采购管理模式。

（三）进行物料出入库登记

所有物料经购买后需经物料消耗管理员进行入库登记，职能部门负责领用、发放和管理。发放物料时，领用人须填写"物料领用登记表"。物料消耗管理员每季度盘点一次，物账两清。极致物料管理系统工器具模块通过设定物料的基本属性，实现对工器具类物料进行工器具登记、工器具领用、工器具借用、工器具更换、工器具报损、工器具归还的过程管理，并提供实时查询工器具的归属、库存等功能。

（四）维修申报制

各类机具由各部门负责保管、使用和日常维护，出现故障需要维修、换件，须由部门主管填写"维修申报单"，经批准后执行。

（五）机具报废制

职能部门专人维护本部门机具，小故障自行排除或由机电部维修，大故障外送或特约维修，达到报废年限和程度时，填写"报废申请表"，经批准做报废处理。

## 二、建立物料消耗年度计划控制机制

（1）与工作计划相对应，一线职能部门（如安防、机电、保洁、绿化养护等部门）每年制订年度物料消耗计划，对物料、用品、机具、器材等耗费作出年度预算，经审核、批准后执行。

（2）部门年度物料消耗计划的执行由部门主管负责，月度申购参照年度物料消耗计划进行，并与部门主管的绩效考评挂钩。

（3）质量检查监督员对物料消耗情况检查、监督，并在周检表中反映检查、处理结果。

（4）年度终了，对职能部门的物料消耗成绩进行奖惩。

## 三、对养护管理项目严格把关

一般情况下，《物业管理服务合同》和《业主公约》都会载明物业公司可把本物业管理区域部分管理项目委托给有关专业技术单位管理，但不能把物业管理区域整体委托给其他单位管理。国家专业技术监督局也明文规定，对电梯、消防、制冷、监控等特种技术设备须由相关专业技术资质单位予以维护和维修。

（1）严格按相关规定，对电梯、消防、制冷、监控系统等设备委托具备相应专业技术资质的单位进行维护、保养和维修。

（2）在委托选择、洽谈、签约过程中，按招投标规定从资质、实力、价格、服务等方面严格筛选、把关，选择最有实力、胜任养护的单位。同时，设立必要的"委托执行工作单"，由委托单位派专业技术人员和本单位员工双方确认填写，确保委托合同顺利执行。

（3）对于非国家法规指定由特种专业单位养护的项目尽量由本企业执行。

重视和解决物料消耗控制问题，可使物业管理企业的经营管理秩序良好，确保以收定支、收盈于支的经营效果，从而争取业主和使用人的高满意率。

【实战范本3-01】

## 某物业公司物料管理规定

### 1. 目的

规范物业公司所用物料申购、仓管、领用、统计等一系列工作，确保所耗物料安全；各项管理有序；合理控制物料使用；减少非正常消耗和物料相关数据统计工作。

### 2. 适用范围

物业公司下属各单位的物料管理工作。

### 3. 术语

（1）物料管理员：指各单位仓管员或负责物料管理工作责任人，负责物料申购统计、下单、跟踪、收验货、仓管、入仓、出仓、盘点、数据统计等工作。

（2）物料管理结算周期：指上月的21日至本月20日。

### 4. 职责

（1）物料使用部门负责每月20日前向物料管理员递交"物料申购计划表"申购所需物料，逾期未递交造成的后果由责任部门自行负责。

（2）物料管理员负责物料申购统计、下单、跟踪、收验货、仓管、入仓、出仓、盘点、数据统计等工作。

（3）公司财务中心物业会计负责各单位物料的核算。

（4）项目物业负责人负责指导、监督、检查物料管理员按物业公司规定做好物料管理工作。

（5）物业公司品质部负责协助项目物业负责人指导物料管理员做好物料管理工作，并不定期抽查执行情况。

### 5. 程序要点

5.1 库存物料的限额标准

5.1.1 日常消耗物料的库存限额。

（1）一般为每月平均消耗量的2倍。

（2）特殊情况另行处理。

5.1.2 常备零件物料的库存限额。

（1）一般为每月平均消耗量的3倍。

（2）特殊情况另行处理。

5.2 物料采购的申请

5.2.1 物料需求部门在每月20日前向物料管理员递交本部门"物料申购计划表"，并在每月23日前向物料管理员递交本部门"库存物料盘点表"和本部门本物料管理结算周期"物料消耗记录"。

5.2.2 对于特殊需求的物料，申购部门需提供详尽的规格型号、图片或供应商等资料，如有需要还应提供实物样本。

5.2.3 物料管理员在收到申请部门递交的"物料申购计划表"后，根据以往该部门领用物料记录对该部门的申请计划进行审核，发现异常立即了解缘由，如有需要应检查该部门物料使用记录和实物库存情况。

5.2.4 当仓库物料低于规定的库存限额时，应在本物料管理结算周期结束后及时填制所需物料的采购计划。

5.2.5 物料的申购应有计划和预见性，在一般情况下每月25日后公司不再受理各单位递交的物料申购申请。因特殊原因需临时申购的零星、应急物料由使用部门填写"零星/应急物料申购表"递物料管理员审核，经项目物业负责人和区域主管领导批准后递物业总部。

5.2.6 每月23日前汇总各部门"物料申购计划表"，结合库存情况编制本单位下月物料申购计划，并递项目物业负责人审核，区域负责人审批。

（1）项目物业负责人依据下列内容审核：仓库实际库存量；当月实际消耗量；库存物料的限额标准；下月预计消耗量；下月资金预算。

（2）区域主管负责人审批。

① 采购计划不合理的，应及时予以调整申购计划。

② 采购计划合理的，区域负责人应在审批栏内签署姓名、日期。

5.2.7 物业总部行政助理在每月25日前收齐各单位递交采购申请后递公司总经理审阅批示。

5.2.8 总部行政助理在每月28日前将经总经理审阅批准的"物料申购计划表"集中后交集团采购部。

5.3 申购跟进

5.3.1 申请计划一经批准，由物料管理员负责与集团采购部中本项目的专责采购员联系，对于特殊物料应加以说明以避免购买错误，并跟踪购买效率是否能达到使用单位要求。

5.3.2 特殊物料，物料管理员应提醒申购部门主动与采购部采购员联系。

5.4 物料的入仓程序

5.4.1 物料的入仓程序。

（1）物料管理员应按照《物料验收管理规定》中的相关规定进行验收。

（2）经验收合格的物料，将送货单据进行复印，开具"进仓单"，并将物料分类存放。

（3）根据当天的"物料送货单""进仓单""领料单"，当日在"进销存账"上做好物料明细账，并在"物料申购收货记录"上做好收货记录。

（4）物料管理员应在每日下班前，将"进仓单""物料送货单"和"领料单"汇总整理好后存档，作为本物料管理结算周期物料统计和费用核算依据之一。

5.4.2 退回物料的入仓程序。

（1）相关人员将未使用完的物料送到仓库。

（2）物料管理员应根据核查结果，按照《物料验收管理规定》中的相关规定进行验收。

① 合格品，填写"进仓单"，在说明栏内填写"退回物料"字样，存入合格品存放区内。

② 不合格品，填写"不合格品处理表"后存放在不合格品区等待处理。

（3）物料管理员应在每日下班前，根据"进仓单"在"进销存账"账簿上登记仓库物料明细账，并将"进仓单"汇总后存档。

5.4.3 设备工具的入仓程序。

（1）新采购的工具按物料的入仓程序执行。

（2）以旧换新的设备工具入仓程序。某物业公司物料管理规定提要：物料使用部门负责每月20日前向物料管理员递交"物料申购计划表"申购所需物料，逾期未递交所造成的后果由责任部门自行负责。

① 经办人应凭其所在各部门负责人签名确认的"工具领用记录"到仓库办理旧工具入仓手续。

② 物料管理员经检查无误后予以办理入仓手续，同时在"工具领用记录"上签名确认。

③ 填写"入仓单"将旧工具办理入仓手续，不能使用的填写"不合格品处理表"后存放在不合格品区等待处理。

④ 新领出的工具按出仓程序填写"领料单"办理工具领出手续，同时在"工具领用记录"上签名确认。

5.4.4 退还的设备工具入仓程序。

① 物料管理员根据使用人的"工具领用记录"或"工具借领单"上的项目，逐项清点退还工具，并填写"入仓单"将旧工具办理入仓手续，

② 物料管理员按照《物料验收管理规定》中的相关规定对退回的设备工具进行验收。

5.5 仓库物料的存放管理

5.5.1 物料存放仓库的自然条件。

（1）有通风设备。

（2）光线充足。

（3）面积宽敞。

5.5.2 仓库物料的存放分类。

（1）易燃、易爆与挥发性强的物料。

（2）吸水性强以及容易发潮、发霉和生锈的物料。

（3）常用工具、材料和配件等。

（4）易碎、易损物料。

（5）食品类。

5.5.3 物料存放仓库的区域划分。

（1）合格物料存放区。

（2）不合格物料存放区。

（3）待检物料存放区。

5.5.4 仓库区域划分的方法。

（1）在货架上标识并隔离。

（2）划线挂标牌。

5.5.5 仓库物料的存放要求。

（1）易燃、易爆与挥发性强的物料应单独设置仓库存放，存放时应注意以下几点。

① 周围无明火、远离热源。

② 摆放在地下。

③ 配备灭火器。

④ 保持包装完好。

⑤ 库房结构坚固，门窗封闭牢固。

⑥ 库房门内开。

（2）吸水性强、容易发潮发霉和生锈的物料存放时应注意以下几点。

① 用经过防火处理的货架处置。

② 放在干燥的地上或货架上。

③ 配备防潮通风设施。

（3）常用工具、材料和配件等。

① 不规则物料，用盒或袋装好后摆放。

② 规则的物料整齐地摆放在货架或地上。

（4）易碎易损的物料。

① 体积较小或瓶装物料，放置货架的底层，整齐地摆放在地上。

② 体积较大的物料，应靠墙立放，放置上方不悬挂其他物料。

③ 放置位置有胶垫。

（5）食品。

① 放置在经过防水处理的货架上。

② 配备通风、防潮设施。

### 5.6 仓库物料的领用管理

**5.6.1 物料的领用程序。**

（1）物料领用人应凭其所在各部门负责人签字确认的"领料单"到仓库办理材料领用手续。

（2）物料管理员根据"领料单"上所列品种，逐一发放。

（3）物料管理员根据"领料单"内容日在"进销存账"上登记仓库物料发放明细。

（4）物料管理员应于每日下班前，将"领料单"汇总后存档。

**5.6.2 工具的领用管理。**

（1）工具使用人应凭其所在各部门负责人签名确认的"领料单"，并携带个人"工具领用记录"到仓库领用工具。

（2）物料管理员应根据使用人"工具领用记录"，核对原卡上的领用工具是否有重复现象。

① 如经核对，已有领用记录，但没有报废或其他处理记录，物料管理员应拒绝发放。

② 如经核对，没有该工具的领用记录，将工具发放给领用人后，并在使用人"工具领用记录"上登记。

（3）物料管理员应在每日下班前将工具"领料单"汇总后在"进销存账"上登记仓库物料发放明细登记。

**5.6.3 借用工具的领用程序。**

（1）凡因工作需要借用工具的人员，应凭其所在部门负责人签名确认的"工具借领单"到仓库办理工具借用手续。

（2）维修人员也可凭有效的维修单借用工具。

（3）物料管理员根据"工具借领单"或维修单，填写"领料单"后发放。

（4）物料管理员对借用的工具应根据规定的归还期限督促借用人按时归还。

（5）在每日下班前将工具"领料单"汇总后在"进销存账"上登记仓库物料发放明细登记。

**5.6.4 仓库物料报废的管理标准。**

（1）物料到有效期。

（2）客观原因造成物料工具已无使用价值。

（3）按其他有关规定需报废。

### 5.7 物料报废的程序

**5.7.1** 报废物料经办人凭其所在各部门负责人签名确认的"物料报废单"，到物料管理员处办理物料报废手续。

**5.7.2** 仓库库存的物料报废，由物料管理员负责填写"物料报废单"。

**5.7.3** 报废物料经手人在递交"物料报废单"时，应准备好报废物料的有关原始资料,如入库时间、物料性能介绍、使用时间、使用说明、其他有关资料等。

5.7.4 单位负责人有接到"物料报废单"申请后应组织相关人员验证,并在"物料报废单"上做好验证记录。

5.7.5 报废物料单位价值在500元以上的,将经验证后的"物料报废单"报公司总经理审批。

5.7.6 报废物料单位价值在500元以内的,将经验证后的"物料报废单"报区域主管领导审批。

5.7.7 物料管理员根据审批意见对报废物料进行处理。

5.7.8 经批准可处理的报废物料,需在物料管理员同物料处理人的互相监督下进行,并在"物料报废单"上做好处理和所得收益记录,双方签名确认。

5.7.9 报废物料所得收益交项目物业收银处,并开具收条后会同"物料报废单"共同存档。

5.8 仓库物料的清点

5.8.1 本物料管理结算周期结束后3个工作日内,物料管理员应对仓库内物料进行逐一清点。根据清点结果,填写"库存物料盘点表"。

5.8.2 物料管理员应将库存物料"进销存账"明细账的余额和盘点表上的实物数额进行核对。

(1)经核对无误的,物料管理员应根据本物料管理结算周期内实际产生的"入仓单"及"领料单",编制"物料消耗记录",同时编制下月采购计划。

(2)如经核对有误,采取以下措施。

① 实物多于账面余额的,应报项目负责人批准,按新购物料入仓程序,填写"进仓单"办理进仓手续,在进仓单说明栏内注明"盘盈物料"字样。

② 如实物少于账面余额的,应查找出原因后报项目负责人处理。

(3)盘点结束后,在每月23日前将当月报送项目负责人审核。

(4)项目物业负责人应于每月25日前对物料管理员所递材料进行审核,并根据情况部分或全面进行抽检,审核并抽检无误后将经审核签批的"物料消耗记录""物料申购计划表"递总公司物业部。

5.8.3 物料管理员将经项目负责审批的每月初5号前将上月物料管理相关资料整理成册,并核对无误后递项目负责人审核,将签批后的"物料盘点表""物料消耗记录""物料申购计划表"整理成册,交由客服部长期保存。

5.9 物料的管理情况

作为对物料管理员和相关责任人绩效考评的依据之一。

5.10 相关表单

5.10.1 "进仓单""领料单""工具借领单"。

5.10.2 "工具领用记录"。

5.10.3 "物料盘点表"。

5.10.4 "物料消耗记录"。

5.10.5 "物料申购计划表"。

5.10.6 "物料申购收货记录""物料报废单""进销存账"簿。

【实战范本3-02】▶▶▶

## 物业公司物品管理制度

为确保物业公司对物业的正常维修保养,给业主/租户提供良好的工程服务,物业公司需采购、储存各种工具、备品、备件、材料和原料等货物(以下统称为物品),物品的申购、采购、入库、储存、出库、借用、归还、使用及报废程序示意如下图所示。

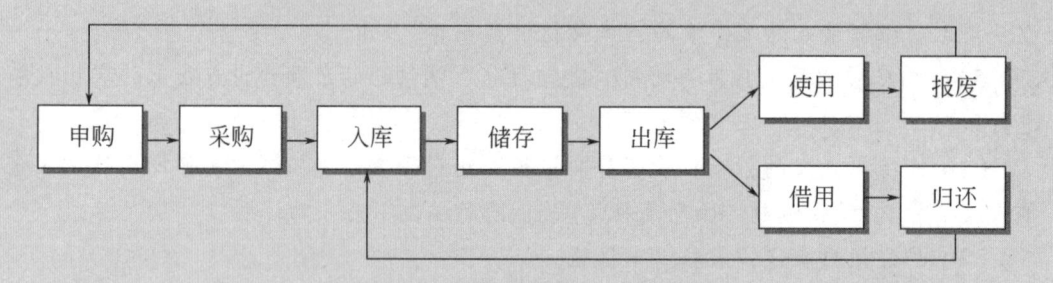

申购 → 采购 → 入库 → 储存 → 出库 → 使用 → 报废
                                    → 借用 → 归还

**物品采购至报废全流程示意**

仓库管理示意如图所示。

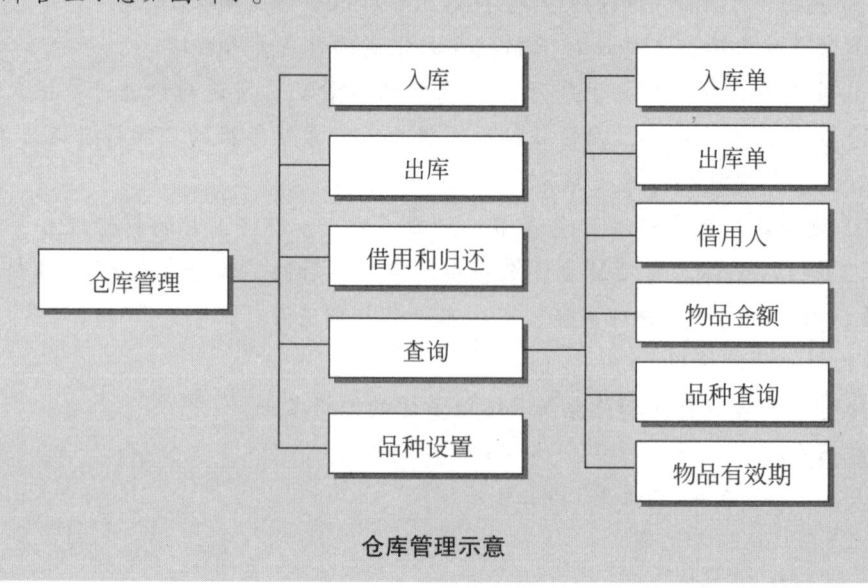

仓库管理:
- 入库 → 入库单
- 出库 → 出库单
- 借用和归还 → 借用人
- 查询 → 物品金额
- 品种设置 → 品种查询
- → 物品有效期

**仓库管理示意**

### 1. 物品申购制度

物品申购制度是为了确保以最少的物品储备来满足物业维修保养和工程服务的需要，尽可能地压缩库存，防止积压，提高资金和仓库的利用率。

1.1 根据库存情况和日常维修的消耗记录，设立常用消耗物品库存量，一般以一个季度的消耗量的2倍为标准。

1.2 各班组所需的物品，均须按年份季做出计划，经工程经理/主管批准后，知会财务部，并经总经理批准。

1.3 物业公司可设立维修零用金，金额为1000元，主要用于工程维修和日常维修所需物品的采购。需动用维修零用金采购物品，必须提前上报公司，待公司批准后，费用在1000元之内，可从零用金内支取；1000元以上的由公司统一开具支票或转账。

1.4 若遇设备/系统故障急修需要采购物品，费用在200元之内，可先支取零用金后再上报公司。

### 2. 物品采购制度

物品采购制度是为了在保证质量的前提下，采购价廉、物美、实用的物品。

2.1 日常采购额度超过200元，每年内第一次采购需找三家供货商比价，同样品牌的物品，选择价格较低、信誉较好的供货商采购，跨年度采购必须重新比价。

2.2 在紧急情况和得到物业公司经理同意下，可临时豁免。

2.3 若是业主指定或安排的采购，需得到业主负责人的书面指令，并保存归档备查。

2.4 凡购进物料、工具等，尤其是定制品，应先取样品，征得使用人同意后，才可进行采购或定制。

### 3. 物品入库制度

物品入库制度是为了确保采购物品的质量，应办理完备的入库手续。

3.1 入库时需登记的内容为：日期、时间、名称、数量、品种、重量、有效期及类别等于入库本上，并要与明细、发票相吻合。

3.2 入库时需开箱/盒查验物品的质量，若仓库管理员无法把握时，可请使用人协助，并对查验的物品签字认可。

3.3 仓库管理员需将验收入库的物品分别堆放、编号。

3.4 燃油、锅炉、应急发电机等使用的汽油等燃料，不需入库，但供货商送油到地时，仓库管理员要在现场核实油料的质量、数量。

3.5 所有设备可不进入食品库，入库、出库的手续参照物品的规定同样办理。

3.6 采购的设备开箱后，若有技术数据和随机文件，需交工程档案管理人员统一归档，安装和使用人员需阅用这些数据，可办理借阅手续。

### 4. 仓储管理制度

仓储管理制度是为了确保仓库储存物品的质量。

4.1 物品在仓库内储存，应按不同种类分别堆放，并设置品种代码与之对应，设立"物品的进、出、存货卡"，物品要先进先出，定期翻堆，当提货时可快捷地提出。

4.2 要节约仓容，合理使用仓容，对干货、湿货、轻重、危险品需区分，重载物品与轻载物品不要混堆，有挥发性物品与吸潮物品不要混堆。

4.3 仓库管理员要留意仓库的温湿度情况，注意防火安全，确保所有物资的安全存放。

4.4 仓库管理员对仓储的物品应经常进行检查，对滞存在仓库时间较长的物品要主动向部门领导反映滞存情况，对仓储中发现霉变、破损或超保管期的物品应及时提出处理意见。

### 5. 仓库管理制度

仓库管理制度是为了确保仓库储存物品的安全。

5.1 仓库是物品保管重地，除仓库管理人员和因业务、工作需要的有关人员外，任何人未经许可不准入仓库。

5.2 因业务、工作需要进入仓库的人员，在进入仓库时，必须办理入仓登记手续，记录进入仓库的时间、人员、事由及离开时间等，进仓要有仓库管理员或工程部经理/主管陪同，不得独自进入，凡进仓人员工作完毕，出仓时应主动请仓库管理员检查。

5.3 一切人员不得携带火种、背包和手提袋等物进入仓库。

5.4 仓库周围及仓库办公地点不得会客，其他部门的职工不得围聚闲聊。

5.5 仓库内堆放易燃易爆物品需采取相应的措施，符合消防规范。仓库内不得存放私人物品。

### 6. 工具借用制度

工具借用制度是为了确保正常使用。工具借用按时间分可分为临时借用和长期领用，长期领用又可分个人领用和公共领用。

6.1 临时借用工具，由使用人填写临时借用工具表，经批准后，向仓库管理员申请领取，并在员工工具借用登记本上登记。在交还时，仓库管理员亦要在该表上写明交还时间并签收，签收时应检查工具及其附件是否完好无损，若发现问题立即记录，并向主管反映。

6.2 个人领用工具的品种根据需要配备，由使用人提出申请，经工程经理/主管批准后到仓库领用，并办理领用手续，领用后个人负责使用保管，离开公司时交还，仓库管理人需做签收记录。

6.3 公共领用工具由主管/领班申请，经工程经理/主管批准后，到仓库办理领用手续，领用后由申请人或指定专人负责保管。

6.4 工具调换，原则上以旧换新，发生丢失和毁损，由保管者写明原因，向上一级领导报告，不属人力不可抗拒的丢失和毁损，由责任人按当时工具的价格赔偿；属长期使用正常磨损或损坏，金额在500元以内的由工程部领导批准办理报废手续；超过500元的需物业经理批准同意后方可办理报废手续。

6.5 工具一律不得带出物业，特殊情况经由部门领导批准同意，办理正式手续后方可借出。

### 7. 物品领用制度

物品领用指除工具以外的备品、备件、低值易耗品及设备等领用。

7.1 工作人员到仓库领料之前，先要填妥物品领料单，注明数量、规格、名称、施工内容、安装位置等，经工程经理/主管批准后到仓库领取。

7.2 物品领用的一般原则为以旧换新，但在实施过程中可先领后交，若发生多领，应主动归还。

7.3 若专案中确需新增的物品，被盗或遗失的物品，需在领料单上注明，经工程经理/主管批准后备案。

### 8. 物品报废制度

物品报废制度是为了明确物品报废程序。

8.1 工程部对所有设备除加强日常运行、维修和保养等工作外，还应认真做好设备、材料的更新工作。

8.2 工作人员对以旧换新的旧料，如灯具、阀门和矿棉板等集中到一定数量做报废处理，对有回收利用价值的金属、塑料可集中送至废品回收站，所得款项交财务入账。

8.3 申请设备报废，经工程经理/主管同意后，填写"固定资产报废鉴定书"，经财务部和物业经理同意后方可报废，若设备价值超过人民币5000元，还需报业主/业主委员会审核后方可报废。

8.4 设备报废需符合下列情况之一。

8.4.1 经预测，继续大修后技术性能仍不能满足工艺（工作）要求，并且大修需要费用相对更新设备较多的。

8.4.2 严重影响安全，又无法改造，继续使用可能引起事故的。

8.4.3 严重污染环境，危害人体健康，进行改造又不经济的。

8.4.4 其他需淘汰或更换的设备。

8.4.5 对仓库中发现因过期、损坏和老化不能使用的物品，仓库管理员应按年度报工程部领导批准报废，价值超过500元，需报经物业经理批准，有关人员应吸取教训，在以后的采购中加以避免。

### 9. 物品盘点制度

物品盘点制度是为了确保仓库内储存的物品与账面物品余额相符，并为采购提供依据。

9.1 为及时反映库存物品的数量，配合编制采购计划，节约使用资金，仓库管理员应每月编制"仓库物品申请表"送交工程部领导，每季盘点一次，校核实物和仓库存货记录卡的余额数量是否相符。

9.2 仓库管理员应定期盘点库存，发现升溢或损缺，应寻找原因，并写出盘盈、盘亏报告，若差额严重，仓库管理员应承担相应的责任。

9.3 仓库管理员应制定最高储备品和最低储备量的定额，数量上不能把握的需请有关人员协助。根据库存情况及时向工程部领导提出申购计划，避免物资积压或短缺而影响物业的维护保养。

9.4 仓库内的各种物品应做到"账、物、卡"三相符，工程部经理/主管需监督库房的情况，防止物品过多、过少、损坏或过期等情况。

## 第二节 物业公司物料采购管理

物业公司的采购包括外包服务采购和材料物资采购。材料物资采购单笔金额相对比较小，但采购品种复杂多样，及时性要求高，在此，本节只讨论物业公司材料物资的采购。

### 一、采购物资分类

物业公司的采购物资可以分为几类，如表3-1所示。

表3-1 采购物资分类

| 序号 | 类别 | 说明 |
| --- | --- | --- |
| 1 | A类物资 | 办公用品类物资。为满足公司正常办公而所需的计算机设备、备件、网络设备及备件、开发工具、软件产品、计算机外设与耗材及其维护服务；公司用车辆、家具、办公设备、办公文具、办公耗材、印刷类产品、礼品、财产保险、场地修饰、设施维护以及其他行政类物资及服务 |
| 2 | B类物资 | 工程水、电、土建类物资。为满足小区设备设施维护而需要的各种水、电配件、土建施工常用品 |
| 3 | C类物资 | 清洁绿化类，包括小区清洁所需常用设备、工具、消耗品；小区绿化所需的设备、工具、消耗品、补种的花草、树木以及维护 |
| 4 | D类物资 | 劳保类物资，包括办公室、保安、绿化、工程、清洁等全体职工的工服及劳动保护用品 |
| 5 | E类物资 | 固定资产类物资 |

## 二、采购流程

各部门根据正常经营活动以及工作计划于每月20日编制申购计划,报到采购人员处,由采购员填写"申购单"→报相关部门主管审核→项目经理审核→副总经理审批→总经理审批→采购人员按计划采购→物资使用部门验收→采购人员办理财务等相关手续并登记管理。如需紧急采购,采购人员需得到总经理口头允许,可以先行采购,而后补办"申购单"手续。

【实战范本3-03】

**物料需求计划表**

| 编号: | | 申请部门/单位: | | 申购日期: | | ( )一般<br>( )紧急 | |
|---|---|---|---|---|---|---|---|
| 申购<br>类别 | ( )办公用品　( )保洁绿化　( )秩序维护<br>( )工程　　　( )工装　　　( )品牌策划类 | | | | | | |
| 序号 | 物品名称 | 单位 | 数量 | 单价 | 总价 | 品牌/规格/<br>型号 | 用途及申购<br>理由 |
| 1 | | | | | | | |
| 2 | | | | | | | |
| 3 | | | | | | | |
| 4 | | | | | | | |
| 5 | | | | | | | |
| … | | | | | | | |
| 合计: | | | | | | | |
| 部门负责人: | | 项目经理: | | | | | |
| 分管领导: | | 董事长意见(必要时): | | | | | |

【实战范本3-04】

**物资申购单**

| 申购部门 | | | | | | | | | | | | | |
|---|---|---|---|---|---|---|---|---|---|---|---|---|---|
| 序号 | 品名 | 规格<br>型号 | 类别 | 单位 | 数量 | 单价 | 金额 | 要求或<br>用途 | 申请<br>人 | 日期 | 部门负<br>责人 | 供方 | 采购<br>员 | 备注 |
| 1 | | | | | | | | | | | | | | |

续表

| 序号 | 品名 | 规格型号 | 类别 | 单位 | 数量 | 单价 | 金额 | 要求或用途 | 申请人 | 日期 | 部门负责人 | 供方 | 采购员 | 备注 |
|---|---|---|---|---|---|---|---|---|---|---|---|---|---|---|
| 2 | | | | | | | | | | | | | | |
| 3 | | | | | | | | | | | | | | |
| 4 | | | | | | | | | | | | | | |
| 5 | | | | | | | | | | | | | | |
| 6 | | | | | | | | | | | | | | |
| 7 | | | | | | | | | | | | | | |
| 8 | | | | | | | | | | | | | | |
| 9 | | | | | | | | | | | | | | |

注:"备注"栏中可填写未能在指定供应商处采购原因、物资送错/短少情况、发票问题、未能按申报数量采购原因等。此表由仓管员填写,并负责存档。

### 三、采购方式

除以下提到的采购项目外,物业公司采购人员均应采用货比三家的方法,由采购人员与使用人员通过网络等途径对市场价格进行调查,向几家供应商发放询价表,进行比价、议价到最后定价,并做好询价、定价表的管理。由物业公司采购人员提供价格参考表,再进行市场询价、定价。

(1) 行业垄断的项目。

(2) 由于市场垄断供应商不足三家,又没有合适替代物的采购。

(3) 受政府相关部门限制的项目。

### 四、采购协议和合同管理

(一) 长期供应商

对于长期供应商,物业公司应要求其提供营业执照复印件,并与公司签订供货协议(合同),以确保其供应物资的质量、规格以及价格的合理性。

(二) 临时供应商

对于临时供应商,物业公司可与其达成临时协议,保证物资质量、规格以及价格的合理性。

采购人员应做好原始询价表的管理,以及对供应商定期评价,包括产品质量、价格、送货时间等各项评价。对于不达标的供应商,应及时调整,以减少对公司的损失。

【实战范本3-05】

## 供应商评审表

| 分包商 | | 联系人 | |
|---|---|---|---|
| 分包范围 | | 联系电话 | |
| 分包期限 | | 地址 | |
| 评审项目 | | 评审结果 | |
| 服务质量 | | | |
| 服务态度 | | | |
| 服务及时性 | | | |
| 服务价格 | | | |
| 合同履行情况 | | | |
| 审批 | | | |
| 部门意见： | | 总经理意见： | |

【实战范本3-06】

## 合格供应商一览表

部门：

| 序号 | 供应商名称 | 产品/项目类型 | 联系地址 | 联系电话 | 联系人 | 初审日期 | 备注 |
|---|---|---|---|---|---|---|---|
| | | | | | | | |
| | | | | | | | |
| | | | | | | | |
| | | | | | | | |
| | | | | | | | |
| | | | | | | | |
| | | | | | | | |
| | | | | | | | |

编制：　　　　　　日期：　　　　　　审核：　　　　　　日期：

【实战范本 3-07】▶▶▶

## 合格物品供应商名录

| 序号 | 供应商名称 | 产品/项目 | 供应商地址 | 供应商电话 | 联系人 | 合同签订日期 | 备注 |
|------|------------|-----------|------------|------------|--------|--------------|------|
|      |            |           |            |            |        |              |      |
|      |            |           |            |            |        |              |      |
|      |            |           |            |            |        |              |      |
|      |            |           |            |            |        |              |      |
|      |            |           |            |            |        |              |      |

【实战范本 3-08】▶▶▶

## 材料或设备采购框架合同

本《材料或设备采购框架合同》(下称"本合同"或"合同")由以下各方于____年____月____日在____共同签署。

【公司全称】(下称"甲方")　　　　【公司全称】(下称"乙方")

通信地址：　　　　　　　　　　　　通信地址：

联系人：　　　　　　　　　　　　　联系人：

联系电话：　　　　　　　　　　　　联系电话：

传真：　　　　　　　　　　　　　　传真：

根据甲方____项目需要，为降低采购成本，就该项目所需____设备采购事宜，甲方愿与乙方建立战略供货合作关系，经双方平等协商，达成以下约定。

**第一条　产品名称、规格型号、数量、价款**

| 序号 | 型号规格 | 数量（单位） | 单价/元 | 合计/元 |
|------|----------|--------------|---------|---------|
| 1    |          |              |         |         |
| 2    |          |              |         |         |
| 3    | 总价     | 暂定大写人民币： |     |         |

1.1 本合同为固订单价框架合同，甲方实际需求的采购数量由甲方签字确认的"采购订单"为准，乙方应按"采购订单"供货。"采购订单"详见合同附件。

1.2 以上合同单价执行至供货完毕，如市场价格变动，乙方不做价格调整。

1.3 以上合同单价为固定价格，包括但不限于材料费、加工制作费、运输费、包装材料费及包装费、装卸费、成品保护费、管理费、利润等甲方实现合同目的所需支出的全部费用。双方确认，本合同项下的合同价款与增值税金额分别单独计算，严格实行价税分离。

乙方明确承诺：在签署本合同之前已充分考虑当前及合同履行期内的所有可能产生的成本因素，包括国家政策、法规变化而带来的不利影响，并对合同义务的完全履行不持任何异议。本合同履行期限内，除非甲乙双方另有书面约定，否则本合同价款不做任何调整。

1.4 甲方分公司同样享有甲方在本合同中享有的权利和义务。甲方分公司招采人员在履行本合同的范围内有权代表各分公司在指定地点接收货物并在确认"采购订单"上签字。

#### 第二条 质量技术标准

2.1 乙方必须保证产品质量符合国家现行有关标准____及各项主要验收指标规定。

2.2 具体质量要求及技术标准____。

#### 第三条 合作期限

本合同双方明确，本合同项下合作期限从____年____月____日至____年____月____日。

#### 第四条 质量保证期限

4.1 质量保证期限____年。

4.2 质量保证期限自交货验收合格签订书面验收报告之日起计算。

#### 第五条 交货地点、时间

5.1 交货地点____。

5.2 交货时间____，按甲方签署的"采购订单"约定期限供货。

#### 第六条 运输

乙方负责运输货物至甲方交货地点。

#### 第七条 合理损耗及计算方法

略。

#### 第八条 包装标准及要求

略。

#### 第九条 验收及质量异议

9.1 乙方应在发货前____日内书面通知甲方货到甲方项目现场的具体时间；货到现场按本合同约定标准为依据进行验收。

9.2 交货验收由甲方组织进行，验收合格的由双方签收书面验收报告；验收不合格的，乙方应按照合同约定的质量标准予以更换，因更换导致逾期交货的，乙方应承担逾期的违约责任。在质保期内，甲方有权就乙方货物的内在质量、技术标准及功能等质量问题向乙方提出质量异议，乙方须在甲方通知的期限内与甲方共同协商处理，乙方在上述期限内未与甲方协商处理的，视为乙方承认上述质量异议成立。甲方有权自行处理该质量问题（包括但不限于更换、维修、购买替代品），相关费用及损失由乙方承担。

### 第十条 结算及付款

10.1 合同中约定的数量为暂定，供货完成后按甲方"采购订单"与合同约订单价结算。乙方供货完毕，经检验合格后签订书面验收报告后进行结算。

10.2 付款期限

货到现场，经乙方验收签订书面验收报告后，并于收到乙方适用____税率（征收率）的增值税专用发票后____个工作日内支付合同价款的____%，剩余____%作为质保金，质保期满且无质量问题后____个工作日内无息付清。

10.3 甲方每次付款前，乙方都应向甲方出具相应金额的正式的、适用____%税率（征收率）的合法增值税专用发票，否则甲方有权拒付；乙方出具非法发票的，视为违约行为，应向甲方支付开票金额30%的违约金；乙方两次向甲方出具非法发票的，甲方有权解除合同，造成甲方损失的，乙方应承担赔偿责任；若因乙方未能按时开具正式足额的合法增值税专用发票给甲方造成损失的，乙方应赔偿甲方因此遭受的全部损失。

### 第十一条 违约责任

11.1 甲方须确保依据采购合同按时付款，如甲方未按时付款，按人民银行同期贷款利率支付利息。

11.2 乙方所供产品如质量不符合相关国家标准及合同要求，乙方须保证在收到甲方通知后____日内无条件将不合格产品更换成合格产品，因更换导致交货逾期的，乙方须承担逾期的违约责任。乙方不予更换的，甲方有权单方解除合同，乙方应承担合同总金额____%违约责任及甲方因此遭受的全部损失。

11.3 乙方逾期交货的，按逾期交货总价款的____%/日向甲方支付违约金，逾期超过____天的，甲方有权单方解除合同且乙方应承担合同总金额____%违约责任及甲方因此遭受的全部损失。

11.4 质保期内，产品出现质量问题的，乙方应在接到甲方通知后____日内到达现场进行维修，乙方不履行维保义务的，甲方有权单方委托第三方进行维修，相关费用从质保金中予以扣除，超出质保金的部分作为乙方对甲方的债务，甲方有权随时另行向乙方索取。无法维修的，乙方应予以更换，乙方不予更换的，甲方有权单方解除合同，乙方应将货物价款予以返还且承担合同总金额____%违约责任及甲方因此遭受的全部损失。

11.5除本合同另有约定外，乙方不履行合同义务或者履行合同义务不符合约定的，甲方有权解除本合同，乙方应向甲方支付合同总金额____%违约金，并承担由此给甲方造成的全部损失。

**第十二条 双方履约事务代表**

12.1甲方处理本合同事务代表为____（身份证号____），签名样本____，甲方代表权限：代表甲方签署与本框架合同履行有关的文件、确认样本。

12.2乙方处理本合同事务代表为____（身份证号：____），签名样本____，乙方代表权限：代表乙方签署与本框架合同履行有关的文件、确认样本、交付货物。

**第十三条 争议解决**

因本合同发生的争议首先由双方协商解决，协商不成的，由甲方住所地人民法院管辖。

**第十四条 特别约定事项**

14.1乙方已明确理解，甲方有权决定是否签署"采购订单"要求乙方供货，甲方实际采购数量以甲方签署的"采购订单"为准。乙方不得以本框架合同约定为依据要求甲方承担违约责任。

14.2若乙方所供材料经检验为不合格的，乙方应在____个工作日内将不合格产品更换成合格产品，并承担此次及下次检测费用。造成逾期交货的，乙方承担本合同约定的逾期交货违约责任。

14.3乙方交货时应向甲方提供产品检测报告、材质单、合格证等相关质量证明文件，未提交的视为质量不合格产品，甲方有权拒收。

**第十五条 其他**

15.1本合同未尽事宜，双方可另行协商并签署补充协议。补充协议与本合同不一致的，以补充协议为准。

15.2本合同正本一式____份，甲方执____份，乙方执____份，每份均具有同等法律效力。

15.3本合同经双方法定代表人或授权代表签署并加盖公章后立即生效并对双方有约束力。

**第十六条 合同附件**

本合同所有附件均为合同的有效组成部分，与合同正文具有同等的法律效力。本合同附件如下。

附件1：略。

附件2：略。

双方已责成其各自妥当授权的代表于上文首次载明的日期签署了本合同，以昭信守。

甲方：（盖章）：　　　　　　　　　　乙方：（盖章）：

法定代表人/授权代表：　　　　　　　　法定代表人/授权代表：

　　　　　（签字）　　　　　　　　　　　　　　　（签字）

纳税人类别：　　　　　　　　　　　　纳税人类别：

计税方式：　　　　　　　　　　　　　计税方式：

纳税人识别号：　　　　　　　　　　　纳税人识别号：

　　　　　　　　　　　　　　　　　　开户行：

　　　　　　　　　　　　　　　　　　开户名：

　　　　　　　　　　　　　　　　　　账号：

### 五、采购实施与管理

#### （一）询价、进行采购

采购人员根据审批的"申购单"，依据实际情况进行询价、定价后，确定供应商进行采购。大宗用品或长期需用物资，与有关厂家、供应商签订长期供货协议，以保证质量以及合理的价格供应。原则上采购人员应寻找至少三家以上的供应商，进行各方面的比较后再确定最终供应商。与项目工程部保持信息畅通，做好物资采购保障工作。

#### （二）采购货款的支付与报销

采购人员报销时，必须具备正式发票、手续齐备的"申购单"、送货单、仓库的"入库单"。由经办人在"费用报销单"上签字确认、部门主管审核、项目经理审核、财务经理审核、副总经理审批、总经理审批后，由财务部负责支付结算工作。

#### （三）采购的监督及供应商管理

（1）采购人员每月25日向公司总经办上报《月度采购报告》，每年12月20日向公司上报《年度采购报告》。由总经办工程人员负责对采购情况进行检查、监督。

（2）建立供应商档案：做好原始询价表的管理，以及对供应商定期评价，包括产品质量、价格、送货时间观念等各项评价。不达标的供应商，应及时调整，减少对公司的损失。

建立供应商档案时可以采用信息化平台来辅助建立科学的评估体系。如某些物料管理系统的供应商管理，可以对供应商的资质、涉税资质以及供货信息进行规范化管理，科学建立供应商评估体系、有效规避企业供应链风险。

## 第三节　物料接收与仓储管理

物料仓储管理得好坏会直接影响物料的使用价值，也是物业公司成本控制的重要一环。

### 一、库存物料的限额标准

物业公司根据各部门、管理处日常使用物料的情况，应该确定库存物料的限额标准。

#### （一）日常消耗物料的库存限额

（1）一般为每季度平均消耗量的1.2倍。

（2）特殊情况另行处理。

#### （二）常备零件物料的库存限额

（1）一般为每季度平均消耗量的1.5倍。

（2）特殊情况另行处理。

### 二、物料的验收

物业公司采购的物料都要经过验收以后才能入仓进行保管。

#### （一）物料验收要求

（1）每次采购物料单项单位数量少于10件的，要求100%验证。

（2）每次采购物料单项单位数量等于或多于10件的，要求10%～20%抽样验证（抽样时在整批物料中随机抽取，但抽样数量应分散于整批物料的各个点）。

（3）对目测无法验证的物料，必须借助相关工具进行验证。

（4）对验证物料的规格、数量等必须与物料采购计划等的内容相符。

（5）仓管员对物料的各种说明书、保修卡等资料在验证无误后建立档案保存、备查。

#### （二）物料验收方法

**1.物料外包装的验证方法**

（1）物料外包装平整，密封包装无裂缝、无渗漏、无污染或破损痕迹。

（2）注意核对物料包装上注明的生产日期及有效期。

① 已过期的，仓管员应拒绝验收入库。

② 有效期时间不足一个月的物料，由仓管员组织人员对其试用，以便检查该物料的有效性是否合格，并要求采购员对该类物料限量采购。

### 2.物料质量的验证方法

（1）仔细检查物料表面有无擦伤、破损、裂缝或扭曲变形。

（2）在验证铁制品时，应注意物料有无锈迹。

（3）转动物料连接部位，检查其转动是否灵活，有无大的摩擦声。

（4）仔细检查物料接口部分，看连接处有无松动、滑丝现象。

（5）验证物料质地是否符合购买要求。

（6）验证物料颜色是否符合要求。

（7）验证物料规格、尺寸是否符合要求。

（8）对物料的受力部分应用手或其他方法做加力实验，看其是是否达到规定的受力标准。

（9）检查物料附属件是否齐全。

### 3.物料性能的验证方法

（1）对物料的机械部分反复试动，检查其灵活性、准确性。

（2）验收机械设备类必须进行"试用"验证的方法，以便检查其性能情况。

（3）验收具有弹性的物料时，应对物料反复伸缩或弯曲，一般情况下，合格品能回复或基本回复原状。

（4）验证电器物料时，应使用万用表测试，测试的电压和电阻的指数首先应达到物料合格证明的标准，其次必须达到国家有关指标的正常标准。

（5）国家规定的其他验证方法。

（三）物料验收程序

（1）采购员应将采购回来的物料及时送交仓管员验收，对各部门从公司仓库及职能部门领用回的物料无须执行本程序，直接进行出入库管理。

（2）仓管员对采购的各类物料组织人员一起按照"物料采购计划"等逐一进行数量清点，按照前述"物料验证要求""物料验证方法"中的相关规定，对物料进行验证，并填写"物料检验记录表"，交部门负责人审核。

① 合乎上述要求的，视为验证合格的物料，按照《库房管理规定》中的相关要求进行入库、存放。

② 验证不合格的物料，应拒绝入库，并进行处理，填写"不合格品处理表"，部门负责人签署处理意见，并安排人员对处理结果进行验证（验证人员为非采购人员）。

③ 对暂时无法检验的物料，应收入仓库"待检物料存放区"，等待相关部门或人员检验。

（四）物料验证资料的保管

（1）仓管员应做好每次物料验证结果的记录。

（2）物料验证相关资料由仓管员按月归档保存。

## 三、物料的入仓程序

### （一）物料的入仓程序

（1）采购员原则上应在物料采购回来的当日，将物料送交仓库验收，特殊情况不能在当日入仓的，应报财务部经理批准后另行处理。

（2）如采购员通知物料供应商送货上门，采购员应陪同供应商一起到仓库验货。

（3）仓管员应对符合购买计划的物料进行验收。

（4）经验收合格的物料，仓管员应开具"物料入库单"，登记仓库物料明细账，并将物料分类存放。

（5）仓管员应根据当天的物料验收单，及时登记物料明细账。

### （二）退回物料的入仓程序

（1）相关人员将未使用完的物料送到仓库。

（2）仓管员应根据核查结果，进行验收。

### （三）设备工具的入仓程序

**1. 新采购的工具**

新采购的工具按物料的入仓程序执行。

**2. 以旧换新的设备工具**

以旧换新的设备工具入仓程序如下。

（1）经办人应凭其所在管理处主任签名确认的"工具借领单"到仓库办理旧工具入仓手续。

（2）仓管员经检查无误后予以办理入仓手续，发给新工具，同时在使用"工具登记卡"上由经办人签名确认。

**3. 退还的设备工具**

退还的设备工具入仓程序如下。

（1）仓管员根据使用人的"工具登记卡"上的项目，逐项清点退还工具。

（2）仓管员对退还的工具进行验收。

（3）仓管员应在"工具登记卡"上登记，并由使用人所在部门负责人签名确认后存档。

**4. 借用工具**

借用工具入仓程序如下。

（1）工具借用人在工具送还仓库前必须把工具清理干净。

（2）仓管员根据设备工具的领用记录，进行验收。

（3）仓管员应及时在"工具登记卡"上登记。

【实战范本3-09】

### 入库登记表

| 日期 | 物品名称 | 物料编码 | 单位 | 入库数量 | 单价 | 金额 | 供货商名称 | 签收 | 备注 |
|------|----------|----------|------|----------|------|------|------------|------|------|
|      |          |          |      |          |      |      |            |      |      |
|      |          |          |      |          |      |      |            |      |      |
|      |          |          |      |          |      |      |            |      |      |
|      |          |          |      |          |      |      |            |      |      |
|      |          |          |      |          |      |      |            |      |      |

【实战范本3-10】

### 物品领料单

部门：　　　　　　　　　　　　　　　　领料单编号：

| 日期： | 领料人： | | 核准人： | |
|--------|----------|--|----------|--|
| 物料编码 | 材料名称 | | 申请数量 | 实发数量 |
|          |          |  |          |          |
|          |          |  |          |          |
|          |          |  |          |          |
|          |          |  |          |          |
| 材料用途： | | | 仓管员： | |

## 四、仓库物料的存放管理

（一）物料存放仓库的自然条件

（1）有通风设备。

（2）光线充足。

（3）面积宽敞。

（二）仓库物料的存放分类

（1）易燃、易爆与挥发性强的物料。

（2）吸水性强、容易发潮、发霉和生锈的物料。

（3）常用工具、材料和配件等。

（4）易碎、易损物料。

（三）物料存放仓库的区域划分

（1）合格物料存放区。

（2）不合格物料存放区。

（3）待检物料存放区。

（4）处理物料存放区

（四）仓库区域划分的方法

（1）在货架上标识并隔离。

（2）划线挂标牌。

（五）仓库物料的存放要求

仓库物料的类别不同，存放要求也不一样，如表3-2所示。

表3-2 仓库物料的存放要求

| 序号 | 类别 | 存放要求 |
| --- | --- | --- |
| 1 | 易燃、易爆与挥发性强的物料 | 应单独设置仓库存放，存放时应注意以下几点<br>（1）周围无明火、远离热源<br>（2）摆放在地下<br>（3）配备灭火器<br>（4）保持包装完好<br>（5）库房结构坚固，门窗封闭牢固<br>（6）库房门内开 |
| 2 | 吸水性强以及容易发潮、发霉和生锈的物料 | （1）用经过防水处理的货架放置<br>（2）放在干燥的地上或货架上<br>（3）配备防潮通风设施 |
| 3 | 常用工具、材料和配件等 | （1）不规则物料，用盒或袋装好后摆放<br>（2）规则的物料整齐地摆放在货架或地上<br>（3）体积较大、较轻的物料可靠墙上放置或挂在墙上 |
| 4 | 易碎易损的物料 | （1）体积较小或瓶装物料，放置于货架的底层或整齐地摆放在地上<br>（2）体积较大、较重的物料，应靠墙立放，放置上方不悬挂物料<br>（3）放置位置有胶垫 |

五、物料与工具的出库与发放

（一）物料的出库与发放

（1）工作人员到仓库领料之前，先要填妥物品领料单，注明数量、规格、名称、施工内容、安装位置等，经工程经理/主管批准后到仓库领取。

（2）仓库人员根据有部门负责人签字确认的"物品领用申请单"明细，填写出库单发放物品；出库单及领用申请明细中需有相关领导签字确认的数量、规格；并本着"先进先出"的原则对先入库的物资进行优先发放。出库单一式两份，交由申请人、库房人员。

（3）库管人员严禁先出货后补办手续的错误做法，严禁白条发货。

（4）常备用料，凡属可分割折零的，本着节约的原则，都应折零领用，不准一次性领用；凡属低值的易耗品，可直接签领。特殊工种（如水电工、维修工）人员领用各类工具时，除按领用程序列清单外，还需由仓管人员登记所领用工具。

（5）水电工程配件领料程序：列清单（物品名称、规格型号、数量并注明用途）→部门主管审批签字→签署完毕的清单→仓库发料。

（6）清洁、绿化用品领料程序：列清单（物品名称、规格型号、数量并注明用途）→部门主管审批签字→签署完毕的清单→仓库发料。

（7）所有领用物料都要求以旧（坏）换新，但在实施过程中可先领后交，否则仓库有权拒绝发料。

以旧换新物料明细：办公用品，如打印机用墨盒、订书机、计算器、办公设备及计算机配件等；水电配件类，如灯具、光源、水表、电表、开关类、闭门器、锁类、设备工具配件、轴承类等；清洁、绿化类，如所有工具、设备工具配件、胶桶、水管等。

物品领用申请单见表3-3。

表3-3 物品领用申请单

部门：　　　　　　　　　　　　　　　　　　　　　　　　　编号：

| 日期：<br>时间： | 领料人： | | 经理/主管： | |
|---|---|---|---|---|
| 仓库参考号码 | 材料名称 | | 申请数量 | 实发数量 |
| | | | | |
| | | | | |
| | | | | |
| | | | | |
| 材料用途： | | | 仓库管理员： | |

（二）工具的出库与发放

工具借用按时间分可分为临时借用和长期领用，长期领用又可分为个人领用和公共领用。

**1. 临时借用工具**

临时借用工具，由使用人填写临时借用工具表，经批准后，向仓库管理员申请领取，并在员工工具借用登记本上登记。在交还时，仓库管理员亦要在该表上写明交还时间并签收，签收时应检查工具及其附件是否完好无损，若发现问题立即记录，并向主管反映。

个人领用工具的品种根据需要配备，由使用人提出申请，经工程经理/主管批准后到仓库领用，并办理领用手续，领用后个人负责使用保管，离开公司时交还，仓库管理人需做签收记录。

### 2.公共工具领用

公共工具领用由主管/领班申请，经工程经理/主管批准后，到仓库办理领用手续，领用后由申请人或指定专人负责保管。

### 3.工具调换

工具调换原则上以旧换新，若发生丢失和毁损则由保管者写明原因，向上一级领导报告，不属人力不可抗拒的丢失和毁损，由责任人按当时工具的价格赔偿；属长期使用正常磨损或损坏，金额在规定数额以内由工程部领导批准办理报废手续，超过规定数额的需物业经理批准同意。

【实战范本3-11】▶▶▶

**临时借用工具登记表**

借用日期：

| 借用原因及内容： | | | |
| --- | --- | --- | --- |
| 借用人 | | 归还时间 | |
| 物业主管 | | 经理签字 | |

【实战范本3-12】▶▶▶

**员工领用工具记录表**

员工姓名： 工种： 员工编号：

记录表编号：

| 专案名称 | 数量 | 领取日期 | 员工签收 | 交回日期 | 数量 | 管库签收 | 备注 |
| --- | --- | --- | --- | --- | --- | --- | --- |
|  |  |  |  |  |  |  |  |
|  |  |  |  |  |  |  |  |
|  |  |  |  |  |  |  |  |
|  |  |  |  |  |  |  |  |

仓库员签名： 日期：

【实战范本3-13】▶▶▶

## 公用工具借用登记表

| 日期 | 工具名称 | 借用人 | 仓管员 | 交还日期 | 交还人 | 仓管员 |
|------|----------|--------|--------|----------|--------|--------|
|      |          |        |        |          |        |        |
|      |          |        |        |          |        |        |
|      |          |        |        |          |        |        |
|      |          |        |        |          |        |        |

### 六、仓库物料的清点

（1）为及时反映库存物品的数量，配合编制采购计划，节约使用资金，仓库管理员应每月编制"仓库物品申请表"送交工程部领导，每季盘点一次，校核实物与仓库存货记录卡的余额数量是否相符。

（2）仓库管理员应定期盘点库存，发现升溢或损缺时应寻找原因，并写出盘盈、盘亏报告。若差额严重，仓库管理员应承担相应的责任。

（3）仓库管理员应将库存物料明细账的余额和盘点表上的实物余额进行核对。

① 经核对无误的，仓库管理员应根据当月产生的入库单及出库单，编制"库存物料进、耗、存表"，同时编制下季度采购计划。

② 如经核对有误，实物多于账面余额的，报财务进行账务处理；如实物少于账面余额的，原则上视具体情况依据公司相关规程处理。

（4）仓库内的各种物品应做到"账、物、卡"三相符，工程部经理/主管需监督库房的情况，防止物品过多、过少、损坏或过期等情况。

【实战范本3-14】▶▶▶

## 工程部仓库物品申请表

| 物品编号 | 内容 | 申请数量 | 仓库存量 | 仓库参考号码 | 备注 |
|----------|------|----------|----------|--------------|------|
|          |      |          |          |              |      |
|          |      |          |          |              |      |
|          |      |          |          |              |      |
|          |      |          |          |              |      |

申请人：　　　　　　　　　　　　　　　　　　　　　　批准人：

【实战范本3-15】

## 库存物品盘点表

编号：　　　　　　　　部门：　　　　　　　　序号：

| 品名 | 规格型号 | 单位 | 数量 | 单价 | 金额 | 是否合格 | 备注 |
|------|----------|------|------|------|------|----------|------|
|      |          |      |      |      |      |          |      |
|      |          |      |      |      |      |          |      |
|      |          |      |      |      |      |          |      |
|      |          |      |      |      |      |          |      |
|      |          |      |      |      |      |          |      |
|      |          |      |      |      |      |          |      |
|      |          |      |      |      |      |          |      |

# 第四章
# 加强设备维护降成本

## 引言

物业管理中，设施设备的管理对服务成本的影响，除了表现在数量和质量上外，还有设备的投资效果、停工损失、维修费用、能源和材料消耗等方面。加强维护保养，延长设备的使用寿命和检修周期，节省维修费用，节约运行中的能耗费用、操作费用至关重要。

## 第一节 物业管理设备维护服务

### 一、设备维护服务对象的构成

以设备电气性质和机电结合的程序为标准，可以划分为三类，如图4-1所示。

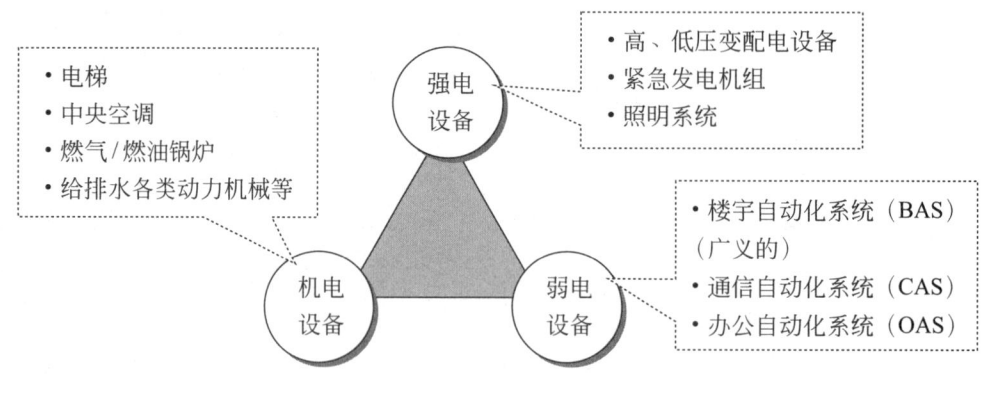

强电设备：
- 高、低压变配电设备
- 紧急发电机组
- 照明系统

机电设备：
- 电梯
- 中央空调
- 燃气/燃油锅炉
- 给排水各类动力机械等

弱电设备：
- 楼宇自动化系统（BAS）（广义的）
- 通信自动化系统（CAS）
- 办公自动化系统（OAS）

图4-1 设备维护服务对象的构成

### 二、设备维护服务形式的构成

设备维护服务形式的构成，以人与设备相互间的互动关系为标准，可以划分为以下三种情形。

(1) 运行：值班、操作、巡视、清扫、应急处理等。

(2) 维修：日常零修、紧急抢修以及按计划的小修、中修、大修。

(3) 养护：日养护、周养护、月养护、季度养护、年度养护。

### 三、设备维护服务成本的构成

设备维护服务成本的构成，以产生成本的对象为标准，可以划分为三种类型。

(1) 能源成本：耗电、耗水、耗气（油）等。

(2) 维修成本：维修工具、常用维修材料、设备低值易损零部件、设备贵重核心零部件等。

(3) 人工成本：定编人工成本、临时人工成本、外包人工成本等。

## 第二节 设备维护服务成本控制的方法

### 一、控制能源成本的方法

#### （一）管理方法

**1. 编制能源成本控制计划**

能源成本控制计划的内容如下。

(1) 成本预算。

(2) 控制指标。

(3) 控制标准。

(4) 控制措施。

(5) 控制过程。

(6) 控制岗位责任制。

**2. 实施"全员控制"和"全过程控制"**

能源控制必须进行全员、全过程控制，具体见本书第六章的内容。

#### （二）技术方法

(1) 对空调、照明、电梯系统的工况实时进行监测，由计算机智能管理建筑物的能源。

(2) 提高楼内温度的控制精度，避免夏季室温过冷与冬季室温过热的能源浪费。据统计，夏季设定温度下调1摄氏度，将增加能耗9%；冬季设定温度上调1摄氏度，将增加能耗12%。

(3) 空调设备采用高效率机组，以变频调速控制电动机运行及合理的启停操作。

(4) 冬季供暖严格按照供暖技术指标运行（系统泄漏率、每平方米能耗控制指标、每平方米循环流量控制指标、每平方米循环水泵耗电控制指标等）。

（5）合理规定在初寒期、严寒期和末寒期的运行调节方式。根据实际情况，灵活运用质调节、量调节、分阶段变流量的质调节、间歇调节等运行调节方式。

（6）严禁用工业用水进行草地灌溉。

（7）全部实现路灯的自动控制（例如声控）等。

## 二、控制维修成本的方法

### （一）加强维修保养费用控制

维修费用包括公共部位维修费用和日常维修费用，在物业公司的成本中占很大比重。若在物业管理中控制了维修费用就可能在很大程度上控制了物业管理费的支出，维修工作的好坏也直接影响到物业管理的水平。因此，在物业管理的财务管理工作中对维修费用要做到最恰当的控制。物业公司应要求各管理处认真编制维修费用的全年预算，同时建立和完善维修费用审批制度。

**1. 签订定期合同**

与优质服务、价格合理、讲信誉的维修公司签订定期合同，不但服务质量可得到保证，还可得到价格上的优惠。

**2. 采用竞争招标方式**

对大项目的维修要实行竞争招标，通过维修单位提供的服务、价格的比较，挑选出合适的单位来为公司服务，尽量把费用控制到预算之内。

**3. 把握好维修时间**

平时注意小修理，别让机器超负荷运转后才修理。

**4. 做好维修行业的信息管理**

只有及时掌握市场的价格信息、技术信息，才有办法决定是自修还是外修。比如，对于小修、中修工程，可以由公司各管理处的工程维修人员来组织完成。

### （二）把握好设备的生命周期

在一座建筑物正常运作的整个生命周期中，运转完全正常的设备，近乎达到免维护水平的比例只有40%～60%；正常运行但存在潜在故障增长趋势的设备比例为20%～30%；运行基本正常，但报警水平在增长的设备比例为15%～20%；已经存在严重问题，必须及时采取有效措施的设备比例达5%～20%。要实施有效的设备维修服务并控制维修成本，就必须针对以上四种状态的设备编制不同的维修养护计划并严格实施，以保障安全运行，降低维修成本。

设备在其寿命周期内发生故障的情况，与人的一生很相似。人有幼儿期、青壮年期和老年期，设备相应地有初期故障期、偶发故障期和磨耗故障期（表4-1）。

表 4-1　设备生命周期各阶段的管理要点

| 序号 | 生命阶段 | 管理要点 |
|---|---|---|
| 1 | 初期故障期 | 设备维护服务人员要了解设备中寿命最短的零部件，编制管理档案，并经常加以特别关注。也要了解设备中最重要、最昂贵的零部件，编制管理档案和应急处理预案。还要了解设备在设计、安装、调试等方面的缺陷和不足，找出隐患并加以解决，尽快降低设备的初始故障率使其进入稳定运行状态 |
| 2 | 偶发故障期 | 此时设备的故障率下降到准许故障率之下。在这一阶段，应着重提高设备维护服务人员对故障的检测诊断能力和修理能力，加强对材料备品的管理 |
| 3 | 磨耗故障期 | 这时设备或设备系统已接近或达到各自的寿命期，由于零部件的磨损和材质的劣化，故障率上升。但如果在磨耗故障期之前将部分零部件更新就可以降低此时的故障率，减少维修材料的更大消耗。在这个时期还应精心进行预防保养，定期对零部件进行检测，掌握其劣化程度。同时坚持平时的清扫、给油、调整，减缓零部件的磨损和劣化进程，延长使用寿命，降低维修成本 |

### 三、控制设备维护人工成本的方法

物业管理中，控制设备维护人工成本的方法主要有下面三种。

（1）因事设岗，因岗定员，根据不同的工作内容安排相关的职能人员，同时，根据不同的岗位招聘相应的人员。

（2）科技含量较高的物业管理项目（例如智能化大厦），其设备维护服务人员可以实行定编人员与外包人员相结合的人工管理模式。

（3）科技含量较低的物业管理项目（例如普通住宅小区），其设备维护服务人员可以实行"一岗全责"的定岗定编管理模式。这种用工模式的特点就是改变岗位的单一性，强调岗位的综合性，其本质就是"减少岗位种类，增加岗位内容"。实践证明，这种方法非常适用于科技含量较低的物业管理项目，对减少用工、降低成本、提高效益（工作效率和员工收益）、做好工作具有显著的效果。

## 第三节　加强设备的维护保养

加强维护保养，可有效地延长设备的使用寿命和检修周期，节省维修费用。因而应树立经济运行的意识，注意节约运行中的能耗费用、操作费用，通过严格、规范的管理来减少日常物料的使用量，杜绝"跑、冒、滴、漏"等缺陷，以减少相关费用开支，使设备一直处于最佳、最经济的运行状态。

### 一、熟悉设备的运行情况

管理好物业设备关系到业主的切身利益，关系到物业能否保值增值，作为物业管理人员必须熟悉各项物业设备的运行情况。

掌握物业设备的运行管理，首先应熟悉小区（大楼）的各类管线，结构的分布情况，因为它是设备与终端业主之间的联系纽带；其次工作人员还需熟悉设备的结构原理、工作方式，对各类发电机组、变压器、水泵等设备性能要做到了如指掌。

对新接管的物业，要加强设备接管验收，对设备运行情况进行跟踪、监测、记录，消除设备存在的隐患，日常管理要根据物业设备运行的负载变化，如夏季业主用水、用电为高峰期和夏季天黑较晚的特点，工作人员可对路灯进行合理、适时调度，通过物业设备负载能力和调配特点，发掘设备潜能，做到物尽其用，充分发挥设备的使用价值。

## 二、建立设备管理体系

俗话说"没有规矩、不成方圆"，要做好物业设备管理就必须建立和完善设备管理体系，对设备进行规范化、标准化、专业化的管理，具体包括以下内容。

### （一）建立质量管理体系

设备管理是一项长期性、综合性的工作，对设备管理要引入 ISO 9001 质量管理体系，如建立机房管理制度、供、配电管理制度，设备维修制度等，对设备进行规范化、标准化管理操作并严格执行，做到责任到岗、任务到人，用科学化的管理来提高服务质量和管理水平。

### （二）建立绩效考核机制

为了提高工作效率和服务质量，应建立设备管理考核和督查机制。制定设备管理考核标准，如设备上要有设备卡、设备台账；水泵阀门开启要灵活，不得渗漏；设备房要保持清洁，不得堆放杂物等。定期、不定期对各小区（大楼）的设备进行现场检查、考核，做到优胜劣汰，赏罚分明，调动员工的工作积极性，增强企业凝聚力和向心力。

【实战范本4-01】▶▶▶

## 公共设备（设施）维护保养绩效考核办法

**1.目的**

为规范物业公司公共设备（设施）维护保养工作，明确相关人员职责，确保公共设备（设施）完好率100%，计划保养率100%，维修及时率100%，特制定本考核办法。

**2.适用范围**

适用于公司所接管物业内所有公共设备（设施）维护保养活动。

**3.权责部门**

工程部负责公共设备（设施）的维护保养。

**4. 管理规定**

**4.1 公共设备（设施）的保养**

4.1.1 公共设备（设施）实行"工程师负责制"，各系统工程师必须在每月28日前编制本系统下一月设备（设施）月保养计划，在每季度最后一个月28日前编制完成季保养计划，在12月28日前编制下一年的年度保养计划。如未在规定时间内完成的，扣罚系统工程师当月奖金50元，扣罚部门主管当月奖金30元，扣罚部门经理当月奖金20元。

4.1.2 各系统工程师编制完成的设备（设施）月、季、年保养计划必须严谨、细致，符合实际要求，否则扣罚系统工程师当月奖金50元，扣罚部门主管当月奖金30元。

4.1.3 系统工程师必须在编制完成的月、季、年设备（设施）保养计划表上签名，否则扣罚系统工程师当月奖金50元，扣罚部门主管当月奖金30元。

4.1.4 系统工程师编制完成的设备（设施）月、季、年保养计划表必须在完成后8小时内交由部门主管审核，否则扣罚系统工程师当月奖金50元，扣罚部门主管当月奖金20元。

4.1.5 部门主管必须认真、逐条逐项审核系统工程师呈交的设备（设施）月、季、年保养计划内容，评估其可行性，于8小时内审核完毕，并签名。否则扣罚部门主管当月奖金50元。

4.1.6 部门主管审核完毕设备（设施）月、季、年保养计划表并签名后，必须在8小时内递交部门经理复核，否则扣罚部门主管当月奖金50元。

4.1.7 部门经理必须认真、细致地复核各系统工程师呈交的设备（设施）月、季、年保养计划表，并于8小时内复核完毕，明确通知部门主管按计划实施保养，否则扣罚部门经理当月奖金50元。

4.1.8 设备（设施）月、季、年保养计划表经批准实施后，各系统技术人员必须严格按照设备（设施）保养计划表的标准进行保养。如未按标准保养但未造成后果的，扣罚当事人当月奖金100元，扣罚系统工程师当月奖金50元，扣罚部门主管当月奖金20元，扣罚部门经理当月奖金10元。造成后果的，专题报告处理。

4.1.9 如各系统技术人员未按设备（设施）保养计划表的标准进行保养，扣罚当事人当月奖金50元，造成设备（设施）出现故障但没有超过24小时的，扣罚当事人当月奖金100元，扣罚系统工程师当月奖金50元，扣罚部门主管当月奖金30元，扣罚部门经理当月奖金20元。

4.1.10 如系统技术人员未按设备（设施）保养计划表的标准进行保养，造成设备（设施）出现故障超过24小时的，扣罚当事人当月奖金300元，扣罚系统工程师当月奖金200元，扣罚部门主管当月奖金150元，扣罚部门经理当月奖金100元。造成后果的，专题报告处理。

4.1.11 如系统技术人员未按设备（设施）保养计划表的标准进行保养，造成设备（设施）出现故障超过48小时而又没有特殊的原因的，扣罚当事人、系统工程师、部门主管、部门经理当月奖金300元直至除名处理。

4.1.12 各系统技术人员按设备（设施）标准保养完成后30分钟内必须如实填写设备（设施）保养记录表并签名，否则出现一次扣罚当事人当月奖金30元，扣罚系统工程师当月奖金20元。

4.1.13 系统工程师必须按设备（设施）计划保养时间监管、督促技术人员按规范保养，并每次保养完成后1小时内签写意见，否则扣罚系统工程师当月奖金50元。

4.1.14 部门主管必须每周至少2次现场抽查设备（设施）保养情况，并在设备（设施）保养记录表上签写意见，否则扣罚部门主管当月奖金50元。

4.1.15 部门经理必须每月至少2次现场抽查设备（设施）保养情况，并在设备（设施）保养记录表上签写意见，否则扣罚部门经理当月奖金50元。

4.1.16 各系统技术人员对设备（设施）进行保养时必须严格遵守设备（设施）保养规程和有关部门管理规定，否则扣罚当事人100元；如造成设备（设施）故障和其他安全事故，扣罚当事人当月奖金300元以上直至开除处理，扣罚系统工程师、部门主管、部门经理当月奖金100～300元，主管领导200元。

4.1.17 设备（设施）保养期间如涉及停电、停水、电梯停用，必须先填写专题报告经公司领导批准后，系统工程师提前24小时发"内部通启"给服务中心、安保部、办公室。违反上述规定，扣罚系统工程师当月奖金200元，扣罚部门主管当月奖金150元，扣罚部门经理当月奖金100元；引发后果的扣罚系统工程师当月奖金500元以上直至开除处理，扣罚部门主管、部门经理当月奖金200～300元。

4.1.18 各系统设备（设施）保养记录情况与实际情况不符者，扣罚当事人当月奖金200元，扣罚系统工程师、部门主管当月奖金100元，扣罚部门经理当月奖金50元。

4.1.19 各系统设备（设施）有外委保养时，系统工程师必须根据签订的外委保养合同督促外委单位严格按标准执行，杜绝不合格保养情况发生，并于每月30日前填写当月设备（设施）委托维护保养情况评估表。如有违反，扣罚系统工程师当月奖金100元，扣罚部门主管当月奖金50元。

4.1.20 二次生活水池必须每季度清洁、消毒一次；化粪池必须每年度疏、掏一次。否则，扣罚系统工程师当月奖金100元，扣罚部门主管、部门经理当月奖金50元。

4.2 公共设备（设施）的维护

4.2.1 值班人员必须每小时巡查一次低压配电设备，认真抄填"低压配电运行日志"并签名。未按时巡查，扣罚当事人当月奖金30元，扣罚系统工程师当月奖金20元。

4.2.2 值班人员必须每2小时巡查一次变压器，认真抄填"变压器运行日志"并签名。未按时巡查扣罚当事人当月奖金50元，扣罚系统工程师当月奖金20元。

4.2.3 系统工程师必须每天对所管辖范围设备巡查一次，并将巡查情况记录在"设备（设施）巡查记录表"上。未按时巡查，扣罚系统工程师当月奖金30元，扣罚部门主管当月奖金20元，扣罚部门经理当月奖金10元。

4.2.4 部门主管每周对所管辖范围重点设备巡查不得少于两次，并将巡查记录在"设备（设施）巡查记录表"上，若有违反，扣罚部门主管当月奖金50元，扣罚部门经理当月奖金30元。

4.2.5 部门经理每周对所管辖范围重点设备（设施）巡查一次，并将巡查结果记录在"设备（设施）巡查记录表"上，否则，扣罚部门经理当月奖金50元。

4.2.6 值班人员必须每2小时巡查一次生活水泵房，认真抄填"水泵运行日志"并签名。未按时巡查，扣罚当事人当月奖金30元，扣罚系统工程师当月奖金20元。

4.2.7 值班人员在设备（设施）巡查过程中如发现有问题，一般故障30分钟内解决，无法解决的故障应在10分钟内向系统工程师汇报并登记在交接班记录本上。若有违反，扣罚当事人当月奖金50元。

4.2.8 系统工程师接到有关故障报告后，10分钟内应确认故障原因，接报后8小时内应解决故障。如属疑难故障应于12小时内确定初步解决方案上交部门经理。如有违反，扣罚系统工程师当月奖金200元，扣罚部门主管当月奖金100元，扣罚部门经理当月奖金50元。

4.2.9 部门经理接到设备（设施）故障报告后，应在30分钟内到达故障现场，组织相关技术人员研究解决办法；评估系统工程师提交的处理方案的可行性。24小时仍未解决的故障，应以书面形式上报故障原因及解决方案、解决时间，限期解决。否则，扣罚部门经理当月奖金200元。

4.2.10 各系统处理的故障必须认真记录在"设备（设施）维修记录表"上。否则，扣罚当事人当月奖金20元。

4.2.11 因部门技术人员等原因无法解决的故障应于故障发生后24小时内填写"设备对外委托维修申请单"，经公司领导批准后方可维修。否则，扣罚系统工程师当月奖金100元，扣罚部门主管当月奖金50元，扣罚部门经理当月奖金50元。

4.2.12 因施工工艺等问题发生的设备（设施）故障，系统工程师必须在故障处理完成后72小时内拟写完成"质量问题处理档案"。否则，扣罚系统工程师当月奖金50元。

4.2.13 设备（设施）保修期内发生的故障原则上必须由原施工厂家限期解决，若由本公司自行解决的，必须在完成后24小时内拟写"工程签证单"进行转扣。否则，扣罚系统工程师当月奖金100元。

4.2.14 系统工程师必须根据所管辖设备（设施）运行情况每年12月30日前制订下一年设备（设施）大、中修计划，并于24小时内提交部门主管审核。否则，扣罚系统工程师当月奖金100元。

4.2.15 部门领导必须认真、详细审核系统工程师提交的设备（设施）大、中修计划，评估大、中修计划的可行性，并于24小时内审核完毕。否则，扣罚部门主管、部门经理当月奖金100元。

4.2.16 系统工程师必须按照审核完毕的设备（设施）大、中修计划组织相关技术人员按计划实施。否则，扣罚系统工程师当月奖金100元，扣罚部门主管当月奖金50元。

4.2.17 各系统技术人员必须按照设备（设施）大、中修计划标准检修，并记录在"设备（设施）运行检修记录表"上。如有违反，扣罚当事人当月奖金50元，扣罚系统工程师当月奖金30元，扣罚部门主管当月奖金20元，扣罚部门经理当月奖金10元。

4.2.18 设备（设施）大、中修需要外委的需提前48小时拟写专题报告，经公司领导审批后填写"设备对外委托维修申请单"，经公司领导批准后方可检修。否则，扣罚系统工程师当月奖金200元，扣罚部门主管当月奖金150元，扣罚部门经理当月奖金100元，扣罚主管领导50元。

4.2.19 设备（设施）检修必须严格遵守设备（设施）操作规程。如有违反，扣罚当事人当月奖金50元，扣罚系统工程师当月奖金30元，扣罚部门主管当月奖金20元，扣罚部门经理当月奖金10元。

4.2.20 严禁带电作业，紧急情况需带电作业时，应有监护人和足够的照明空间，并穿戴绝缘鞋、绝缘手套等。若违反，扣罚当事人当月奖金50元。

4.2.21 设备（设施）检修影响到停电、停水、电梯停用，必须提前拟写请示报告，经公司领导批准后，提前24小时发"内部通启"给相关部门。若有违反，扣罚系统工程师当月奖金100元，扣罚部门主管当月奖金50元，扣罚部门经理当月奖金30元。造成后果的，扣罚当事人当月奖金300元以上直至开除，扣罚部门主管、部门经理当月奖金300～500元，扣罚主管领导200元。

4.2.22 对高、低压配电进行保养或检修时，应填写"高压停电工作单"和"低压停电工作单"，经部门经理批准后方可进行，并将结果记录在"高、低压停送电记录表"上，否则扣罚当事人50元。

4.2.23 设备（设施）因没有及时检修等原因，造成故障时间超过24小时的，扣罚系统工程师当月奖金300元，扣罚部门主管当月奖金200元，扣罚部门经理当月奖金100元。造成后果的，扣罚当事人当月奖金500元以上直至除名，扣罚部门主管、部门经理当月奖金300元以上直至降级、降职处分，扣罚主管领导200元。

4.2.24 违反设备（设施）操作规程，造成重大设备故障以及其他安全事故的，当事人予以除名，扣罚系统工程师、部门主管、部门领导当月奖金300元以上直至除名处理，扣罚主管领导200元。

4.2.25 电梯年检没有一次性通过的，扣罚责任人当月奖金500元以上直至除名，扣罚系统工程师、部门主管、部门经理当月奖金300元以上直至除名处理，扣罚主管领导200元。

4.2.26 柴油发电机每月必须完成试运行2次，每次15分钟，并填写"柴油发电机运行记录表",否则,扣罚系统工程师当月奖金50元。

4.3 公共设备（设施）突发应急事件的处理

4.3.1 消防中心值班人员负责受理来自所有人员的停电、停水、火灾、电梯困人故障,值班人员必须按工程部"工程部报修记录表"记录。若有违反,扣罚当事人当月奖金50元。

4.3.2 值班人员接到紧急停电、停水故障报告后,1分钟内安排人员到现场确认及原因核查,相关人员必须在5分钟内到故障现场。否则,扣罚当事人当月奖金50元,扣罚系统工程师当月奖金30元,扣罚部门主管当月奖金20元,扣罚部门经理当月奖金10元。

4.3.3 如属一般故障,相关岗位人员必须在现场直接抢修,直到故障恢复为止。若违反,扣罚责任人当月奖金50元,扣罚系统工程师当月奖金30元,扣罚部门主管当月奖金20元,扣罚部门经理当月奖金10元。

4.3.4 如属市政停水,必须在10分钟之内将停水原因和预计恢复时间通知相关部门,并向公司领导汇报。否则,扣罚系统工程师当月奖金20元,扣罚部门主管当月奖金10元。

4.3.5 值班人员接到紧急停电故障报告后,1分钟内安排人员到现场确认,相关人员必须在5分钟内到达故障现场,电梯技术人员必须在3分钟内到达指定位置。否则,扣罚当事人当月奖金50元,扣罚部门主管当月奖金20元。

4.3.6 确认停电后,高压值班人员须在5分钟内启动发电机进行市电转发电操作,10分钟内完成倒闸操作,并每隔1小时做好柴油发电机运行记录。否则,扣罚当事人当月奖金50元,扣罚系统工程师当月奖金30元。

4.3.7 确认停电后,系统工程师与供电局电话通话,查清停电原因及停电时间,5分钟内通知服务中心,10分钟将停电情况向部门领导汇报,15分钟内将具体停电时间、原因及处理结果上报公司领导。否则,扣罚系统工程师当月奖金50元,扣罚部门主管当月奖金30元,扣罚部门经理当月奖金20元。

4.3.8 值班人员接到火警信号后,1分钟内通知安保部确认。若违反,扣罚值班人员当月奖金50元。

4.3.9 如火警确认后,严格按照《工程部火警、火灾应急处理程序》处理。若违反任一规定,扣罚当事人当月奖金100元,扣罚系统工程师当月奖金50元。造成后果的扣罚当事人当月奖金300元以上直至除名,扣罚系统工程师、部门主管、部门经理当月奖金300元以上直至除名,扣罚主管领导200元。

4.3.10 电梯困人时,救援人员接报后必须3分钟内到达现场,15分钟解救出被困人员。否则,扣罚当事人当月奖金50元,扣罚系统工程师当月奖金30元。造成后果的,扣罚当事人当月奖金300元以上直至除名,扣罚系统工程师、部门主管、部门经理当月奖金200元以上直至除名,扣罚主管领导200元。

4.4 公共设备（设施）的报修

4.4.1 值班人员接到报修时，应热情服务，仔细询问发生事件的相关情况，并在"工程部报修记录表"上做好相应记录（报修时间、报修人、发生地点、发生事件、联系电话等）。若有违反，扣罚当事人当月奖金30元。

4.4.2 值班人员做好报修咨询后，应必须在3分钟内开具"工程维修单"安排维修技工处理；维修技工必须在接单后5分钟内到达故障点处理。否则，扣罚当事人当月奖金30元。

4.4.3 一般维修不应超过30分钟，维修技工完成维修后10分钟内将"工程维修单"第二联交值班人员。值班人员必须在"工程部报修记录表"内填写完成情况，10分钟内将结果反馈报修人。否则，扣罚当事人当月奖金30元，扣罚部门主管当月奖金20元，扣罚部门经理当月奖金10元。

4.4.4 报修项目在首报4小时内未完成的，由部门主管组织技术人员对报修项目进行处理。否则，扣罚当事人当月奖金30元。

4.4.5 报修项目在首报8小时内未完成的，向部门经理汇报，由部门经理协调处理。否则，扣罚当事人当月奖金50元。

4.4.6 报修项目首报24小时内未完成的，部门经理必须将故障原因处理方案、预计完成时间书面向公司领导汇报，限期解决。否则，扣罚部门经理当月奖金100元，扣罚主管领导50元。

4.4.7 影响业主正常生活的报修，按工程部抢修处理程序执行。若有违反，扣罚当事人当月奖金100～200元，扣罚部门经理100元。

4.4.8 报修项目规定时间内未完成又没有及时上报，引起后果的，扣罚当事人、部门主管、部门经理当月奖金200元以上直至除名处理，扣罚主管领导100元。

4.4.9 督导室每月按照本制度对工程部进行2次以上抽查，未按规定时间进行督导，督导室主任当月工资下浮200元。

4.4.10 以上的违规行为，连续发生两次，当事人加倍处罚；连续发生三次，做劝其离职处理。

（三）建立设备管理档案

物业的设备结构复杂，管线纵横，对设备原始档案要进行归档、汇总、登记造册，对设备系统的资料如竣工图等进行保管，对系统中一些常出现问题的重点部位拍照并在资料中予以注释，为以后解决问题提供依据。如发电机等一些重大设备发生故障时需原生产厂家维修时，通过设备台账及时与生产厂家和联络人取得联系，为设备及时维修赢得宝贵时间。故对设备建立设备卡、设备台账、技术档案等，按照档案管理要求，实行专业化、科学化管理，使设备管理适应现代化管理需求，同时为设备的及时维修，确保设备的完好与使用安全提供科学依据。

## 三、处理好应急维修与计划维修的关系

工程部的主要工作内容是对设施设备的维护保养,以确保其正常运行,但这只是一个笼统的概念。什么是设备的正常运行?设备在"运行"与设备在"正常运行"是不同的概念,因为设备也可以带病运行。较多的物业工程部只关注了设备"在运行",并没有实现设备的"在正常运行"。

### (一)区别设备的"运行"与"正常运行"

#### 1. 什么是设备的"正常运行"

设备的正常运行包括设备的性能良好、运行正常、能耗正常三个方面的内容(图4-2)。

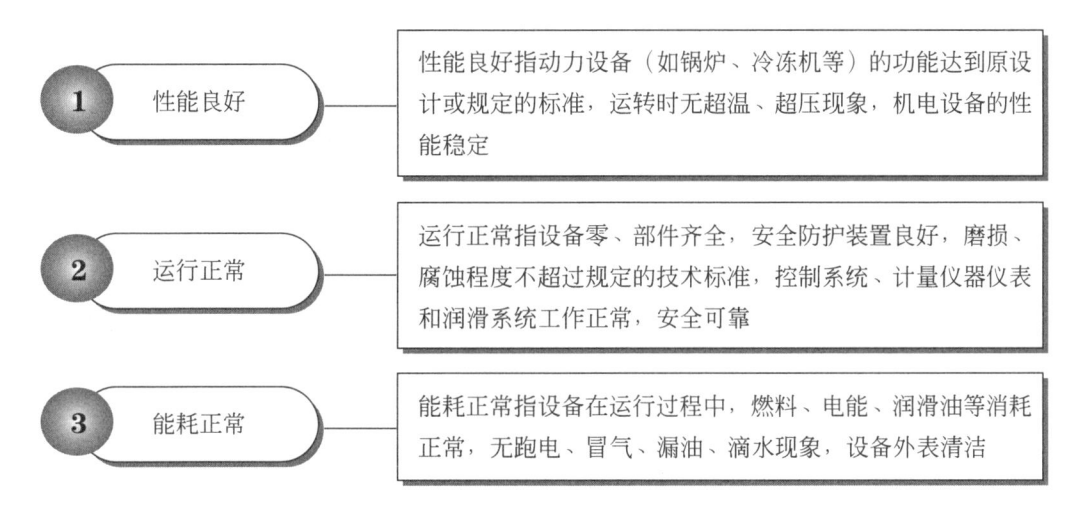

| | | |
|---|---|---|
| 1 | 性能良好 | 性能良好指动力设备(如锅炉、冷冻机等)的功能达到原设计或规定的标准,运转时无超温、超压现象,机电设备的性能稳定 |
| 2 | 运行正常 | 运行正常指设备零、部件齐全,安全防护装置良好,磨损、腐蚀程度不超过规定的技术标准,控制系统、计量仪器仪表和润滑系统工作正常,安全可靠 |
| 3 | 能耗正常 | 能耗正常指设备在运行过程中,燃料、电能、润滑油等消耗正常,无跑电、冒气、漏油、滴水现象,设备外表清洁 |

图4-2 设备的正常运行的表现

符合正常运行标准的设备才是正常运行的设备。设备的正常运行基本上是可以通过经验来判断的。操作人员或技术人员通过对运行设备的检查就能了解设备是否正常运行,是否需要进行计划维修。如果设备不运行了,则需要应急维修。

#### 2. 设备"不运行"的原因

设备"不运行"是物业设备中出现的很紧急的情况。当然,紧急程度是视该设备对物业使用者的影响程度而言的。一般来说,工程部必须在第一时间进行抢修,使设备"正常运行"。这就是工程部进行的"应急维修"。显然,如果"应急维修"工作量很大,工程部就将处于十分繁忙的状态。

设备"不运行"的原因主要有以下几个方面。

(1)员工使用不当引起的设备损坏。

(2)设备缺乏保养引起的故障。

(3)设备在设计、安装中存在的缺陷引起的停机。

因此,设备"不运行"总体上都是由设备管理的缺陷造成的。

## （二）处理好应急维修与计划维修的关系

应急维修和计划维修是工程部维修工作的全部内容。应急维修都是由一些突发性的故障引起的；计划维修则是按照计划按部就班地进行的。工程部要注重计划维修，通过计划维修，可以降低设备的"故障停机"，减少应急维修的工作量，这样就可以使计划维修顺利实施。如果应急维修工作量过大，将会影响计划维修的实施，因为员工的工作时间是有限的。所以，工程部要处理好应急维修和计划维修的关系。应急维修和计划维修没有明确的界限。

## 四、制订设备维护计划

物业公司工程部日常的工作内容是按照保养计划的要求对设施设备实施维护保养。实施设备的维护保养首先是制订维护保养计划，这对提高设备维护保养工作的效率非常重要。那么，如何制订设备设施维护保养计划呢？

### （一）设备维护管理的内容

**1.设备的维护保养**

（1）维护保养的方式。

维护保养的方式主要是清洁、紧固、润滑、调整、防腐、防冻及外观表面检查。对长期运行的设备要巡视检查、定期切换、轮流使用，进行强制保养。

（2）维护保养工作的实施。

维护保养主要是做好日常维护保养和定期维护保养工作，其要求如表4-2所示。

表4-2　维护保养工作的实施要领

| 序号 | 类别 | 管理要求 | 保养实施要求 |
| --- | --- | --- | --- |
| 1 | 日常维护保养工作 | 应该长期坚持，并且要做到制度化 | 设备操作人员在班前对设备进行外观检查；在班中按操作规程操作设备，定时巡视记录各设备的运行参数，随时注意运行中有无震动、异声、异味、超载等现象；在班后做好设备清洁工作 |
| 2 | 定期维护保养工作 | 根据设备的用途、结构复杂程度、维护工作量及维护人员的技术水平等，决定维护的间隔周期和维护停机的时间 | 需要对设备进行部分解体，为此，应做好以下工作<br>（1）对设备进行内、外清扫和擦洗<br>（2）检查运动部件转动是否灵活，磨损情况是否严重，并调整其配合间隙<br>（3）检查安全装置<br>（4）检查润滑系统油路和过滤器有无堵塞<br>（5）检查油位指示器；清洗油箱；换油<br>（6）检查电气线路和自动控制元器件的动作是否正常等 |

## 2. 物业设备的计划检修

计划检修是对正在使用的设备，根据其运行规律及点检的结果确定检修周期，以检修周期为基础编制检修计划，对设备进行积极的、预防性的修理。根据设备检修的部位、修理工作量大小及修理费用的高低，计划检修工作一般分为小修、中修、大修和系统大修四种，如表4-3所示。

表4-3 计划检修工作种类

| 序号 | 计划检修类别 | 主要内容 | 备注 |
| --- | --- | --- | --- |
| 1 | 小修 | 清洗、更换和修复少量易损件，并做适当的调整、紧固和润滑工作 | 一般由维修人员负责，操作人员协助 |
| 2 | 中修 | 在小修的基础上，对设备的主要零部件进行局部修复和更换 | 中修、大修主要由专业检修人员负责，操作人员协助工作 |
| 3 | 大修 | 对设备进行局部或全部的解体，修复或更换磨损或腐蚀的零部件，尽量使设备恢复到原来的技术标准；同时也可对设备进行技术改造 | |
| 4 | 系统大修 | 对一个系统或几个系统甚至整个物业设备系统停机大检修，通常将所有设备和相应的管道、阀门、电气系统及控制系统都安排在系统大修中进行检修 | 系统大修时，所有相关专业的技术管理人员、检修人员和操作人员都要按时参加，积极配合 |

### （二）设备维护计划制订

#### 1. 计划的准备工作

物业设备的维护保养计划一般是以年度维护保养计划为框架展开的，工程部主管一般在上年的12月制订下一年度的设备保养计划。设备年度保养计划要明确以下几个问题。

（1）哪些设备在下一个年度中需要保养？

（2）该设备保养的工作内容是什么？

（3）保养需要的工作量有多少？

（4）各设备分别安排在什么时间进行保养？

其中，保养的工作量是不直接反映在年度计划上的。但是，工程部主管在编制年度设备保养计划时要考虑保养的工作量，以便能在全年合理分配工作量。在一般情况下，物业设备的维护保养计划是比较固定的。

年度设备维护保养计划不能大概估算，而是需要相对准确的数据信息。

#### 2. 确定需要保养的设备

工程部主管应该建立按照设备系统划分的设备档案，通过设备档案就可以全面了解设备现状并制订相应的保养计划。

#### 3. 确定保养工作的内容

确定需要进行保养的设备可能相对比较容易，因为大部分设备都是需要保养的，重要的是保养工作内容的确定。保养工作的内容要根据设备运行状态确定,主要是基于以下两个方面:一方面是设备供应商以及国家法律规定必须要保养的内容,这些信息是比较容易获得的;另一方面是设备的运转情况,尤其是设备出现故障的信息,这是制订设备保养计划时要重点关注的内容。

工程部主管不一定需要严格区分设备的维修和维护保养。维修可以认为是维护保养的一个方面,所以,在制订设备保养计划时,要充分考虑应急维修的工作量。通常,应急维修工作量应与维护保养的质量成反比,即维护保养越好,应急维修的量越少。

(三)制订设备维护保养计划

设备维护保养计划并不是一张计划表就能解决的,它是设备维护保养的框架,是一系列的计划。年度保养计划在每月、每周都需要进行分解,并对工作内容进行细化。设备维护保养计划可以根据管理要求制订,形式是多样的,但必须包含以下内容。

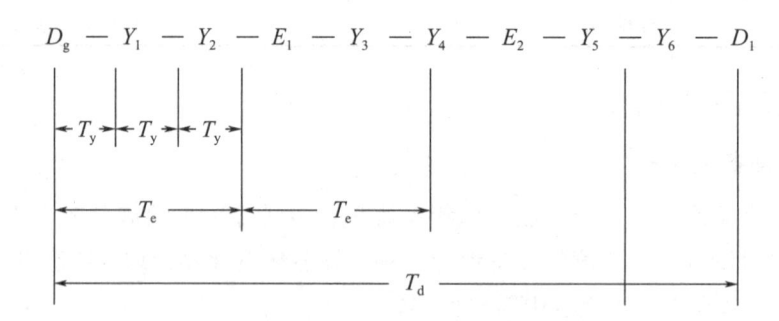

**1. 设备维护保养周期结构**

设备维护保养周期结构是指设备在一个修理周期内,一保、二保、大修的次数及排列顺序。修理周期是指两次大修理之间或新设备开始使用至第一次大修理之间的时间。如图4-3所示是设备维护保养周期结构。

$$D_g — Y_1 — Y_2 — E_1 — Y_3 — Y_4 — E_2 — Y_5 — Y_6 — D_1$$

**图4-3 设备维护保养周期结构**

$D_g$—新设备开始使用;$Y_n$—第 $n$ 次一保;$E_n$—第 $n$ 次二保;$D_1$—新设备开始使用;
$T_y$—一保间隔期;$T_d$—大修理间隔期;$T_e$—二保间隔期

**2. 设备保养间隔期**

设备保养间隔期是指两次维修保养之间的间隔时间。一保间隔期是指两次一级保养或新设备投入使用后至第一次一级保养、一级保养与二级保养之间的时间间隔。二级保养间隔期是指二级保养或新设备投入使用至第一次二级保养之间的时间间隔。大修理间隔期是指新设备投入使用后至第一次大修理之间或两次大修理之间的时间间隔。

有些设备的运行与季节有关,例如,用于中央空调的制冷机,一般在气温高于26摄氏度的季节运行。因此,这些设备的维护计划除了要考虑设备本身的磨损规律外,还应与它们的使用情况结合起来考虑,即制冷机的定期维护保养应安排在不运行的期间进行。

## 3. 保养内容

设备的定期保养无论是一保、二保还是大修，都必须制定详细的工作内容，特别要注意参考日常维护保养中发现、记录的异常情况，设备在大修时更要详细列出维修内容与具体维修项目。以下提供两个范本供参考（表4-4和表4-5）。

表4-4 冷水机组保养项目表

| 序号 | 设备名称 | 保养项目 | 保养时间 | 执行人 |
|---|---|---|---|---|
| 1 | 润滑视液镜 | 检查油位是否在正常范围及油质的洁净程度 | 每天 | 当值人 |
| 2 | 冷媒视液镜 | 检查冷媒液位是否在正常范围 | 每天 | 当值人 |
| 3 | 固态启动器冷却液 | 检查冷却液，确保液位正常 | 每周 | 当值人 |
| 4 | 机组各个油、水、冷媒管路、阀门、接头 | 检查是否有渗漏之处 | 每天 | 当值人 |
| 5 | 机组及机房场地 | 保持清洁卫生 | 每天 | 当值人 |
| 6 | 机油加热器及控制板 | 换季送电保养 | 每周 | 当值人 |

表4-5 冷媒水、循环水及凉水塔保养项目表

| 序号 | 设备名称 | 保养项目 | 保养时间 | 执行人 |
|---|---|---|---|---|
| 1 | 冷媒水、循环水泵 | 检查盘根是否漏水、水泵声音是否正常、止回阀是否正常、进出水压力是否正常 | 每天 | 当值人 |
| 2 | 水泵、轴承、阀门丝杆 | 加黄油 | 每三个月 | 当值人 |
| 3 | 冷媒水、循环水、过滤器 | 拆洗清洁 | 每年 | 当值人 |
| 4 | 冷媒水、循环水加液泵 | 是否正常工作，电导率是否在正常范围 | 每天 | 当值人 |
| 5 | 凉水塔 | 检查洒水器是否正常运转、风机皮带是否磨损、变速箱是否要加黄油 | 每两周 | 当值人 |

## 4. 设备维护保养工作定额

设备维护保养工作定额包括工时定额、材料定额、费用定额和停歇天数定额等。设备保养工作定额是制订维护保养计划、考核各项消耗及分析维护保养活动经济效益的依据。

[实战范本4-02]

## 公共设施日常维修计划方案

| 序号 | 类别 | 项目 | 计划 | 方案 | 日常维修标准 | 实施效果 |
|---|---|---|---|---|---|---|
| 1 | 区内道路 | 路面、人行道、缓路径、道牙 | 每天检查两遍 | 由工程部专业维修工按项目维修规程实施 | 路面修缮质量标准；人行道铺设修缮标准 | 平整，无积水，无坑洼，无缺损 |
| 2 | 室外照明 | 道路灯、庭院灯、高杆灯、投光灯、其他照明灯 | 每天检查一遍 | 由工程部专业维修工按专业操作规程实施 | 电气作业安全操作规程，灯具施工技术标准 | 灯泡正常使用，灯罩完好清洁，灯杆及灯座无破损 |
| 3 | 沟渠池井 | 雨水口、雨水井、污水井、化粪池、阀门井 | 每周检查一遍 | 由工程部专业维修工按作业规程实施维修 | 井内无积物，井壁无脱落；化粪池出口及其他地隔无堵塞；井盖上标示清晰 | 井盖完好，无缺损，少污积，无堵塞 |
| 4 | 园林绿地 | 绿化、雕塑小品、花池循环水池 | 每天检查一遍 | 环境管理部进行绿化补种，园艺维修 | 绿化工作标准；园林工作标准 | 绿化管理设施、设备齐全完好；雕塑小品等园艺完好；绿化；循环水系统畅顺 |
| 5 | 文娱场所 | | 每天检查一遍 | 由工程部专业维修工按相关维修规程实施 | 会所及活动中心维修工作标准 | 各项设施、设备完好，正常使用 |
| 6 | 地下停车场 | | 每天检查两遍 | 由工程部专业维修工按相关维修规程实施 | 路面修缮标准；停车场地面修缮标准 | 道路平整，无积水，无缺损 |
| 7 | 消防设施及排水管网 | 排水管、室外消火栓、水泵结合器 | 每周检查一遍 | 由工程部专业维修工按相关维修规程实施 | 排水管施工技术标准；消防设施施工技术标准 | 管道畅通，无堵塞；无泄漏；消防设施正常有效 |

续表

| 序号 | 类别 | 项目 | 计划 | 方案 | 标准 | 实施效果 |
|---|---|---|---|---|---|---|
| | | | | | 日常维修 | |
| 8 | 公共标志设施 | 标识牌、警示牌 | 每周检查一遍 | 由工程部专业维修工按相关维修规程实施 | 标识清楚，无积污，损坏，安放牢固 | 标志设施完好；标志物无损坏 |
| 9 | 连廊及自行车房 | 连廊、自行车房 | 每周检查一遍 | 由工程部专业维修工按相关维修规程实施 | 墙地面整洁，无损坏；连廊通畅；结构完好 | 无乱搭建，整洁，通畅；墙面无破损或污迹 |
| 10 | 其他公共设施 | 垃圾堆放点及围栏、围墙 | 每周检查一遍 | 由工程部相关维修保养规程实施 | 无破损，无脱落；泄水通畅 | 确保围栏、挡土墙安全使用；确保垃圾转运站正常使用 |
| 11 | 公共智能化系统 | 摄像监控系统、电子巡更系统、车辆管理系统、智能控制中心 | 每天对摄像系统监视器、摄像头等的外观及控制性能检查一遍；每天对巡更系统读卡器外观、性能及连接IC卡读卡情况检查一遍；每天对各系统外观、运行情况、传输线、传输性能、软件及数据的运行情况等检查一遍 | 由工程部负责智能化系统维护保养标准规程 | | 系统性能良好，正常运行；设施完好，整洁有序，无破损 |
| 12 | 管理及商业用房 | | 每周检查一遍 | 由工程部按相关维修保养规程实施 | 相应建筑部分维修保养规程；电气、设备维修保养规程 | 正常、安全使用，各项设施、设备完好，无改建 |

[实战范本 4-03]

## 公共设施定期维护计划及实施方案

| 序号 | 类别 | 项目 | 日常维修 计划 | 日常维修 方案 | 日常维修 标准 | 实施效果 |
|---|---|---|---|---|---|---|
| 1 | 区内道路 | 路面、人行道、路径 | 严禁装修期车辆挤压人行道及道牙，严禁在路面上拌制混凝土或砂浆污染路面；每年对局部损坏严重的路面、道牙、人行道板进行翻新，面积应控制在每年1‰以内，其他控制在每年5‰以内 | 由事务部助理加强装修督查，严禁施工车进入区内道路；翻新工作由工程部自行组织专业维修工单或委托有关施工单位实施 | 小区道路使用管理规定；路面施工质量标准；人行道铺设技术标准 | 减少不必要的路面受污损和破坏；局部损坏严重路面通过翻新延长寿命，从而使整个道路保持均衡使用功能 |
| 2 | 室外照明 | 道路灯、庭院灯、高杆灯、投光灯、其他照明灯 | 灯杆每年刷漆一次；每月清洁灯具一次；每年检修线路一遍 | 对于破损灯具及老化线路经常更换 | 无老化，照明设施完好，灯具施工标准 | 实现良好的灯具外观、照明系统正常有效启用，照明设施路完好率在95%以上 |
| 3 | 沟渠池井 | 雨水口、雨水井、污水井、化粪池、阀门井 | 化粪池每半年清理一次，井盖板每年刷一次漆，防止锈蚀，每年清理井内杂物一次，每年全面维修完善一次 | 由工程部按相应作业规程实施 | 化粪池清理作业规程；井盖作业规程；漆作业规程；井内无沉积物 | 化粪池内无沉积物，出口畅顺，井盖正常使用，密合，流水通畅 |
| 4 | 公共标志设施 | 标识牌、警示牌 | 每月清洁标志一次，每年对标志安放基础稳固情况进行检查维护，每半年对标识进行维护一次 | 由工程部负责实施，每5年更换一次 | 住宅标识、警示牌制作安装及管理规定 | 标志清洁美观，安放稳固，标示清晰 |
| 5 | 园林绿地 | 绿化、雕塑、小品 | 春夏季各补换3‰～6‰绿地一次，树木补种春夏季各一次；每次3‰；花木每月修剪一次；草坪、乔木每周修剪一次，循环水每周清 | 由环境管理部按照相应作业规程实施，自第三年起按10‰更换绿地草坪 | 绿化工作标准；园林工作标准 | 绿草地，树木青翠，剪切整齐；雕塑、小品完整清洁，流水清洗 |

续表

| 序号 | 类别 | 项目 | 日常维修 | | | 实施效果 |
|---|---|---|---|---|---|---|
| | | | 计划 | 方案 | 标准 | |
| 5 | 园林绿地、绿化、雕塑、小品 | 洁园林小品、健身器械一次；根据病虫害发生规律，每年进行三次大消杀和四次日常消杀 | 由环境管理部按照相应作业规程实施，自第三年起按10‰更换绿地草坪 | 绿化工作标准；园林工作标准 | 绿草地、树木青翠，剪切整齐；雕塑、小品完整清洁，流水清 |
| 6 | 文娱会所 | 健身会所及健身器械 | 会所内墙两年粉刷一次，其他每年维护一次，设备设施及其建筑部分维护线路检查，维修及建筑部器械两次。发现问题及时处理每天检查器械 | 巡查由管理员负责，维修由工程部按相关作业规范实施 | 有关建筑部分修缮质量标准；有关设备电气、机械设备维护标准 | 场所内设施、设备等能发挥正常功效和正常运转，环境设施完好 |
| 7 | 地下停车场 | 每年对车场内的道牙损坏多次修补，并更新一次。对因施工质量造成的局部沉陷损坏，5年翻新一次，翻新质量应控制在5‰以内 | 由工程部组织实施工单或委托相关施工单位；维护费用逐年递增10‰ | 路面施工质量标准；停车场地面施工技术标准 | 停车场地面均衡，有效发挥功用，局部损坏严重通过翻新延长其使用寿命，使地平整，无积水 |
| 8 | 消防设施及排水管道 | 消火栓及水泵接合器每半年排一次刷漆一次，消火栓每半年检查、检修一次 | 由工程部组织实施 | 开启灵活，不泄漏 | 正常、有效使用 |
| 9 | 其他公共设施 | 垃圾转运站及三合一垃圾集中站、围栏挡土墙 | 每年刷漆一遍，挡土墙顶排水沟渠通畅情况，每年检查一次泄水孔疏通情况 | 由工程部按相关作业规程实施 | 挡土墙维护标准；围墙维护标准 | 设施安全，正常使用，美观完好 |
| 10 | 公共职能化系统 | 摄像监控系统、巡更系统、车辆管理系统、智能控制中心 | 对各系统的设施、设备连接运行、传输、显示接通情况及进行月检 | 由工程技术部相应维护保养规程实施，本系统设备20年更换一次 | 智能化系统维护保养标准 | 系统良好运行，设施、设备及传输线路完好，软件及数据完好，正确保存 |
| 11 | 管理及商业用房 | 每月检查一次设施、设备，每半年检查一次电气线路，每两年内粉刷一次，每年对其他建筑部分检查一次 | 由工程部按相应维护保养规程实施 | 建筑部分检修规程，相应电气设备维修、保养规程 | 整洁、安全、正常使用，设施、设备完好 |

【实战范本4-04】

## 房屋配套设施定期维修保养计划

| 序号 | 设施名称 | 维修计划 | 实施方案 | 检验标准 | 备注 |
|---|---|---|---|---|---|
| 1 | 上下水管道及相关阀门、配件（含洁具） | (1) 每两年给各类管道及阀门刷防锈漆一次<br>(2) 每半年阀门上油保养一次 | 工程班负责组织巡查、维修和检验 | (1) 管道通畅，无渗漏现象<br>(2) 阀门配件无"跑、冒、滴、漏"现象<br>(3) 完好率99% | |
| 2 | 落水管 | 每半年保养一次，每年检修一次，每年大修一次 | 工程班负责巡查、维修和检验 | (1) 正常通畅<br>(2) 完好率99% | 夏季 |
| 3 | 消火栓及灭火器材等 | (1) 消火栓及管道半年全面检修一次，5年中修一次，10年大修一次<br>(2) 灭火器材每季度检查一次，每年检测一次 | 工程班负责组织巡查、维修和检验，公司本部负责抽查、检验 | (1) 平常处于良好状态，使用时能正常发挥作用<br>(2) 整齐有序，卫生清洁 | |
| 4 | 公用标志 | 每季清洗一次，每4年中维修一次 | 保洁班负责巡视检查 | (1) 标志清晰美观，安装牢固<br>(2) 完好率99% | |
| 5 | 防雷系统 | 每年进行一次接地测试，每年检修一次 | 工程班或专业队伍完成 | (1) 接地阻值符合规定<br>(2) 完好率100% | |
| 6 | 公共照明 | 每季度进行一次配电箱除尘 | 工程班负责维修及检验 | 运行正常，并达到使用标准 | |
| 7 | 各种水泵 | (1) 每季度注油一次<br>(2) 每周检查轴封情况<br>(3) 消防泵每月试动作一次<br>(4) 电控柜每季度除尘一次 | 工程班负责维修和检验 | (1) 保证使用运转正常<br>(2) 外观整洁 | |

续表

| 序号 | 设施名称 | 维修计划 | 实施方案 | 检验标准 | 备注 |
|---|---|---|---|---|---|
| 8 | 生活水箱 | (1) 每年两次清洗<br>(2) 消毒灯管每8000小时更换 | 工程班负责维修和检验 | (1) 保证使用运转正常<br>(2) 水质达标<br>(3) 外观整洁 | |
| 9 | 热力站 | (1) 每季交换器除垢、压力温度表检测一次<br>(2) 每月泵加油<br>(3) 每季度对配电柜清理一次 | 工程班负责维修和检验 | (1) 各种设备运转正常<br>(2) 温度达到设计标准 | 供暖期间 |
| 10 | 电梯 | 每月一次：铰接处加油；机房、轿厢底坑除尘、清洁；测试安全系统动作、抱闸工作系数；紧固锁紧部件 | 公司运行部负责维修和检验 | 门机开启灵活，活动部件运转自如；机房卫生、清洁；控制柜散热良好；底坑、轿顶清洁 | |
| | | 每两个月一次：油盒加油；紧固各接线端子及插头 | 公司运行部负责维修和检验 | 润滑良好，动作灵活可靠 | |
| | | 每半年一次：更换齿轮油、更换液压油；清理钢丝绳；各注油孔注油 | 公司运行部负责维修和检验 | 润滑良好，磨损正常 | |
| | | 每年一次：检查部件磨损、润滑情况，检查各安全回路；全面保养；技术监督局年检 | 公司运行部负责维修和检验 | 润滑良好，磨损正常；运行正常 | |
| 11 | 电饮水器 | (1) 每半年一次除垢清洁<br>(2) 每两个月检测电控系统一次，工程部负责维修及检验 | 公司工程部负责维修及检验 | (1) 饮用水清洁卫生，无水碱<br>(2) 电器元件工作正常 | |

[实战范本4-05]

## 房屋配套设施日常保养计划

| 序号 | 设施名称 | 日常维修计划 | 实施方案 | 检验标准效果 | 备注 |
|---|---|---|---|---|---|
| 1 | 上下水管道及相关阀门、配件 | 每周巡视检查一次，发现问题及时做好记录 | 工程班负责组织巡查、维修和检验 | （1）管道通畅，无渗漏现象<br>（2）各阀门配件无"跑、冒、滴、漏"现象<br>（3）完好率99% | 注意季节性养护，冬季前做好防冻工作 |
| 2 | 落水管 | 每月巡视检查一次，发现问题及时解决并做好记录 | 工程班负责组织巡查、维修和检验 | （1）使用功能正常<br>（2）完好率99% | 夏季 |
| 3 | 消火栓和灭火器材等 | 每周巡视检查一次，发现问题及时解决并做好记录 | 工程班负责组织巡查、维修和检验 | （1）各功能正常，数量齐全<br>（2）完好率100% | |
| 4 | 消防通道 | 每周巡视检查一次，发现问题及时解决，杜绝车辆乱停、杂物乱放和占用通道 | 工程班负责组织巡查、维修和检验 | （1）平整畅通<br>（2）确保通道使用功能正常，无安全隐患 | |
| 5 | 公用标志 | 每周巡视检查一次，发现问题及时解决并做好记录 | 保洁班负责巡视检查及维修 | （1）标志清晰美观<br>（2）安装牢固<br>（3）完好率99% | |
| 6 | 防避雷系统 | 每月巡视检查一次，发现问题及时解决并做好记录 | 工程班负责组织实施巡查、维修和检验 | （1）确保系统正常，使用安全可靠<br>（2）接地阻值符合标准<br>（3）完好率100% | 夏季 |

续表

| 序号 | 设施名称 | 日常维修计划 | 实施方案 | 检验标准效果 | 备注 |
|---|---|---|---|---|---|
| 7 | 公共照明 | 每日公共区域巡检一次，发现问题及时解决 | (1) 保洁班负责巡检<br>(2) 工程班检查、维修，管理部定期抽测 | (1) 确保工作正常<br>(2) 完好率99% | |
| 8 | 生活及消防水泵 | 每日巡视检查<br>(1) 运转情况是否正常<br>(2) 轴承润滑情况<br>(3) 电控盘情况 | 工程班负责检查、维修和检验 | (1) 工作正常<br>(2) 安全可靠 | |
| 9 | 生活用水箱 | 每日巡视检查<br>(1) 水箱入口上锁情况<br>(2) 消毒装置运行情况<br>(3) 水位 | 工程班负责巡查、维修及检验 | 卫生达标 | |
| 10 | 热力站 | 每日定时检查<br>(1) 供回水压力、温度<br>(2) 循环泵、热交换器、配电盘及仪表 | (1) 工程班负责组织实施检查、维修<br>(2) 发现问题及时解决并做好记录 | (1) 各种设备运转正常<br>(2) 温度达到设计标准 | 供暖期间 |
| 11 | 电梯 | 每日例行检查<br>(1) 各种功能<br>(2) 行驶状况<br>(3) 机房温度 | 电梯班负责巡检 | (1) 运行正常、准确<br>(2) 开关门灵活可靠<br>(3) 外观清洁 | |

## 五、设备维护保养计划的实施

### （一）设备维护保养的要求

**1. 设备外观、各部件、安装场地整齐、清洁**

设备外观、各部件、安装场地是否整齐、清洁可以直接用眼睛判断，因此很容易检查和控制。整齐、清洁包含了以下两项内容。

（1）设备及安装场地无灰尘、无油渍、无水迹。

灰尘、油渍等是设备的主要磨损源，因此，保持设备及其场地的干净可以减少设备的磨损，延长设备使用寿命。大型设备以及传送管网在清洁方面比较容易被忽视。另外，场地的清洁也不容易保持。一些物业的机房经常被用作其他用途，如作为临时堆放点、维修点等，而有的工程部机房甚至会成为工程部员工的私人场所，出现晾晒衣物等现象，这些应该予以避免。

（2）设备、线路、管网完好。

设备、线路、管网的完好是指无破损。例如，电子设备的安全部件或者管网的保温层出现破损是十分常见的现象。破损会引起不安全因素，而保温层破损会引起能源损耗以及漏水等现象。

**2. 设备得到良好的润滑**

需要进行润滑的设备应有明确的润滑图。按照润滑图指示的点，按时、按质、按量加油和换油，应做到油标清楚醒目，油箱、油池和冷却箱清洁且无杂质，油壶、油孔、油杯、油嘴齐全，油路畅通。

### （二）设备维护保养计划的实施

如果没有特殊情况发生，设备维护保养的实施则应该按照维护保养的计划进行。在具体工作开始前，要对工作进行分解，准备好相关材料，实施保养后要进行验收和记录。

如果当天的维护保养工作受到干扰，或者因为其他原因没有完成工作，物业项目经理则需要重新安排维护工作，既要完成没有实施的工作，又要考虑到不影响其他工作。

比较简单的办法可能是让员工加班完成工作计划，但加班毕竟影响到员工的正常休息，而且也增加了公司的支出，因此加班并不是很好的方法。

## 六、应急维修的管理

前面强调了通过加强设备的计划维修可以确保设备的正常运行，减少设备应急维修的工作量，但是，工程部仍面临着应急维修的管理问题。从某种角度来看，对应急维修的处理是工程部工作效率的一种体现。应急维修的工作效率由两部分构成：一是及时获得需要维修的设备信息；二是对需要维修的设备尽快实施维修工作。

### （一）设备维修信息的获得

设备维修信息的获得是设备维修管理的重要环节。由于物业设备种类繁多、功能不

一、利用状况不同而且分布在物业区域的各个角落，设备维修信息的获得并不是很容易，所以，需要建立设备维修信息获取的有效途径。一般来说，根据发现设备故障的不同途径，设备维修信息的获得主要有以下两种方式。

1. 报修

报修是指设备使用、操作人员、业主发现设备故障后，通过填写"设备报修单"或以电话、E-mail等传递的方式将设备的故障状况通知工程部，由工程部安排人员进行维修。

报修是设备管理中的重要环节，通过报修可以及时获得设备状态信息，使设备及时得到维修，并恢复原有的功能；同时，报修记录是设备定期保养计划制订的基础，也是设备成本控制的基础。

2. 巡检

有许多设备发生故障时，不能及时被发现，这些设备的故障需要通过巡检来发现。巡检是指对设备进行巡视检查，工程部人员根据既定的路线和检查内容对设备逐一进行检查，发现故障及时处理。

巡检也是物业设备维修管理中必不可少的环节，它能够发现设备运行中存在的潜在故障，以消除设备隐患。

（二）设备维修的实施

设备维修的实施有两种情况：一种是当设备存在故障时，由管理处的内部维修人员自行修理；另一种是委托外修，由专业公司的维修人员来维修。

（三）设备报修单的设计

设备报修单的设计对设备维修管理有着重要的意义，因此报修单的设计直接影响维修管理的效率。有的管理处的报修单非常简单，由报修部门或人员填写报修内容、时间后交到工程部，工程部派遣维修人员前往修理，最后由报修部门签字确认维修工作。从表面上看，维修工作是完成了，但就管理而言，对维修工的工作是失控的。

维修工领用了多少材料用于维修？维修工在维修现场花费了多少工时？设备故障为什么会产生？设备维修的质量怎样？等，这些管理问题基本上都不能解决。通过报修单的多样化设计，可以在很大程度上提高维修管理工作的效率。

鉴于上述问题，设备的报修单至少应包含三个方面的内容，如表4-6所示。

表4-6 设备报修单的内容

| 序号 | 内容 | 说明 |
| --- | --- | --- |
| 1 | 设备故障的基础信息 | 设备故障的基础信息要反映故障设备所在的位置或部门、故障情况描述以及发生故障的时间，这三项内容是设备故障发生部门必须填写的。在此基础上，报修单可以增加一个栏目，即设备故障的原因分析，这一栏由工程部的维修人员填写。对设备故障原因的分析是非常重要的，它最能直接反映设备的运转情况，也是设备维护保养的基础资料和信息，因此工程部应重视这一项目的分析 |

续表

| 序号 | 内容 | 说明 |
|---|---|---|
| 2 | 材料信息 | 维修使用的材料应有相关的记录。工程部的二级仓会有材料进出记录，但材料究竟用在哪里不一定清楚，因为材料的进出和使用是分离的，通过报修单将材料和维修工作联系起来，可以有效控制材料的使用 |
| 3 | 维修工作信息 | 维修工作信息主要记录维修人、维修时间以及维修质量。维修时间可以预先做出计划，这样有助于控制维修工作的进程 |

为此，报修单应该包括三联：一联在仓库；一联在工程部；一联在报修部门。三联单分别进行整理、统计和归档。

【实战范本4-06】▶▶▶

## 报修单

年　月　日　　　编号：

| 报修地点 | | 报修时间 | 日 | 时 | 报修人 | |
|---|---|---|---|---|---|---|
| 报修项目 | | 修理时间 | 日 | 时 | 修理工时 | |
| | | 完工时间 | 日 | 时 | 工时金额 | |
| 修理情况 | | 耗用材料 | 名称 | 规格 | 数量 | 金额 |
| | | | | | | |
| | | | | | | |
| | | | | | | |
| | | 小计 | | | | |
| | | 备注 | | | 合计 | |

维修组长：　　　　　　修理人：　　　　　　验收人：

【实战范本4-07】▶▶▶

## 设备维修记录

单位：　　　　　　　　　年　月　日　　　编号：

| 设备名称： | 设备编号： |
|---|---|
| 维修单位： | 维修人： |
| 维修开始时间： | 维修结束时间： |

续表

| 故障描述及原因： | | | |
|---|---|---|---|
| 维修内容： | | | |
| 维修方主管： | | | |
| 更换件（报废件）名称 | 产地和型号 | 价格 | 处理方式 |
|  |  |  |  |
|  |  |  |  |
|  |  |  |  |
|  |  |  |  |
| 维修检定结论（含技术参数及功能）： | | | |

【实战范本4-08】▶▶

## 设备（机具）外委维修申请表

单位：　　　　　　　　　年　月　日　　　　　　　编号：

| 设备编号 | 设备名称 | 设备型号 | 技术规格 | 数量 | 维修费用 | 外维单位 |
|---|---|---|---|---|---|---|
|  |  |  |  |  |  |  |

| 内部检测判断结果： |
|---|
| 检测判断人：　　　　　　日期： |
| 需要修复返回时间： |
| 维修内容： |
| 工程部经理意见：<br><br>签名：　　　　　　日期： |

续表

| 管理处经理意见： |
| --- |
| 签名：　　　　　　　　日期： |
| 总经理意见： |
| 签名：　　　　　　　　日期： |

# 第五章
# 物业服务标准化降成本

> **引言**
>
> 在企业管理过程中经常流行着这样一句话:"三流企业做产品,二流企业做品牌,一流企业做标准"。企业用工成本上升、招工难、留人难等一系列内部忧患,企业管理者应该认真反思,转变思想观念,推行服务标准化,而不是只有一流企业才做标准。

## 第一节 标准化与成本控制之间的关系

所谓标准化,就是指制定标准,按标准进行行动,统一员工的工作行为,并在实践中适时更新与完善相应的标准,改善相应的管理及作业行为,从而促进企业经营管理水平的提高等一系列的管理活动。服务标准化可以带来成本管理效率的提升,从而间接影响成本费用的控制。

### 一、标准化直接影响时间成本减少

企业在构建服务标准化体系实务中,要实现服务标准化就是要对企业标准化领域中需要协调统一的管理事项制定标准。这些管理事项主要包括在物业公司的经营管理活动中所涉及的物业项目的拓展、物品采购、各项物业服务提高、质量管理、设备与基础设施、能源、资源、安全、职业健康、环境、信息以及标准化管理等与技术标准相关联并为技术标准的实现提供支持的重复性事务。

从这个服务标准化诠释中可以看到,服务标准化就是要对企业的一些管理事项制定规范的操作流程和规定准确的完成时间,最终形成标准化文件约束。由此看来,服务标准化可以直接影响到管理事项完成的时间长短。当今这个高速发展的时代,对于企业而言,时间就是金钱,时间是有价值和成本的,多一分钟完成重复的工作就会多一份时间成本的付出。如果企业按照标准化操作在规定的时间内完成工作量，那么就能够带来时间成本的节约，没有标准化就会对工作完成时间失去控制。

对于物业公司来说，就是要把物业管理与服务规范化、流程化、标准化，设置服务标准、管理标准与工作标准，简化流程，节省时间，提升效率。

## 二、服务标准化间接影响人工成本降低

建立服务标准化体系就是要对物业公司的一些管理事项规定准确的完成时间和制定规范的操作流程。由于标准化对各项事务操作流程有严格的要求和规范，就会使得各个环节工作紧密相连、循序渐进，而最终工作的完成是要靠人来进行的，有多少工作环节和多少工作量就需要相应匹配的人员来完成。如果企业的流程复杂，环节重复，效率低下，势必会造成人员的无效使用，从而间接影响到人工成本的上升。

如果物业公司实行服务标准化，按照标准化要求对公司战略目标进行分解（如客户满意度、人员出勤率、小区绿化率、安全事故率等），把目标量化，按照分解后的战略目标设置组织管理结构，然后根据组织结构设定相应的岗位，根据岗位确定需要的人员数量，以此自上而下进行目标分解，既完成了个人目标和战略目标的统一，又使得人工成本得到节约，避免雇佣不必要的岗位人员，从而间接影响人工成本的降低。

## 三、服务标准化对材料费用的影响

对于材料费用的影响，可以从采购和物流标准化来进行。如果企业的采购和物流环节效率低下，管理混乱，那么势必会给企业带来材料费用的增加，从而影响整个成本的上升；相反，对采购和物流实行严格的标准化管理，就会大大提升采购和物流环节的效率，从而也会节约材料费用。

物业公司主要是给业主（租户）提供服务，如果在提供服务的同时，设置合理的管理流程，制定严格的管理制度，定期进行设施设备的维护，保证设施设备的完好率，增加使用时间，减少事故的发生，就能降低物业公司在设施设备维护方面的材料成本。

## 四、服务标准化对管理费用的影响

对于管理费用的影响，可以通过制定规范的企业管理制度和全面覆盖的管理细则降低管理成本的产生。如果对各个环节的管理工作进行标准化控制，就可以减少不必要的管理费用项目。

对于物业公司来说，严格的管理制度，规范的管理流程，良好的服务形象，各个环节的无缝对接，不仅可以减少不必要的浪费，还可以提升服务效率，并得到业主的认可，提升业主满意度。

# 第二节　物业服务标准化要领

物业公司对物业服务标准的制定和实施,以及对标准化原则和方法的运用就是物业服务的标准化过程。

## 一、物业公司标准体系的组成

物业服务既表现为提供劳务形式的无形产品,如秩序维护、客户服务等;又表现为与有形产品紧密结合在一起,如制冷供热、设备运行等。物业服务作为一种特殊的商品,其过程与结果具有一定的不确定性,其质量控制应以服务标准为衡量准则。

目前一些物业公司将服务标准体系划分为服务标准、管理标准与工作标准三个部分,如图5-1所示。

**1　服务标准**

服务标准是物业公司标准化运作的基础和主体,即服务规范,是衡量和判定物业服务效果的准则

**2　管理标准**

管理标准是对服务标准化体系中需要协调统一的管理事项所制定的标准,是实现物业服务标准的措施和保证。涉及企业的经营管理、服务策划与创新、质量管理、设备与基础设施管理、人力资源管理、安全管理、职业健康管理、环境管理、信息管理等与服务标准相关联的重复性事物和概念

**3　工作标准**

工作标准是实现服务标准和管理标准的手段。主要指在执行相应管理标准和服务标准时与工作岗位的职责、岗位人员基本技能、工作内容、要求与方法、检查与考核等有关的重复性事物和概念

图5-1　物业服务标准体系的组成

## 二、物业公司标准化的对象

物业公司的标准化通常从客户服务、设备管理、安全管理、环境管理四个方面进行详细阐述,这四个板块也是物业服务最重要的方面,具体如图5-2所示。

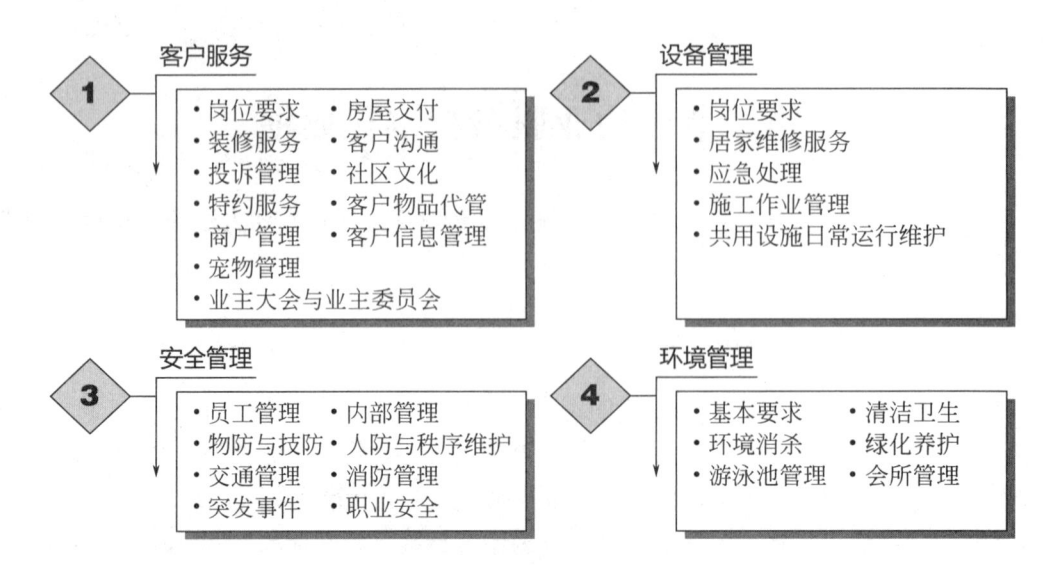

```
┌─◇1 客户服务─────────────────┐   ┌─◇2 设备管理─────────────────┐
│  • 岗位要求    • 房屋交付    │   │  • 岗位要求                  │
│  • 装修服务    • 客户沟通    │   │  • 居家维修服务              │
│  • 投诉管理    • 社区文化    │   │  • 应急处理                  │
│  • 特约服务    • 客户物品代管│   │  • 施工作业管理              │
│  • 商户管理    • 客户信息管理│   │  • 共用设施日常运行维护      │
│  • 宠物管理                  │   │                              │
│  • 业主大会与业主委员会      │   │                              │
└──────────────────────────────┘   └──────────────────────────────┘

┌─◇3 安全管理─────────────────┐   ┌─◇4 环境管理─────────────────┐
│  • 员工管理    • 内部管理    │   │  • 基本要求    • 清洁卫生    │
│  • 物防与技防  • 人防与秩序维护│ │  • 环境消杀    • 绿化养护    │
│  • 交通管理    • 消防管理    │   │  • 游泳池管理  • 会所管理    │
│  • 突发事件    • 职业安全    │   │                              │
└──────────────────────────────┘   └──────────────────────────────┘
```

图 5-2　物业服务标准的四大板块

### 三、实施标准化运作的关键环节

物业公司实施标准化运作要抓住以下三个关键环节。

（一）提供规范化客户服务

物业公司最重要的行为是为客户提供服务，制定规章制度、服务规范、运行手册应从规范客户服务开始。比如：海尔公司的竞争优势最先就是表现为客户服务规范，服务标准细化程度已经到了穿什么样的衣服、怎么敲客户的门、第一句话怎么说、第一件事做什么、出门的时候如何打招呼的全过程规范。这些都非常值得学习借鉴。

（二）标准化客户体验感受

服务行业的产品中还有一部分内容是客户体验。企业服务对象要求的体验不同，服务方式也就不同，标准化运作模式中的标准化客户体验，就是要求客户对服务的感觉、对环境的感知、与服务人员的互动都应该有一致的体验和感受。

（三）一致性公共关系处理

物业公司除了要与客户打交道之外，还有很多公共关系需要协调处理。以物业公司的外委托服务来讲，负责提供服务的供应商也需要为物业公司提供作业指导书和工作手册，规范整个服务过程，以便使客户感受到的服务和体验都是标准的、一致的。此外，一致性公共关系的处理还包括政府关系、媒体关系、社区关系、利益相关者等。

### 四、物业服务标准化实施策略

（一）建立超前思维模式，避免陷入标准化怪圈

许多物业公司在实施服务标准化的时候，只是简单地模仿一些优秀企业的做法。其

实,简单模仿或照搬成功物业公司的运作模式,不可能成为本企业标准化运作改进措施的根本出路。因为,优质的物业服务不能仅仅是一套完善的制度和方案,而应成为一种企业文化。文化决定观念,观念决定心态,心态决定行为,行为决定习惯,习惯决定未来。所以,一定要"跳出现在"的局限,处理好"知"和"行"的关系,"先谋势,后谋利"。物业服务日常的工作非常琐碎,也非常单调和枯燥。因此,物业服务需要依靠一种超前思维和良性习惯去支持和实施。

（二）物业服务需要创新,打破标准管理僵化格局

物业服务的特性决定了行业难以形成类似于高科技行业的"标准之争",该领域只有反映行业特征和规则的基本标准,没有普遍适用全行业所有领域的普适标准和万能规则。因此,物业公司要提高企业竞争力就必须打破标准管理僵化格局,在依靠标准化运作的基础上,适时运用创新差异化发展策略,才能争取更大的市场占有率和经济效益。

（三）运用标准化运作,保持物业服务行业持续发展力

为了防止企业发展过程中出现后劲不足的现象,保持强劲、持续发展力效应,物业公司内部应建立标准化流程控制改进修正系统。

### 1.建立规范操作运行手册

规范操作运行手册是企业专业化服务的存在形式,物业公司要用心研究物业服务的特点,掌握其规律,运用科学的方法实行有效的管理和运作。在此基础上细化标准程序及运行手册,对整个服务过程进行全程控制。

### 2.设置物业服务监控点

物业公司不应再徒劳地寻找放之四海皆准的标准,而应转变思路建立比最低标准更高要求的行业规范来控制服务过程,对检查出的问题及时采取整改或纠正措施,这些信息都应该作为提高企业标准化运作水平的主要依据。

### 3.坚持标准化的持续改进思想

建立开放式的信息收集沟通系统,对收集到的各类信息和数据,按照科学数据分析的原则进行统计分析。特别要注意利用平时在各类检查活动、服务提供过程当中的信息和资料,分析服务的开展状况水准和内部管理水平,及时通报改进情况,从而使企业不断改进、提高、自我完善。

【实战范本5-01】

## 物业管理标准——安全管理

### 1.人员素质

1.1 安全员岗位人员按照××企业形象策划手册统一着装（地方政府有明确限定

的除外），各岗位按照工作要求统一佩戴值勤用具，并符合应急要求；私用物品的佩戴不得影响统一形象；站立时至少保持跨立姿势。

1.2 安全员应熟悉社区的环境，熟悉社区的消防设施位置，熟悉本岗位工作方法和流程。

1.3 安全员行为言语规范、作风严谨、值勤文明、训练有素、认真负责。

1.4 安全员具有使用消防器材、扑灭初始火灾、人工呼吸、外伤包扎、火灾救援、处理自然灾害等技能。

1.5 安全员每周必须进行身体素质训练和业务素质的培训，训练应达到以下标准。

| 项目内容＼年龄 | 18～25岁 | 26～35岁 | 36岁以上 |
| --- | --- | --- | --- |
| 100米冲刺 | 不超过15秒 | 不超过16秒 | 不超过20秒 |
| 3000米长跑 | 不超过15分钟 | 不超过16分钟 | 不超过20分钟 |
| 标准俯卧撑 | 不低于35个/分钟 | 不低于30个/分钟 | 不少于20个/分钟 |
| 队列基础 | 操作精通 | 操作精通 | 操作精通 |
| 步法操作 | 操作精通 | 操作精通 | 操作精通 |
| 紧急、突发事件处理 | 能协助正确处理 | 独立正确处理协调 | 独立正确处理协调 |
| 法律知识 | 了解并掌握治安、消防、交通管理法律常识，能够以法律手段规避责任事故，保护业主人身和财产安全 | | |

**2. 内务管理**

2.1 安全岗位所用器具保持完好，摆放整齐，标识清楚，电气设备电力充足，不影响正常使用。

2.2 集中住宿房间应保持干净、整齐、无异味以及无乱挂、乱放、乱贴等现象，并具有完善的监督制度。

2.3 每周至少安排一次内部沟通，并保存记录。

2.4 每个项目须保存足够处理突发事件的力量，原则上安全员外出人数不超过不当班安全员总人数的50%（不含50%），未安排集体住宿和社会警力及时可除外。

2.5 安全员宿舍应配备有效的紧急召集设施，如电话、警铃等。

**3. 综合安全**

3.1 安全岗位实行24小时值班及巡逻制度，并有交接班记录。

3.2 根据社区状况实行至少二级监控安全保卫工作，整个社区安全防范有一个较封闭或有效的管理体系。

3.3 危险作业行为应符合相关危险作业安全要求。

3.4 对危及人身安全处应设有明显标识和具体的防范措施。

3.5 可控事件的年发生数量为0。

### 4. 治安管理

4.1 有效控制外来人员，确保形迹可疑人员或无明确目的的探访人员不逗留社区。

4.2 对外来施工人员或供方人员需进行登记、佩戴明显标志，对其行为举止进行有效管理。

4.3 对大型物资搬运要做到责任可追溯到用户本人。

4.4 社区公共区域无易爆、剧毒、强腐蚀、放射性物品、严重危害生命和财产安全的危险品存放。

4.5 对危险物品有明确的管理办法，并落实。

4.6 对突发事件如偷盗、抢劫、意外伤害、非法集会、在逃通缉犯等应有行之有效的处理办法和处理技能。

4.7 在社区范围内若发生紧急事件至少应做如下有效反应。

| 楼层 | | 多层小区（7层以下） | 20层以下 | 21～30层 | 31～40层 | 41层以上 |
|---|---|---|---|---|---|---|
| 做出正确判断和指挥 | | 统一、及时、恰当 | | | | |
| 当班人员采取封锁行动 | 人防 | 2分钟内 | | 3分钟内 | | |
| | 技防 | 即时 | | | | |
| 救援人员赶到事发地点时间 | 徒步 | 2分钟内 | 4分钟内 | 6分钟内 | 9分钟内 | 12分钟内 |
| | | 以上数据是指管理面积10万平方米以下，超过的每10万平方米增加1分钟 | | | | |
| | 机动 | 2分钟内 | | | | |
| 携带事发性质对应工具 | | 正确、有效 | | | | |

4.8 每个社区都应具有两套以上的巡逻路线图，巡逻签到周期与规定周期差误不能超过整个周期时间的20%，特殊原因有注明的除外。

4.9 对保姆、钟点工等做到人人有记录的管理。对租户、公司户、商铺做到户户有登记的管理。社区项目管理面积在20万平方米以下登记率为100%，管理面积在20万平方米以上的登记率至少控制在90%以上。

### 5. 交通管理

5.1 经营性停车场具有当地政府颁发的合法证照和手续。

5.2 停车场应有清晰、有效、规范的安全、交通标识。

5.3 小区内严禁机动车鸣笛，有明显的限速标志。禁止通车的道路应有禁行标志或措施。

5.4 所有机动车施行一车一单据[纸制凭据（牌）或电子凭据]、进出有凭据或车辆进出要登记的封闭管理，对纸制凭据和电子凭据的至少保持1个月的追溯根据。

5.5 车辆进出时敬礼且动作标准、规范（智能化管理除外）。

5.6 机动车出入口设有减速装置和防强闯设施，并能有效发挥功能。

5.7 机动车停车场地应有标识明显的车位线，车位、交通线路、出入口规划合理。

5.8 机动车停放整齐有序，指挥车辆动作标准规范。

5.9 夜晚在机动车场值勤的安全员应着反光衣。

5.10 非机动车管理有序，停放整齐，存取方便，无乱停、乱放、叠放现象。

5.11 与机动车车主有明确的车辆及车内物品管理责任关系。

5.12 车场现金应和票据相吻合，移交清晰。

5.13 恶性交通事故发生数为零。

### 6.消防管理

6.1 有效落实消防安全责任制度，定期进行检查，并有保存相关记录。

6.2 消防设备设施完好无损，可随时启用，严禁挪作他用。

6.3 消防通道畅通，无阻碍物和无不符合消防规定的门等设施。

6.4 对社区用户每年至少进行两次消防知识的普及和宣传。

6.5 火警发生通报后紧急救援队成员应携带相应消防器具在2分钟内（参照紧急事件处理相关标准）赶到现场，各岗位能熟练地按照规定的灭火流程投入灭火工作。

6.6 火警有效控制率为100%。

6.7 管理项目备有消防斧头、消防扳手、铁锹、铁锤等消防工具，以及警戒带、医疗箱及常用医药、防烟防毒工具等。

6.8 对燃油（气）罐储备时，进行隔离管理，区域内严禁烟火，附近配置足够灭火器材。

灭火器选择和配置数量标准略。

### 7.技能防范

7.1 监视摄像机设置位置、摄影范围合理、画面清晰。重要场所停车场和出入口应设有录像，录像带至少保存半个月。

7.2 因采取停车场智能管理而无人值守的出入口，监视摄像应能清晰录制驾车人体貌特征。

7.3 消防中心和监控中心实行24小时不间断值勤，对信号随时做出反应，并做必要记录。

7.4 红外报警系统等安全防范系统应确保能全天候布防的需要，信号接收和反应灵敏。

### 8.安全管理监控

8.1 公司制定安全管理工作检查制度，并予以落实。

8.2 管理项目建立对安全各岗位工作检查制度，并有效落实。

### 9. 安全管理和职业安全

9.1 公司建立安全管理机构，负责紧急安全事务的处理，相关人员责任明确，紧急联系电话予以公布。

9.2 安全管理制度健全。

9.3 具有相应的劳动保护措施。

9.4 员工工作环境符合国家劳动保护有关规定。

9.5 危险作业和特种作业管理得当，措施完善（常见的作业有登高、电工、焊接等）。

### 10. 装修管理

10.1 装修审批手续齐全。

10.2 装修施工人员有统一识别标志。

10.3 装修现场关闭通向公共通道内的门窗，禁止灰尘影响其他业主。阳台禁止堆放装修物品和其他易燃易爆物品。装修现场禁用明火，禁止乱拉电线，特种作业应取得相关资质证明。

10.4 装修现场配备一定的消防器材，原则上每50平方米至少配备1台2千克灭火器，不足50平方米的，按50平方米计算。

10.5 装修期无破坏周边环境现象，规定装修垃圾在指定时间搬运到指定地点。

10.6 装修监管制度和流程完善，有明确的责任分工和责任人。

### 11. 钥匙管理

11.1 公司和管理项目指定岗位对公用钥匙进行管理，对钥匙有明确标识，分类保管。

11.2 钥匙的领借用履行登记手续。

11.3 对公用钥匙制定管理清单。

### 12. 顾客财产管理

对顾客委托管理的资金、资料、物品等办理相关接收和领取手续，明确责任，妥善保管。

---

【实战范本5-02】▶▶▶

## 物业管理标准——服务类

### 1. 组织规范

1.1 组织机构健全，部门职责明确，部门间职责接口清晰、工作流程通畅。

1.2 建立、健全内部管理、服务提供、人力资源、质量管理、信息管理、行政后勤管理等各项企业管理制度,制定各岗位工作标准及其具体的落实和考核办法。

1.3 公司所有员工对本职范围和职责明确,并有效履行。

1.4 所属管理项目实行综合一体化管理。

1.5 公司制订年度工作计划和三年或五年战略规划,制定一定时期内的企业(质量)方针、目标,并进行有效的宣传,使全员熟知。

1.6 公司质量管理体系满足质量方针要求,整个组织活动满足体系要求。

1.7 质量方针和目标形成文件,由最高管理者批准。

1.8 公司至少每年按计划进行一次管理评审活动,并确保管理评审输入的翔实,输出有效,记录完整,评审措施获得落实。

1.9 公司在不同的层次和职能之间进行有效、充分的沟通,并有明确的沟通形式,如自上而下的例会;自下而上的报告、申诉等;横向沟通流程顺畅等。

## 2. 文件资料记录管理

2.1 明确文件管理的岗位职责,所有文件、记录标识清晰,存放整齐有序,分类合理,方便检索,能保证在3分钟内取阅。

2.2 文件资料记录保持完整、清晰、无缺失、无破损。

2.3 对与本企业经营运作有关的法律、法规、行业规定进行收集,并确保完整、有效。

2.4 客户档案、工程档案、物业档案资料齐全、管理完善。

2.5 保持文件的现实有效性,作废文件有适当标识。

2.6 涉及公司机密的文件确保安全,设置借阅权限,借阅手续完备;文件管理人员变动有重要文件交接记录。

2.7 为安全起见,存储于计算机中的公司内部及公司与外部单位间的来往审批文件、与业主相关的资料、行政管理制度等重要文件应有备份。

2.8 文件柜内文件摆放整齐,所有文件夹都设有明确标识。柜内无尘、无潮、无虫,室内环境适宜储存。

2.9 文件、资料的编制或收集、发布、更改、作废、保管等符合文件管理要求。

2.10 接管新建物业,在物业正式接管前,与发展商(或物业所有人)签订(前期)物业管理委托合同,业主委员会成立后与其续签物业管理委托合同。

2.11 接管原有物业,在物业正式接管前,与业主主委员会(物业所有人)签订物业管理委托合同。

2.12 物业管理委托合同的内容、时间和签约应具有有效性。

2.13 合同及资料应保存完整,设置合同清单,并注明合同有效期限。

2.14 合同应符合公司利益和法律要求,应确保保存的有效性。

### 3. 品质监控

3.1 公司建立 ISO 9000 质量管理和运作模式，定期进行内部审核。

3.2 内审符合 ISO 9000 标准要求。

3.3 通过 ISO 9000 外部审核的管理小区，年度累计外部审核中出现的观察项和轻微不合格项≤8项，严重不合格项为0项。

3.4 开展鼓励员工参与的品质改善活动。

3.5 建立完善的投诉处理程序，并能根据不同的投诉性质做到及时、有效、满意的解决或平息。

3.6 物业管理项目设置专门岗位负责客户服务。及时反馈和处理顾客投诉，所有投诉在收到信息之日起2个工作日内反馈给业主，并不断跟进、反馈处理结果。

3.7 物业管理项目至少每月一次将具有共性的业主投诉处理结果，以适当方式向业主公布。

3.8 所有投诉都有完整的记录及跟进结果。

3.9 对有效投诉予以回访，定期统计分析投诉处理情况。

3.10 顾客有效投诉处理率为100%。

3.11 制定质量事故处理程序，并留存记录。

3.12 质量事故处理包含原因调查、责任分析、应急措施和预防措施。

3.13 公司定期对质量事故进行分析，并落实预防措施。

3.14 对信息分析和管理中常用的统计技术有明确文件规定。

3.15 相关职责人员掌握常用统计技术工具运用方法，并能有效运用。

3.16 规定合同评审程序，明确对顾客要求的评估程序和方法。

3.17 按照文件规定的方法评估顾客要求。

3.18 公司对新开展或新接管的物业项目和服务进行策划，并保留策划评估记录。

3.19 公司建立物业工程改造前评审程序，并按照程序落实，以确保工程的合理、有效、低成本。

### 4. 信息管理

4.1 建立信息管理制度，公司内及各物业管理小区设立专门岗位负责信息的收集和传递。

4.2 按要求定时编制并传递半月报及重要的管理和服务信息。

4.3 重大的质量事故、突发事件、顾客投诉在一个工作日内通报给相关部门或人员。

4.4 按照集团信息管理的相关要求，及时、准确地向集团传递相关信息。

4.5 公司加强与同行业的交流，每年至少组织两次外部交流活动。

4.6 积极参加集团内部物业管理交流活动。

4.7 公司建立内部工作平台，用以对内管理和信息传递。有专门岗位负责信息的及时登载、更新与维护。

4.8 推进办公网络化管理,公司和各管理项目的计算机联网,职能部门的计算机普及率达到80%,管理项目至少有1台可联网计算机。

4.9 物业管理专业软件在公司和管理项目得到推广和应用,相关人员接受相应培训,能熟练使用办公软件。

4.10 物业管理、物业资产、物业人事软件资料及时更新与维护,其内容至少2个月更新一次。

### 5. 人力资源管理

5.1 公司通过大专院校、人才市场、劳务市场等专门机构招聘人员。新聘人员应通过面试、笔试或现场操作合格后方可录用。

5.2 对所有正式员工,按照国家劳动法的规定签订劳动合同,并按照国家和地方政府的有关规定为其购买相应的社会保险。

5.3 为员工提供符合劳动法要求的劳动保护,所有员工都接受职业安全培训。

5.4 每年针对不同的岗位人员,制订相应的培训计划,并落实和实施,保证所有人员每季度接受培训的时间不少于8小时,并对培训效果进行考核。

5.5 公司每年至少组织两次管理项目经理级以上人员参加专业培训研修。

5.6 对各级管理人员进行相关物业管理法律、法规培训,熟悉物业管理的基本法律知识。

5.7 员工培训工作符合培训制度要求。

5.8 公司建立定期考核制度,并有效落实。

5.9 每年至少进行一次员工满意度调查,对调查结果进行分析,并对员工反映的问题进行整改落实。

5.10 管理人员和专业技术人员具有相应资格,持证上岗。专业技术人员持证上岗率达到100%,物业管理人员物业管理证持有率达到80%以上。

5.11 建立创新机制,鼓励员工开展各种管理、服务和技术创新活动。

5.12 公司确保每年度有超过3项在内部管理、客户服务、企业经营上的创新措施得以有效应用。

### 6. 顾客关系

6.1 物业管理项目按规定成立业主委员会。

6.2 物业管理项目积极协助业主委员会建立和运作。

6.3 物业管理项目和业主委员会建立规范、友好的关系,沟通顺畅。

6.4 所有住宅类物业管理项目都与业主签订业主公约,接管原有物业的管理项目未签订的,应补签业主公约。

6.5 物业管理项目向业主公布紧急联系电话、日常服务电话及公司投诉电话。

6.6 建立24小时接听电话制度,接听业主报修、求助、投诉等,并做好相关记录。

6.7 住宅类物业管理项目每季度至少组织一次社区文化活动。

6.8 社区文化活动按计划开展，活动结束后进行评估，积累经验。

6.9 有相应社区活动场地、设施。

6.10 物业管理项目至少每半年召开一次业主恳谈会，加强与业主的沟通与联络，听取业主的建议与意见。

6.11 物业管理项目内设立业主意见箱。

6.12 物业管理项目至少每年进行一次顾客意见调查，并对调查结果进行分析，对调查中所反映的问题采取相应措施进行改进。

6.13 物业管理项目至少半年公布一次物业管理服务费收支情况。

6.14 两个业主以上的物业管理项目编制季度管理服务报告，每季度将管理、服务及财务信息向业主公布；单个业主的物业管理项目，编制物业管理周报，定期向业主公布管理、服务信息。要求提供的季度管理报告和物业管理周报全面、真实、客观。

### 7. 居家、商务服务

7.1 服务人员服务及时、不拖沓，赴约提前到达时间不超过5分钟，迟到最迟不超过2分钟。

7.2 服务过程中服装要求整齐，符合公司CI（企业识别系统）手册的规定，不浓妆艳抹，不佩戴金银首饰，仪态符合礼仪规范要求，面带微笑。

7.3 对顾客的资料、物品、现金有明确收缴记录。

7.4 各项居家、商务服务按照公司规定的程序进行。

7.5 公布服务项目及价格表，并在服务前向服务对象说明服务内容及相应的价格。

7.6 零修、急修及时率100%，返修率不高于1%（随机抽样值）。服务质量回访满意率不低于95%。

7.7 会所等其他服务符合公司相关要求。

### 8. 商铺管理

8.1 消防符合规定，并建立和落实定期检查消防设施的制度。

8.2 无违法违章装修、乱搭建、乱悬挂、张贴。

8.3 门前"三包"落实好，铺面整齐，无违章摆卖，无乱扔垃圾，无污水。

8.4 排放油烟、噪声等符合环保标准，无存放有毒有害物质。

8.5 商铺手续齐全，并有登记管理。

8.6 商铺周围清洁、美观、卫生，商铺经营行为不影响业主正常居住和生活。

8.7 广告、霓虹灯、招牌整洁、统一、美观，无安全隐患或破损等。

### 9. 接管验收

9.1 公司在接管新项目时进行房屋接管前验收，并留有记录。

9.2 公司制定房屋验收标准。

9.3 管理项目保留房屋返修跟进记录。

## 10. 入住办理

10.1 制定入住手续办理程序规定并得到落实。

10.2 保存各种已签有效协议，含业主公约等。

10.3 保留完整的房屋交付验收等有效记录。

10.4 在迎接新项目业主入伙时，进行入伙前策划和培训。

## 11. 经营管理

11.1 公司开展与物业有关的多种经营业务，物业管理项目开展房屋代理租赁业务、各种生活配套服务及公共配套设施代理经营业务等。

11.2 公司收支至少达到平衡状态。

11.3 公司应严格控制成本支出，单位面积物业管理成本应控制在下列标准内。

| 单位面积管理成本 | 深圳、上海、北京地区/<br>[元/平方米·月] | 其他地区/<br>[元/平方米·月] |
|---|---|---|
| 多层住宅、小高层住宅 | 3.60 | 1.60 |
| 高层住宅 | 3.75 | 3.60 |
| 综合大厦 | 5.90 | 5.50 |
| 写字楼 | 17.50 | 13.00 |

注：单位面积管理成本＝物业管理总成本（月）/物业管理面积。

## 12. 管理目标标准

| 管理目标 | 标准 | 管理目标 | 标准 |
|---|---|---|---|
| 物业管理费收缴率/（%/年） | 95 | 公共火灾发生数/（件/年） | 0 |
| 火警有效控制率/（%/年） | 100 | 可控事件发生数/（件/年） | 0 |
| 顾客满意度/% | 100 | 员工满意度/% | 100 |
| 顾客有效投诉率（住宅类物业）/[件/（户·年）] | 8‰ | 其他物业/[件/（平方米·年）] | 0.1‰ |

【实战范本5-03】▶▶▶

# 物业管理标准——环境管理

## 1. 人员素质

1.1 熟悉社区的环境，熟悉本岗位职责范围、工作方法和流程，掌握本岗位的工作技能。

1.2 按照××物业企业形象策划手册统一着装（业务外包除外，但仍须着工作服），保持整洁，正确佩戴工牌。

1.3 言语文明、作业规范、认真负责、精益求精。

### 2. 内务管理

2.1 保洁、除雪、绿化工具、设备管理责任落实到人，统一存放于指定的干燥场地，摆放整齐、保持清洁，标识清楚，存放不能有碍观瞻。机械性工具应做到定期维护保养，确保连接部位无异常、机油不发黑且无明显浑浊现象、动作无异声、操作灵敏，机身清洁；对长时间不使用的机械性工具要定期试动作，以保持其工作灵敏性。

2.2 集体住宿房间应保持干净、整齐、无异味以及无乱挂、乱放、乱贴等现象。

2.3 每周至少安排一次内部沟通活动。

### 3. 绿化管理

3.1 小区公共绿地、庭院绿地及道路两侧绿地合理分布，花坛、树木、建筑小品配置得当、层次分明。

3.2 新建小区，公共绿地人均1平方米以上；旧区改造的小区，公共绿地人均不低于0.5平方米。

3.3 花草树木长势良好，修剪整齐美观，无明显病虫害，无折损现象，无斑秃，无灼伤。枝干无机械损伤，叶片大小、薄厚正常，不卷、不黄、无异常落叶现象。

3.4 小区植物干体和叶片上无明显积尘、无泥土，绿地无纸屑、烟头、石块等杂物，无积水。

3.5 小区无枯死乔木，枯死灌木、枯萎地被植物每块不超过0.5平方米，且枯死灌木、枯萎地被植物每1000平方米范围内累计面积不超过2平方米。枯死挽救乔木可只保留树干但须能见青皮，新移植乔木需保留部分树叶，要达到景观效果。

3.6 乔木类树干正常生长挺直，骨架均匀，树冠完整。

3.7 乔灌木应保持美观的形状、造型植物必须形态明显、枝条无杂乱现象。

3.8 草坪长势良好，目视平整，生长季节浓绿，深圳地区茎叶高度在4厘米左右，立春前可修剪为2厘米左右。其他地区草坪茎叶高度可为6～8厘米。

3.9 绿地和花坛无杂草（人不常经过区无明显杂草）、无破坏、无积水、无杂物、无枯枝、无践踏、无鼠洞及随意占用、无直面向天裸露黄土现象。

3.10 主要部位设置有与植物相符的绿化标识牌，并安装位置妥当、醒目，标识清晰、完整、干净。

### 4. 清洁卫生

4.1 公共设施。

4.1.1 公共楼梯、走道、天台、地下室等公共部位保持清洁，无乱贴、乱画，无擅自占用和堆放杂物现象。

4.1.2 房屋雨棚、消防楼梯等公共设施保持清洁、畅通，地面无积水、无纸屑烟头等，无蜘蛛网、无异味、无积尘，不得堆放杂物和占用。

4.1.3 门，目视表面无尘、无油迹、无污物、无明显手印、无水迹、无蜘蛛网，呈本色。手接触处要求用白色纸巾擦拭50厘米无明显污迹。

4.1.4 玻璃。

（1）在2米范围内，洁净光亮，无积尘，用白色纸巾擦拭50厘米无明显污迹。

（2）在2米以外玻璃目视无积尘。

（3）侧视通风窗无明显灰尘，呈本色。

4.1.5 地面。

（1）需打蜡的地面光亮，呈本色。

（2）大理石地面目视无明显脚印、污迹，1米之内有明显轮廓。

（3）瓷砖地面目视无明显污迹、灰尘、脚印。

（4）胶质地面无明显灰尘、污迹；办公场所蜡地光亮且无明显蜡印。

（5）水磨石地面目视无灰尘、污渍、胶迹。

（6）水泥地面目视无杂物、明显油迹、污迹。

（7）广场砖地面目视无杂物，无明显油迹、污迹、大面积乌龟纹及青苔。

（8）车道线、斑马线清晰，无明显油迹、污迹。

4.1.6 墙面。

（1）涂料墙面无明显污迹、脚印。

（2）大理石贴瓷内墙面无污渍、胶迹，用白色纸巾擦拭50厘米无灰迹；外墙面无明显积尘。

（3）水泥墙面目视无蛛网，呈本色。

（4）不锈钢内墙面目视无指印、无油迹、光亮，用白色纸巾擦拭50厘米无污迹。不锈钢外墙面无积尘，呈本色。

4.1.7 天花板无蜘蛛网、无污迹、无变形、无损缺、无明显灰尘。

4.1.8 人体不常接触到的设施位置处目视无明显灰尘、无油迹、无污迹、无杂物、无蜘蛛网；能常接触到的设施位置处手摸无污迹感；所有设施表面基本呈本色。这里的设施包括灭火器、消防栓、开关、灯罩、管道、扶梯栏、室外休闲娱乐设施、座椅、雕塑、装饰物、倒车架、电话亭、宣传栏、标识牌等。

4.1.9 喷泉水景水质不浑浊，无青苔、明显沉淀物和漂浮物；沟渠河等无异味、无杂物、无污水横流、无大量泡沫、无漂浮异物、孑孓（蚊的幼虫）不超过1只/100毫升。

4.1.10 空置房无蜘蛛网、无异味、无杂物、无积尘。

4.1.11 停车场、立体车库、架空层、车行道、走道无污迹、无杂物、无积水、无明显油迹、无明显灰尘、无异味、无蜘蛛网。

4.1.12 排水沟、明沟部分无异味、无蚊蝇、无杂物、无污水横流,盖板完好,盖板间缝不大于3厘米;排污井、暗沟部分无明显蚊蝇、蟑螂活动,无堵积,沉淀物不超过管径1/5,井盖完整,覆盖紧贴。

4.1.13 垃圾车停放于指定点,车辆干净,摆放整齐,场地干净,无强异味。

4.1.14 垃圾中转站、垃圾桶(箱),垃圾不得散装,无超载、无强异味、无蚊蝇滋生、无污水横流、无有碍观瞻,外表无污迹、无油迹。

4.1.15 标识牌、指示牌无污迹、无积尘。

4.1.16 烟灰缸标志图案清晰,内置物(水、石米、砂)保持清洁。

4.1.17 洗手间内的地面、台面、镜面无积水、无水迹、无污迹、无纸屑、烟头等杂物;便池无污垢、无异味,纸篓不过满,洗手液、纸巾用品充足,各项设施完好。

4.1.18 电梯门无明显污迹、手印、灰尘,轿厢无砂粒、杂物、污迹;用白色纸巾擦拭50厘米无污迹,无异味,通风性能良好。

4.1.19 地毯目视无变色、无霉变,不潮湿,无明显污迹、无砂、无泥、无虫。

4.1.20 家具保持本色,无明显灰尘、污迹,常接触面用白色纸巾擦拭50厘米无污迹,棉麻布材料的家具目视无污迹,拍打无飞尘。

4.1.21 办公场所,除满足其他设施清洁要求外,还应满足以下要求。

(1)地面无污迹、无水迹并符合相应材质地面清洁要求。

(2)墙面、天花板无污迹、无灰尘、无蜘蛛网。

(3)门窗、开关、计算机、打印机、复印机、灯具、风扇、空调、百叶窗等目视无尘、无污。

(4)桌椅、文件柜、电话无尘、无污,用白色纸巾擦拭50厘米无污迹,棉麻布材料目视无污迹,拍打无飞尘。

(5)垃圾篓不过满、无异味。

(6)饮水设施无污迹、无积水。

(7)会议室、培训室、计算机教室等及时清扫、归位。

(8)洗手间洗手液、纸巾、花瓣香料等补充及时。

4.1.22 冬季下雪后的清洁卫生。

4.1.22.1 有明确的除雪要求和除雪工具。

4.1.22.2 确保下雪及雪后业主的出行方便,清理积雪要及时,并在相应场所悬挂路滑提示标识,在单元入口设置防滑垫。

4.1.22.3 除雪时间。

(1)大门出入口及停车场坡道等重要部位的雪要求随时清理,使车道不存有积雪,随下随清,保证出入车辆的安全。

(2)其余部位要求雪停后立即清扫。业主出行的必经道路应在4小时内清理干净；园区妨碍生活的积雪保证在36小时内清理干净。

（3）屋面积雪的清理，以保证屋面不渗漏为原则，要求雪停后立即清扫，如果雨夹雪，边下边化，则应随下随扫，确保屋面不积水，排气、排水管处无积雪。

4.1.22.4 除雪完成标准。

（1）雪后4小时，业主出行必经通道清除1米宽，单元门前无雪覆盖。

（2）大门、停车场通道及停车场坡道无雪覆盖。

（3）全面清扫后标准：人行通道露出边石；草坪灯露出；露天广场无雪覆盖；娱乐及休息设施无积雪；各处积雪成型见方堆放；能运出小区的积雪不在园区停留，最长不超过72小时。

4.2 环境消杀。

4.2.1 定期进行卫生消毒灭杀，并有评估记录。

4.2.2 房屋共用部位、共用设施设备部分无白蚁害。

4.2.3 夜晚公共照明灯光附近无明显蚊虫、白蚁飞舞。

4.2.4 无明显的鼠洞、鼠粪、鼠路。

4.2.5 投放消杀药品的场所必须设置醒目、符合消杀工作要求的警示牌，必要时采取有效措施防范。

4.3 游泳池。

4.3.1 游泳池及过水沟无青苔、砂粒等异物。

4.3.2 游泳池周围无锋利、有棱角硬物；游泳池照明灯具完好，使用安全电压。

4.3.3 配有足够的救生员，在开放时间内不间断值勤，且救生员必须具备培训合格证，体检合格证。

4.3.4 水质清澈透明、无异味，pH值6.8～8.2，池水浑浊度不大于5度或站在游泳池两岸能看清水深1.5米的池底四、五泳道线。

4.3.5 游泳池尿素浓度不大于3.5毫克/升。游泳池细菌总数不超过1000个/毫升。大肠杆菌含量不超过18个/升。

4.3.6 游离余氯应保持在0.3～0.5毫克/升，化合余氯应保持在1.0毫克/升以上。

4.3.7 冬季室内游泳池池水温度控制在22～26摄氏度之间，室内儿童池应在24～28摄氏度之间，冬季室温应高于水温1～2摄氏度。

4.4 会所。

4.4.1 健身房、乒乓球室、桌球室、壁球室、儿童娱乐室等要求室内空气清新；设备、设施完好无破损，无利角（针）；物品分类摆放，整齐洁净；组合类器材各活动连接部位结实、安全、牢固、无松脱，转动部位有防护罩；有使用说明或提示性标识，标识安装位置适当、醒目、清晰、完整；各类器材、设备等呈本色，无明显灰尘、污迹。

4.4.2 棋牌室、音像室、阅览室等娱乐场所要求空气清新，物品摆放整齐有序，标识清晰。

4.4.3 酒（水）吧：酒吧台内开档所需材料充足，酒吧器具摆放整齐，干净卫生，配备消毒柜，符合国家卫生标准。

4.5 综合项目。

4.5.1 小区内环卫设施完备，设有垃圾箱、果皮箱、垃圾中转站等保洁设施，且设置合理。

4.5.2 清洁卫生实行责任制，有专职的清洁人员和明确的责任范围，实行标准化清扫保洁，垃圾日产日清，收倒过程不干扰用户正常工作、生活。

4.5.3 小区内不得违反当地规定饲养家禽、家畜及宠物。

4.5.4 排放油烟、噪声等符合国家环保标准，外墙无污染。

4.5.5 公共设施或场所标识应按照××物业公司形象策划手册设置，标识无损坏、无明显灰尘、无锈迹，字迹清晰、位置妥当。

4.5.6 对清洁过程中有安全隐患或造成使用不便之处，设有明显标识或采取有效防范措施。

4.5.7 居民日常生活所需商业网点管理有序，符合卫生标准，整洁干净；无乱设摊点、广告牌、乱贴、乱画现象。

4.6 样板房和销售厅。

4.6.1 室内空气保持清新，温度、湿度、通风保持良好舒适状态。

4.6.2 地面、地毯保持"四无"（即无砂粒、无灰尘、无脚印、无水印、手纹）；金属质地物品无锈迹。

4.6.3 电器运作正常，物品、设备、标识按要求摆放整齐，保持清洁、完好。

4.6.4 物品、设备与"物资清单"账物相符。

4.6.5 饮用水、水杯备用充分。

4.6.6 要求样板房工作人员服务热情、周到，耐心回答参观人员所提出的问题，并做细致的讲解，礼貌谢绝吸烟、拍照行为。

4.6.7 其他应符合相关设施清洁要求。

5. 二次供水。

生活水箱、水池加盖上锁，在通气口和溢流口安装防虫网，每半年或按当地法规规定时间清洗一次，保证二次供水达到国家标准，并附有当地水质检测部门的合格报告。

6. 办公环境

6.1 办公场所环境清洁，物品摆放整齐，分类明确，私人物品按规定放置，无杂物堆放。

6.2 办公桌椅摆放整齐，办公人员离开办公位时，应将椅子归位。办公桌面外侧上角摆放办公名牌，电话、计算机等用品清洁、整齐。

6.3 打印机、复印机整洁，无散乱纸屑。电器类办公用品有相应的静电防范措施。

6.4 办公区域禁止进食，公共办公区域禁止吸烟。

6.5 工作人员着装符合××CI手册规定要求，禁止服装混穿。工牌佩戴在左胸处，工作吊牌悬挂于胸前。

6.6 工作人员服装干净，无褶皱、破损。头发干净，发式整齐，男士禁止留长发。

6.7 工作人员精神状态饱满，坐立、行走姿态端庄、严谨，言谈举止得体。

6.8 办公区域应有"全心全意全为您"标志。

### 7. CI管理

公司和各管理项目相关场所、人员、设备设施设有符合××物业公司形象策划手册规定的标识。

### 8. 食堂管理

8.1 环境干净、整洁，做到餐具净、台净、椅净、墙净、地净、灯具净、玻璃窗净。

8.2 食堂的设备、设施做到无灰尘、无油渍、无脏水、无杂物。

8.3 按规定配有消防设施。

8.4 餐、厨具摆放整齐，工作服、工作鞋等统一摆放。

8.5 定期进行消杀工作，无苍蝇、老鼠、蟑螂。

8.6 食品摆放整齐，生熟食品分开摆放。

8.7 存储食品保持新鲜，具有相应的防损、防腐、防潮、防变质等措施。

8.8 餐具按规定消毒后方可使用，消毒后的餐具不能有污迹、水印等。

8.9 食堂工作人员统一着装，服装干净，无油渍、无破损。

8.10 食堂工作人员具有健康证，每年至少进行一次体检。

8.11 员工在体检合格后，方可到食堂就餐。

【实战范本5-04】▶▶▶

## 物业管理标准——设备管理

### 1. 人员素质

1.1 身体健康，经医生鉴定无妨碍工作的疾病和缺陷。

1.2 上班时间内，必须按照××物业CI手册要求穿着工作服，佩戴工牌。

1.3 具备必要的专业知识且按其职务和工作性质熟悉国家的有关规程，并经当地主管部门考试合格，取得相应工种的政府部门颁发的操作许可证明。

2. 设备房管理

2.1 基本要求。

2.1.1 设备房门上有相应设备房标识。

2.1.2 设备房内地面干净，没有无关物品，物品摆放整齐，无杂物。

2.1.3 设备现场的作业指导书齐备有效，各类设备维修检修记录完整。

2.1.4 配备足够的灭火器和应急灯，通风良好。

2.1.5 设备房内的开关、阀门、单体设备等要有明显的状态标志。流体要有流向标识；重要和操作有危险的设备、部件要有警告标识。

2.1.6 设备房内设备外观清洁，油漆无脱落，易被人体接触到的转动部位要有防护罩，原设备具有的防护装置应维护齐全。

2.1.7 设备完好。各类仪表使用正常，无损坏，且合格状态标示正常，无"跑、冒、滴、漏"现象，责任人明确。

2.1.8 所有标识安装位置适当、醒目、清晰、完整。

2.2 房内严禁吸烟，严禁堆放易燃、易爆及与管理无关的物品，灭火器选择和配置数量应满足以下标准。

| 灭火器灭火级别 | 1千克 | 2千克 | 3千克 | 4千克 | 5千克 | 8千克 | 24T千克 | 35F千克 |
|---|---|---|---|---|---|---|---|---|
| $CO_2$灭火级别 | | | 2B | 3B | | 4B | 10B | |
| 干粉灭火级别 | 1A | 2B | 1A | 3B | 2A | 5B | 2A | 9B | 3A | 14B | 4A | 22B | 27A | 45B |
| 保护面积 | | | | | | | | |
| 严重危险级 | | | | | 5×8B | 5×8B | 5×8B | 5×8B | 10×5A | 5×8B |
| 中危险级 | | | | 7.5×4B | 7.5×4B | 7.5×4B | 7.5×4B | 7.5×4B | 15×5A | 7.5×4B |
| 轻危险级 | 10×1B | 10×1B | 10×1B | 10×1B | 20×3A | 10×1B | 20×3A | 10×1B | 10×1B | 20×3A | 10×1B |

注：干粉灭火级别行与保护面积各行的列数不完全一致，请以原图为准。

地下建筑灭火器配置基准数量应在配置基准上增加30%。

设有消防栓的场所，可相应减少30%；设有灭火系统的场所，可相应减少50%；

设有灭火系统、消防栓的场所，可相应减少70%。

一个灭火器配置场所内的灭火器不应少于2个，每个设置点的灭火器不宜多于5个。

灭火器设置明显、便于拿取，并有明显标识。

以上未能尽列规范参照《建筑灭火器配置设计规范》（GBJ 140—90）要求。

2.3 设备房门应有"机房重地，非请勿进"或类似的标识，并符合集团CI手册的要求。

2.4 设备房中重要设备上端如有排污管等设施时，应在该设备上端加设喇叭口、挡板等设施，做好防护措施，以保证重要设备的使用。

2.5 重要设备房内（如监控中心、电话机房、配电房、发电机房、消防控制室、电梯机房、计算机机房、水泵房）应配置干湿球温度计，对环境的温、湿度进行检测，设备房内环境温度应保持在40摄氏度以下，相对湿度应保持在80%以下（热力站、锅炉房参照相应设备技术标准要求）。

2.6 若参观来访人员进设备房，须由部门经理指定专人陪同方可进入。

2.7 无人值守的设备房必须加明锁，钥匙由维修员及控制中心掌握。

2.8 设备表面无积尘、无油污，应急照明灯能在停电事故下至少工作半小时。

2.9 设备房排水通畅，具有防鼠措施。

2.10 专用工具、安全用品应放置在指定位置。

2.11 应制定维修工具的管理维护办法，并确实落实。

2.12 对维修工具应有保管清单，保管现状良好。

### 3. 资料管理

3.1 新建物业接管验收应提交资料。

产权资料：项目批准文件；用地批准文件；建筑执照；拆迁资料。

技术资料：

（1）竣工图包括总平面、建筑、结构、设备、附属工程有隐蔽管线的全套图纸；

（2）地质勘察报告；

（3）工程合同及开、竣工报告；

（4）工程预决算；

（5）图纸会审记录；

（6）工程设计变更通知及技术核定单位（包括质量事故处理记录）；

（7）隐蔽工程验收签证；

（8）沉降观测记录；

（9）竣工验收证明书；

（10）钢材、水泥等主要材料的质量保证书；

（11）新材料、构配件的鉴定合格证书；

（12）水、电、暖、通、卫生器具、电梯等设备的检验合格证书；

（13）砂浆、混凝土试压报告；

（14）供水、供暖、管道煤气的试压报告。

3.2 原有房屋接管验收应验交的资料。

产权资料：

（1）房屋所有权证；

（2）土地使用权证；

（3）有关司法、公证文书和协议；

（4）房屋分户使用清册；

（5）房屋设备及其固定附着物清册。

技术资料：

（1）房地产平面图；

（2）房屋分间平面图；

（3）房屋及设备技术资料。

### 4. 供配电系统

4.1 属于三级用电负荷的总配电房的配电设备每日至少巡视检查两次并记录。属于二级用电负荷的总配电房的配电设备每日至少巡视检查四次并记录。属于一级用电负荷的总配电房的配电设备每两小时须巡检并记录。

4.2 管理项目建立检查制度并予以落实，检查记录完整。

4.3 动力配电柜互投装置手动、自动转换灵敏，功能完好，指示正常。配电设备接地电阻值小于4欧。

4.4 变压器出口线电压：380伏±19伏范围内。原则上以进户电压220伏±11伏范围作为标准。

干式变压器温度：110摄氏度继电保护报警；155摄氏度继电保护延时跳闸；70摄氏度变压器自动吹风散热装置动作。

油浸式变压器温度：105摄氏度继电保护延时跳闸；90摄氏度继电保护报警。

以上报警温度若产品说明要求中有明确规定，应按照此规定要求动作，设备规格无明确要求的应按照上述要求动作。开发商未配相关装置的应具有其他有效防护措施。

4.5 电容补偿柜管理。

（1）功率因数能手动、自动调节控制。补偿柜内接触器动作灵敏，放电电阻、熔断器可靠，无损坏。

（2）补偿控制手动、自动切换有效。

（3）补偿电容壳体无膨胀，相间对地绝缘电阻大于0.5兆欧。

（4）功率因数不小于0.9。

4.6 高低压配电柜内部连接螺栓无松动；无发热变色接线；仪表、蜂鸣器、电铃、按钮、指示灯完好无损坏、无缺项；盘内装置无异常声响、无焦糊气味；配电回路标识清楚准确。

4.7 高压继电保护装置应灵敏可靠，电气操作工人应能识别各种掉牌信号性质。

4.8 操作直流柜、应急直流电源柜，应按设备使用说明书要求做好蓄电池的充放电保养工作，平时浮充电压一般为235～255伏。

4.9 蓄电池。

4.9.1 镍中倍率碱性蓄电池浮充使用时，及时补充电解液。蓄电池不应发生如下现象。

（1）电解液过少，露出部分极板。

（2）蓄电池外部短路。

（3）电池电压不正常。

（4）电极板膨胀，气塞孔堵塞。

（5）电解液内含有机杂质。

（6）爬碱严重。

4.9.2 酸性蓄电池经常保持在浮充状态，定期做定充保养。电池端子绝缘良好，表面清洁，无电解残液。电线绝缘完好，无锈蚀。充电状态不允许开盖。

4.10 发生停电事故后，最多不超过5分钟（特殊困难不超过15分钟），发电机必须能够启动运行，并至少能连续运行4小时。

4.11 发电机设备。

（1）内燃机、减速箱、启动电动机、发电机润滑良好。润滑油泵管线接头阀门无泄漏。

（2）发电机、柴油内燃机、润滑油泵、启动电动机无异常声音、异常震动。柴油发动机转速稳定。发电机输出电压符合标准要求。

（3）备用柴油量保持在容器容量的80%附近或确保电动机连续工作24小时的储备量油。冷水箱水量保持在容积的80%以上。"四滤"应按体系文件要求及时更换。

（4）必须配备符合要求的两套蓄电池，至少每2个月轮流切换使用。备有符合要求的切换开关装置。

（5）蓄电池组电压保持在24伏左右。

（6）柴油储备房敷设足量的消防灭火沙或配备二氧化碳灭火系统。

（7）正常情况下，发电机转换开关应打在自动位置。按体系文件要求每周启动试运行一次，每次运行时间为20分钟。

（8）发电机接地可靠，对噪声污染已影响业主生活的发电机房应有隔降噪声措施。

**5. 给排水设备设施**

5.1 水泵运行无异响，无异常震动。水泵轴无泄漏（正常机密封泄漏应小于3滴/分钟，填料密封泄漏应小于10滴/分钟）。润滑油箱内不能混入水分，油位在油标范围内。

5.2 设备、阀门、管道工作正常，无"跑、冒、滴、漏"。止回阀动作灵敏可靠。

5.3 限水、停水按规定时间通知用户。

5.4 高层变频供水电气系统。

变频器、压力调节器、控制柜应保持干燥、无灰尘、通风良好、接线紧固。供水压力波动范围在±0.03兆帕范围内。重要管道上的压力仪表每年定期进行校验。

5.5 排水设施。

污水泵运转时无异响和震动，阀门法兰、止回阀、管线无漏水，无严重锈蚀。污水水位控制装置灵敏可靠，平时手自动转换开关处在自动控制状态。控制箱开关、指示灯完好。电动机运行电流小于额定值。

5.6 下水管道、水沟、污水池、地漏无堵塞、无淤积。各种井盖的面板完好，安装牢固，无晃动。

5.7 管理项目建立检查制度并予以落实，检查记录完整。

### 6. 消防设备设施系统

6.1 消防控制中心主机、消防联动控制柜运行可靠。消防专用工具配备齐全。消防室内设有报警记录。

6.2 消防水泵、喷淋水泵供水系统具备时间启动不堵转、不跳闸、不泄漏。止回阀动作灵敏可靠，反向不泄漏。消火栓配置齐备，各配件功能良好。水流开关、水压力开关动作准确稳定。

6.3 喷淋头：无泄漏，外观完整。消防烟感、温度传感器定期检验并记录。

6.4 消防排烟系统、消防广播系统、区域火焰报警器、各种模块处在良好工作状态，设施功能完备无损坏。

6.5 卷帘门电气自动控制、电气手动控制、关门动作程序正确。

6.6 消防监控中心。

（1）录像画面清晰；画面切换稳定。录像带更换时间定时，专人负责保管。

（2）音频、视频线路接线牢固，布线规范，标识清楚。

（3）监视摄像镜头干净，无灰尘。焦距调整、云台各角度动作灵敏。

（4）监控的控制设备运行状态良好，按（旋）钮、开关、插头、指示灯无缺损。

6.7 管理项目建立检查制度并予以落实，检查记录完整。

### 7. 电梯系统

7.1 电梯准用证、年检合格证、维修保养合同完备。非维修保养人员不得擅自进行维修作业。

7.2 电梯运行稳定，开关门灵活，舒适感好，平层准确，轿厢通风，照明良好。

7.3 电梯舒适性：进行试运行，用身体感觉确认从启动到平层皆无异常震动、冲击以及异常声响。

7.4 平层状态检查：合格平层状态平层误差在±7毫米以内。

7.5 曳引机制动器检查：检查曳引机转动时闸瓦制动带与制动轮之间是否有相摩擦现象。检查制动时工作可靠性和是否有不正常的撞击声。闸瓦与制动轮间隙为0.7毫米。制动器线圈温升应不超过相应电梯温度要求范围。

7.6 曳引机电动机要求：轴承温度应不高于80摄氏度。电动机连接应保持紧固。电动机不应有异常声音。每工作3000小时更换新的润滑脂。

7.7 曳引机减速器要求：应保持减速器内润滑油清洁和润滑性能。油面高度保持在油标规定的范围内，其中：箱盖、窥视孔盖和轴承盖应与箱体连接紧密，不应漏油。蜗杆轴伸出端橡胶材料机油密封，此处允许产生少量的润滑性渗油（每滴3～5分钟）。减速器的机件和轴承的温度应不高于75摄氏度。油温不高于85摄氏度。减速器运行时避免产生不均匀的噪声或撞击声。紧固螺栓无松动，无锈蚀。

7.8 曳引轮：防止钢丝绳在绳槽内落底，钢丝绳与槽底的间隙大于1毫米。

7.9 限速器：限速器动作应灵敏可靠，润滑良好。保持限速器张紧装置正常工作以及断绳安全开关的可靠性。

7.10 安全触板的动作应灵敏可靠，其碰撞力不大于5牛。电梯故障停止运行时，在轿厢内能用手将门拨开，其拨力应在200～300牛范围内。

7.11 轿厢门完全关闭，安全开关闭合后电梯方能运行驶。轿厢门刀对厅门地槛间隙为5～8毫米。轿厢地槛与门厅地槛间隙应为25毫米。门厅锁啮合应不小于7毫米。层门外面不允许能用手把门拨开。门扇下端距地槛应为5～8毫米。门垂直误差不大于0.5毫米。

7.12 门导轨、电动机、轴承、锁钩、臂及各滚轮应灵活转动，润滑良好，无锈蚀。门厅锁啮合应不小于7毫米。

7.13 轿顶、机房设备、井道设施、底坑无杂物，无油污，无积水，设备无灰尘。

7.14 轿厢导轨导靴。

（1）导轨自动润滑装置的储油盒油位，应保持最低要求油位以上。

（2）检查滑动导靴的衬垫磨损情况，衬垫工作面磨损量小于1毫米，间隙应均匀。

（3）导轨工作面要求光滑、无划痕、无损伤。导轨固定装置螺栓应紧固，无松动，无锈蚀。

7.15 缓冲器。

（1）油压缓冲器用油凝固点应在-10摄氏度以下。油面高度应保持在最低油位以上。

（2）缓冲器所有螺栓应紧固，无泄漏，无锈蚀。

（3）缓冲器以低速压到全压缩位置，释放回复至自由高度位置时间应小于90秒。

7.16 安全钳。

（1）传动杠杆配合转动处应有良好机油润滑，钳口滚动或滑动部位涂锂基润滑脂，其动作应灵敏可靠。

（2）安全钳楔块与导轨工作面间间隙一般为4毫米左右。

7.17 钢丝绳。

（1）轿厢和对重侧的钢丝绳应当张力均匀。

（2）钢丝绳断丝在各绳股之间均匀分布时，在一个拧距内最大断丝数不允许超过32根。

（3）断丝集中在1个或2个绳股中，在一个拧距内最大断丝数不允许超过16根。

（4）不允许钢丝绳表面有较大的磨损或锈蚀。磨损的钢丝绳直径不得小于原直径90%。

7.18 补偿装置。

补偿链在运行中不允许产生噪声。消音绳应完好，无折断，无严重磨损。

7.19 电梯电气部分。

（1）继电器接触器触点应吻合，无积炭和熔焊现象。控制盘、各种开关、按钮、蜂鸣器、电铃、对讲、指示灯、照明不缺损，工作正常，灵活可靠，接线端子压接牢固，导线编号清楚、无误。

（2）接地电阻小于4欧。动力线绝缘电阻大于0.5兆欧。控制线绝缘电阻大于0.25兆欧。

7.20 盘车、救人设施置于机房明显位置。平层标志明显。

7.21 运行出现故障后，救援人员应在10分钟内到达现场处理。

7.22 如果电梯由分承包方维护保养，电梯的设备责任人每季度至少须向本部门负责人提交对分承包方维修保养工作的评估报告一次，并存档。

7.23 电梯轿厢内各种设施完好，清洁卫生。无手印、污迹，各类标识齐全，运行无异常声响。

7.24 电梯机房：温度保持在0～40摄氏度之间，电梯盘车操作作业指导书清晰、有效。室内卫生干净，曳引机无油污、无灰尘。

7.25 管理项目建立检查制度并予以落实，检查记录完整。

**8. 采暖及空调系统**

8.1 采暖系统：锅炉和水泵的出口压力数值恒稳定，供回水温度在规定的范围内，安全附件灵敏可靠，安全阀定期人工排放，管道阀门无泄漏，保温层完好。冬季供暖居室内温度不得低于16摄氏度。

8.2 燃油锅炉要求。

8.2.1 锅炉的进水必须经过水处理，并对进水质量定期进行检测。

8.2.2 流量开关（或其他流量传感器）动作要灵敏可靠，动作选择性要符合锅炉安全流量要求（安全保护功能）。

8.2.3 锅炉排烟道要通畅，锅炉运行时燃烧室内应保持0～20毫米水柱（1毫米水柱=9.80665帕）微负压状态。

8.2.4 正常状态下燃烧器自动一次启动成功率为95%～98%。第一次自动点火不成功要查明原因，第二次自动点火需有3分钟以上的安全排风延时。

8.2.5 火焰传感器对明火有信号输出，高压点火变压器电压为5000～10000伏，点火电极绝缘，不漏电，间距为3～5毫米。燃油泵输出压力达到额定值10～30巴（1巴=$10^5$帕）。

8.2.6 锅炉本体、阀门、法兰、管线、油管、燃烧器无漏油漏水、无锈蚀，螺栓紧固。

8.2.7 温度控制系统要稳定可靠，能满足供暖要求。炉内水流与燃烧器电气安全联锁动作可靠。

8.3 热力换热站供暖。

8.3.1 对市网供热：热量计量或热水差压、温度、流量等计量仪器，精度高于0.5级。传感器、变送器、显示表、传输线等连接牢固，接线有标识。仪表应至少每年定期请技术监督部门检验认可。

8.3.2 换热器应按照铭牌压力、流量、温度、换热面积使用。换热器设备应设有排气阀、排污阀。设备应根据水质和介质实际情况，定期检查和清洗（1～3年）。设备若长期不使用时应将夹紧螺栓放松到说明书中规定的尺寸，使用时再按要求夹紧。每年换热器第一次使用时应在换热器两侧同时逐渐增加压力。

8.3.3 热水循环泵进口管路必须充满热水，禁止泵在气蚀状态下长期运行，以免损坏泵的密封装置。泵电动机避免超过额定电流运行。轴封泄漏应小于3滴/分钟。管道泵每年大修期间进行润滑脂润滑保养。

8.3.4 分水器、集水器无泄漏、无锈蚀，保温状况良好损坏率小于5%，排污阀、压力表、进出闸阀标识清楚，无泄漏，无锈蚀。

8.4 空调补水装置。

8.4.1 高位水箱补水系统要求：水箱应无泄漏，外面无锈蚀。溢流水管无堵塞，水位控制装置应灵敏可靠。

8.4.2 变频补水系统的要求：热水膨胀控制装置安全可靠，膨胀压力设定准确有效。变频器、水泵电动机、压力传感器、执行器、调节器工作稳定可靠。补水压力控制准确稳定。波动压力小于0.05兆帕。

8.5 循环水系统。

8.5.1 采暖循环水过滤器要求每年清理一次，过滤网按照水泵和系统设备要求配备，一般要求粒度小于0.2毫米。过滤器、排污阀、旁通阀无锈蚀、无泄漏、开关灵活。

8.5.2 风机盘管设备要求：出口风速、温度达到额定值。风机控制灵敏可靠，按钮、指示灯齐全。电动机运转无噪声，电动机运行电流小于电动机额定电流。设备无漏水，保温良好。

8.6 电加热采暖。

8.6.1 电热膜装置、导线绝缘电阻大于0.5兆欧。

8.6.2 电热膜、空气开关、导线、接线端子无发热、无变色、无焦糊气味。

8.6.3 空气开关过负荷保护、短路保护灵敏可靠。

8.7 冷空调系统。

冷却塔噪声小于65分贝，设有防鼠、防虫措施，滤网清洁，冷凝水畅通，转动部位无异响，冷却水、冷冻水的检测报告齐全。

8.8 冷却塔设备。

8.8.1 电动机、风扇连接良好。转速风量达到设备要求。

8.8.2 减速器润滑油位在油标或油尺上下限范围内。润滑油应不含渣、不变色、黏度良好。

8.8.3 风机扇叶安装牢固、不变形，运行无震动。布水器出水角度一致，水量均匀，运转灵活。

8.8.4 滤料应整齐排列，无破损，经过滤料到接水盘应如下雨。接水盘中自动补水阀应动作可靠，盘中水位在水塔运行时不缺水。停塔后盘中水不溢流。运行时塔外允许有少量漂水。

8.9 冷却水、冷水系统。

8.9.1 冷却水水流开关、冷冻水水流开关（或其他类型传感器）应稳定可靠。其输出参数应与冷水机组要求相匹配。

8.9.2 水泵流量、压力应满足冷水机组供冷水流量要求，并且在电气、控制方面水流量与冷水机组电气控制联锁。补水箱内应不缺水、不溢流，自动补水阀安全可靠。

8.10 冷水机组设备：

8.10.1 离心式冷水机组（制冷剂：R22）润滑油位应保持在油标上下限中间，平时保持60摄氏度温度。压缩机运行时油温高于43摄氏度。设备运行时润滑油应有103～207千帕的压力。

8.10.2 冷凝器压力范围：690～1450千帕。相应温度范围：15～41摄氏度。

8.10.3 蒸发器压力范围：410～550千帕。相应制冷剂温度范围：1～8摄氏度。

8.10.4 螺杆式冷水机组（制冷剂：134A）开机前冷凝器进水温度不得低于15摄氏度，运行时冷却水进水温度范围：20～42摄氏度。出水温度范围：25～45摄氏度。

8.10.5 电气部分应保持干燥，防止电路板等设备绝缘损坏。机组应保持清洁完整，无锈蚀、无泄漏，螺栓紧固。

8.11 电动机。

8.11.1 水泵电动机绕组温度低于70摄氏度。正常状态下外壳温度为30～50摄氏度。电动机轴承温度低于80摄氏度。

8.11.2 电动机运行无异常杂音，无碰撞冲击声。

8.11.3 电动机风扇冷却效果明显。

8.11.4 电动机运行时不能有焦糊味、冒烟现象。

8.11.5 电动机三相运行相电流和为零。运行电流不超过额定电流的110%，对地绝缘电阻大于0.5兆欧。

8.12 水泵。

润滑油位在油标内。轴承润滑良好，泵轴承运行无噪声、无震动。泵密封良好、无泄漏。泵轴转动轻快、无刮碰。

8.13 管理项目建立检查制度并予以落实，检查记录完整。

**9. 检测仪器仪表及安全设施**

9.1 购买仪器仪表时，必须附有技术监督部门认可的厂家生产检验合格证；按照相应仪器仪表使用规定定期由公司指定部门进行检验或送专业机构检验，并有效标识。

9.2 检验项目：配电设备的电流表、电压表、功率因数表、功率表、收费用互感器、电表、安全操作的高压验电杆、高压绝缘手套、绝缘靴。测试使用的摇表、万用表、气焊的氧气乙炔表、防雷设施、电梯安全检验、高压配电设备、变压器、消防设施等。

**10. 弱电设备设施**

10.1 可视对讲系统：室外机、室内机画面清晰、声音清楚，呼叫、振铃灵敏可靠。系统电路板安装接线牢固，布线整齐。

10.2 门禁安全报警系统：系统主机、读卡器、安全报警传感器、探测器动作灵敏可靠。线路布置连接牢固。阻车器润滑传动良好。设施卫生清洁。

10.3 电话系统、有线电视：主交换箱、分接线箱、插座端子接线紧固，布线美观合理。箱体内外完整无损坏。

10.4 管理项目建立检查制度并予以落实，检查记录完整。

**11. 附属、配套设施**

11.1 防雷系统：房屋本体的防雷设施接地电阻值不大于10欧；引下线及屋顶避雷网线无脱焊，无大面积生锈现象。

11.2 外墙面、建筑小品外观完好、整洁，是建材贴面的，无脱落；是玻璃幕墙的，清洁明亮、无破损；是涂料的，无脱落、无污渍；无纸张乱贴、乱涂、乱画和乱悬挂现象。空调架安装有序，室外招牌、广告、霓虹灯整洁、统一、美观，无安全隐患，外墙装饰无破损或污迹。

11.3 屋面排水通畅，每年开春解冻后、雨季来临前、第一次大雨后、入冬结冻前，均需进行屋面防水情况的检查并记录和统计；每年春季开冻后，应对屋面进行一次清扫。

11.4 无违章乱搭建、乱悬挂现象。

11.5 无擅自改变房屋用途，小区内栋号有明显标志，小区入口处和主要路口公共地方有引路标识图。

11.6 健全娱乐设施安全责任制度等各项规章制度，配备相应的操作、维修、管理人员，建立紧急救护制度。各种娱乐设施转动部位灵活，无异响，承重部位无变形，各部位无棱角。

11.7 管理项目建立检查制度并予以落实，检查记录完整。

### 12. 遗留工程

12.1 管理项目有遗留工程统计清单和跟进记录。

12.2 入伙半年内，对重大遗留工程有解决的方案。

12.3 入伙一年，已解决问题占总遗留工程的50%。

12.4 入伙两年，已解决问题占总遗留工程的80%。

12.5 入伙三年，无较大遗留工程的存在。

### 13. 采购管理

13.1 有合格供方一览表，供方选择的相关评估手续完整，每年对供方进行评估。

13.2 物资采购具有相关申请手续和物品验收手续。

13.3 实行采购行为回访制度，有明确的对各类物资抽样回访方法、频次的规定。

13.4 对采购的不合格物资应具有明确的处理方法并得以落实。

### 14. 仓库管理

14.1 仓库内物资摆放整齐，分类标识，容易领取，质量不确定的物资应隔离存放。

14.2 仓库应根据库存物资特性，配备相应的温度计、湿度计等监测工具及设定上下限值，具有相应的防火、防潮、防腐、防盗、防挥发等保管和安全措施。

14.3 易燃易爆物资存放仓库应具有相应的消防、灭火器材和防爆灯具。

14.4 库存物资进出仓、领借用手续完整。

14.5 所有库存物资都应建立库存物资台账，定期盘点，保证账物相符。

14.6 报废物资、待处理物资应具备相关手续。

### 15. 资产管理

15.1 建立资产管理台账，定期对所有资产进行全部实物盘点，保证账账相符和账物相符。

15.2 固定资产机身上应有唯一的标识。

15.3 资产的购置、调拨、转让、报废应具备相关手续。

**16. 维修基金管理**

16.1 集团开发的物业管理项目应按规定建立共用设备设施维修基金专门账户，实行专款专用。

16.2 接管项目应与委托管理单位签订共用设备设施维修基金管理办法，或明确相关管理责任。

16.3 由物业公司代管的维修基金在支出前，应按规定获得批准后执行。没有业主委员会或非物业公司代管的维修基金在支出前，按照相关规定，应取得相关行政主管部门的批准。

16.4 当地政府无明确使用要求或未成立业主委员会的维修基金使用应至少做到账目清楚，并向业主公开。

# 第六章 非核心业务外包降成本

> **引言**
>
> 非核心业务外包逐渐成为一种时尚，为降低用工成本，企业想尽各种方法减少全职员工，同时把非核心的业务外包出去。这已经成为目前许多物业公司降低运作成本的方式之一，而且是有效的方式。

## 第一节　为什么要引进业务外包

### 一、什么是业务外包

业务外包又称资源外取，是将一些传统上由企业内部人员负责的非核心业务，以外加工方式发包给专业的、高效的产品（服务）提供商，以充分利用公司外部最优秀的专业化资源，从而降低成本、提高效率，目的是增强企业自身的竞争力。业务外包，把非核心业务的大部分分包给别人，而在核心技术和产品上区别于竞争对手，这已成为很多成功企业的共同做法。管理学家把业务外包称为市场力量的回归，主张现代化的企业应该集中于自己的核心业务，而对非核心业务则应大量外包。

### 二、专业化服务的趋势

目前越来越多的专业化服务公司加入物业服务管理行业，协助物业公司分别承担着各项专业服务保障，如下所示。

（1）安全保护。

（2）电梯专业维修、检测。

（3）保安、消防监控/报警设施、设备维修/检测。

（4）水箱消毒、水质检测。

（5）环境保洁。

（6）垃圾外运。

（7）化粪池清淘外运。

（8）专业消杀等。

物业管理的目标已经不再局限于单纯的物业、设施的管理，而将是以人为中心，以提高人们的工作、生活、环境质量，提高物业价值及人类社会的可持续发展为目标。所以，物业管理中的业务外包也将随着物业管理的发展而发展、成熟，通过业务外包实施专业化管理是物业管理发展的必然趋势。

### 三、物业管理业务外包的优势

物业公司将一部分业务外包出去，则可以更多地起到组织、调度、整合与分配资源的作用。将业务外包给专业服务商可以使各项服务内容趋于极致，并使成本费用降至最低，从而让消费者、物业公司、专业服务商都成为赢家。

（一）降低运营成本

由于专业化分工所带来的高效率，许多专业性服务企业在其专业领域都拥有比物业公司更有效的资源和组织。这些公司通过承揽大量专项服务业务，通过规模经营来实现比单个物业公司经营高得多的经营效率，从而能够以优质低价为物业公司提供服务，帮助其降低成本。

目前我国许多物业公司采用"小而全"的模式，若要满足各种服务的需求，必须配合各类专业人才，否则就达不到服务的要求；而配齐专业人才，各类专业任务量又相对不足，容易形成成本压力。通过业务外包，日常工作中只需配备少数维修人员，管理开支大为减少。将专项业务外包有利于物业公司节省固定资产投资，在财务管理上，只要定期向外包商支付固定的服务费用并设立内部成本中心进行预算管理，通常更容易进行成本控制。因此业务外包可以有效降低成本，增加企业的利润。

（二）规避各种风险

**1. 降低物业公司用工风险**

《劳动合同法》实施强化了对劳动者权益的保护，企业用工矛盾日益加大，在物业自管项目中，服务人员与物业公司建立劳动关系。而在服务外包项目中，服务人员与专业服务商建立劳动关系，出现劳动纠纷由专业服务商出面解决，物业公司将风险转移到专业服务商。

**2. 降低经营风险**

物业公司与专业服务商之间通过合同的方式明确管理服务内容、权利和义务、违约责任等，对于专业服务中的责任风险也进行明示。例如消防维保服务合同中可以明确消防维保责任，对于因消防系统维保不达标导致的安全事故责任及损失由消防维保公司承担。

**3. 物业公司提高风险防控能力**

通过与专业服务商之间签订合同的方式约定服务标准和考核办法，可以监控管理专业服务商的服务和履约能力。对于可能出现的风险和服务不达标的情况及时进行纠正；对于较大的风险，可以按照合同约定解除服务合同。

（三）提高服务质量

专业公司通过发挥资源优势、规模优势、技术优势来提高产品质量、服务质量。专业公司由于业务相对单一而且专注，使得其专业化优势得到充分彰显。比如房屋维护与保养的专业公司，可以科学规范地制订详细的维护保养计划，达到预期的效果，大大减少物业公司的工作量；专业的保安公司，有较系统的保安员管理办法及训练方式，同时会按目前治安防范的需求在技防、人防上下功夫，按照规范的现代管理方式运作，这必将大大加强小区（大厦）的治安防患能力，提高广大业主的舒适感和安全感。

（四）简化运营管理

物业公司通过专项业务外包，逐步从繁杂的专业化事务中脱离出来，成为物业管理的组织者、监督者和协调者。物业公司不再向业主提供有形服务，而是提供间接服务、人文服务，组织和落实社会专业服务资源为业主提供服务，这样物业公司的职能变得更为单一，组织结构也变得更为简化，编制大幅缩减，从业人员也更专业。

## 第二节　业务外包控制关键

选择业务外包已经是许多公司，尤其是物业公司的一种运作模式，然而，若不能对业务管理流程进行合理分工和有效监控，则效果会适得其反。

### 一、合理确定外包业务范围

尽管物业公司将一些业务外包出去有很大的益处，但并不意味着所有的业务都要外包出去，而是要先了解自己的核心能力和弱势，将自己不够专业的项目外包出去，通常以下项目可以考虑外包。

（1）对于需要购置专业设备才能进行的，诸如高档石材的再结晶处理、楼宇外墙清洗等业务，通常可外包给专业性服务商进行具体实施。

（2）对于一些技术含量较高的专业服务领域和一些垄断行业，比如电梯系统、弱电系统设备的运行和维修管理服务，物业区域治安维护，消防安全相关工作等，为了规避经营风险，保证服务质量，通常也要采取业务外包的方式实现。

> **特别提示：**
> 对于物业管理中的最有价值的核心业务内容，如日常小修服务、有偿特约服务等则一般不宜进行外包。

## 二、充分做好外包服务准备工作

物业公司确定好需外包业务后，在选择承包商时，首先要做好充分的准备工作。如若将某小区的清洁服务项目外包出去，则在项目发包之前，必须做好清洁面积测量；建筑面积、公共场所、配套设施、管理质量标准及操作的制定；检查及纠正或处罚制度的制定；管理费用测算；配套设施、设备和工具房及水电接口的准备等工作。通常而言，服务外包，必须做好以下几方面的准备工作。

（1）确定外包业务的工作类型及范围。
（2）确定服务清单。
（3）确定服务频率。
（4）测算外包服务的经费。
（5）确定服务承包商的资格标准。
（6）确定服务质量的标准与控制要求。
（7）确定服务质量评定的方法。

## 三、慎重选择承包服务商

由于物业公司进行专业外包的首要目的是采购合格的服务，这种服务不仅是提供给物业公司的，同时还要直接面对物业区域的业主和用户。因此，这种服务采购更应注重外包服务的工作质量、保障能力和整体服务形象。所以，在选择专业服务承包商时要更加慎重。

不管物业公司取什么方式来选择专业服务承包商，都必须对该承包商进行充分的调查和了解。可以通过现场考察、座谈、暗访等多种形式了解其实力、经营理念、人员管理、管理控制及效率、服务保障能力等项内容。特别是要对其现场服务细节进行考察，以便更加全面地了解专业服务承包商的真实情况，从而弥补单纯依靠投标书或者供应商资料卡等所了解情况的不足，尽量剔除不合格的承包商。

## 四、完善外包管理制度

物业公司应就专业服务外包拟定相应的管理制度，可以从整体上加以控制，如承包方服务质量控制程序，也可以就某项具体的服务外包加以控制，如制定电梯保养质量监督规程、绿化服务外包管理办法等。管理制度既要涉及物业公司内部各环节、各部门对外包业务的控制流程，也要涉及专业服务承包商自身的管理制度，使专业服务承包商自身的管理制度和物业务公司运行的管理制度之间形成互补，从而能更好地对服务质量加以管控。

【实战范本6-01】

## 物业服务外包控制程序

**1. 目的**

为了对物业服务分包实施控制,确保服务质量满足客户的要求,特制定本程序。

**2. 适用范围**

适用于本公司管辖物业范围内外包项目的管理。

**3. 引用文件**

3.1 ISO 9001:2008标准的7.4条款。

3.2 质量手册的7.4章节。

**4. 职责**

4.1 总经理负责合格外包商的批准、撤销及外包合同签订。

4.2 品质部负责组织调查、筛选评审清洁、绿化及公共秩序维护等项目的外包商,编制合格外包商名单;工程部负责工程维修等项目的外包商,编制合格外包商名单。

4.3 财务部负责各类外包业务的资金结算。

4.4 工程部负责外包工程的方案审定、预算审核、施工监督、竣工验收,协助管理处对外包业务的监督、检查、验收。

4.5 各责任部门负责对外包业务的日常监督、检查、验收。

**5. 工作程序**

| 流程图 | 负责部门/人 | 过程描述 | 支持性文件及记录 |
|---|---|---|---|
| 初选外包商 | 品质部 | 1. 选择外包商,要求如下。<br>(1)具备承担外包业务的资质<br>(2)与外包业务专业对口,且有一定的实践年限<br>(3)能履行外包合同的义务与责任,企业具有一定的信誉<br>(4)对所外包的业务,能达到质量要求与行业技术标准<br>2. 编写《外包商调查报告》<br>3. 筛选质量好、信誉高、速度快、具备资质的两家外包商 | 《外包商调查报告》附:外包商资质材料 |
| 审批 | 总经理 | 总经理批准其中一家最优外包商,经总经理批准的外包商由品质部纳入"合格外包商名单" | 合格外包商名单 |

续表

| 流程图 | 负责部门/人 | 过程描述 | 支持性文件及记录 |
|---|---|---|---|
| 是→【外包合同及方案评审】→审批并签订分包合同（否→来；是↓） | 相关业务部门、分管副总经理 | 1. 外包方提供外包合同初稿及外包方案<br>2. 外包合同评审，填写"合同评审表"<br>（1）品质部、工程部及相关业务部门审查外包合同条款，要求其明确写清：外包范围、工作内容、质量标准、技术要求、双方应负的责任、处罚条款等，并审查是否符合服务质量要求<br>（2）财务部评审外包经费是否符合市场行情<br>（3）对于续签的外包合同，根据市场行情对外包条款进行评审，并按"合同评审表"决定是否续签<br>（4）分管副总经理对分管部门的外包合同提出评审意见 | 合同评审表 |
| | 总经理 | 由总经理做最后裁决，对成本进行控制，确认可以合作的给予签批 | |
| | 分管副总经理、相关业务部门工程部 | 1. 零星土建、装修、公用工程外包业务<br>（1）工程部依据合同中的实施要点及有效附件对施工过程进行不定期监督抽查，发现不符合技术要求或操作规程，发出"整改通知"，限期整改，监督抽查结果记录于"监督检查记录表"上<br>（2）竣工后，由工程部组织施工方及相关部门依据合同约定进行验收，填写"零星工程验收评审表"报分管副总经理签署意见，总经理批准后进行工程结算<br>（3）工程验收不合格的向外包方发"整改通知"，直至验收合格后方可进行工程结算<br>2. 设施设备维修保养外包业务<br>（1）各业务部门负责外包方例行保养的跟踪检查，确认保养工作、记录并保存相关联。对检查 | 保养记录（由外包方提供）整改通知零星工程验收评审表监督检查记录表 |

续表

| 流程图 | 负责部门/人 | 过程描述 | 支持性文件及记录 |
|---|---|---|---|
| 对分包业务的控制 | 分管副总经理 相关业务部门 工程部 | 中发现保养标准不符合项，向外包方发出"整改通知"，外包方按要求的工期、质量进行整改，否则按违约条款处罚<br>（2）相关业务部门根据设施设备的管理要求以及合同的有效附件进行日常检查（包括巡视检查及监督检查），对属于外包方的问题，向外包方发出"整改通知"，外包方按要求的工期、质量进行整改，否则按违约条款处罚<br>3.清洁、绿化、白蚁防治等外包业务：按外包合同的具体要求进行日常检查并记录，对属于外包的问题向外包方发"整改通知"，外包方按整改要求整改，否则按违约条款处罚 | 保养记录（由外包方提供）整改通知<br>零星工程验收评审表<br>监督检查记录表 |
| 外包商的年度评审是否合格 | 品质部 工程部 | 1.工程部、品质部每年组织相关部门对外包商的服务质量和技术水平进行一次评审，填写《外包商评审报告》，报总经理审批<br>2.必要时，可临时组织对外包商的评审<br>3.对于在ISO 9000质量体系运行前已提供承包服务的外包商，品质部、工程部组织对其统一进行一次评审，合格者直接列为合格外包商 | 《外包商评审报告》 |
| 取消外包业务 | 总经理 | 年度定期评估中不合格者取消外包业务，由品质部、工程部报总经理批准后，在"合格外包商名单"中删除 | |
| 续签外包合同 | 总经理 | 1.根据"外包商评审报告"，并综合考虑当年市场行情，合格者续签外包合同<br>2.续签外包合同须重新经过外包合同评审 | |

## 五、把好合同的草拟与签订关

在合同的草拟与签订过程中,要特别注意以下两个方面。

### (一)明确业务外包后责任的界定

物业公司将自己的专项服务业务外包给其他专业服务承包商后,并不能免除自己根据原物业管理合同对业主(用户)应承担的责任和义务。如果承包商的服务达不到原物业管理合同规定的标准和要求,则物业公司应当对业主(用户)承担违约责任。所以,要在合同或协议上特别约定,承包商提供的专业性服务质量和水平,不得低于物业管理服务合同中对相关专业性服务质量和要求;同时还要约定承包商达不到服务质量和要求时的违约责任。

### (二)确定外包业务合同或协议的期限

不同的外包合同可视服务内容的权重差别,签订不同的合同期限。这样可以给物业公司留有充分的谈判时间,就承包方的服务水平做整体、充分评估,并给选择新的承包商留有余地,从而引入全程市场竞争机制,保证提供高质量的服务。

## 六、加强外包业务的日常管控

外包业务并不是物业公司将业务外包给承包商后,就可以撒手不管了,相反地,应对其加以控制,因为外包业务的服务水平会影响整个物业的整体形象。

(1)对于外包的专项业务应该通过日检、周检以及不定期专项抽检的方式加强日常的监管控制力度。

(2)双方应在充分沟通与相互理解的基础上加强合作与协调,使业务流程顺利进行。物业公司不仅是一个社会资源组织者,还应该成为系统集成商,将管理要求及管理理念准确传递,在保证管理效果的同时帮助承包商提升服务质量并创造更多价值。

> **提醒您:**
>
> 在履约过程中,物业公司对承包商既不能约束过紧,影响他们积极性的发挥,也不能放任自流,影响外包业务的质量。

另外,物业公司应把承包商纳入自身的整体管理体系之中,通过目标制定、监督检查、有效评估、绩效考核、及时改进等手段完成对日常业务的有效管控,实现物业服务工作的整体目标。

## 七、注重与承包商的双赢关系

物业公司与外包方是互相依靠、互惠互利的双赢关系。双方在充分沟通与相互理解的基础上,加强合作与协调,使业务流程顺利进行。通常在项目上,除了在日常巡查中要求外包方参加外，物业公司的管理人员与外包方的现场管理人员每周进行一次沟通；每月项目的工作例会，外包方的现场主管也要列席参加；与业主的恳谈会涉及外包业务也要求外包方参加。

## 第三节　承包商的评定与选择

### 一、确定评定标准

一旦决定某项服务外包，物业公司就会接到许多设在附近的承包商的询价书或投标书。承包商入选的标准是要有稳定的经济保证、有多年从事相关专业服务的经验、有承包类似规模项目的经验、有合格的管理人员。具体应检视以下内容。

（1）承包商的资质证明、营业执照。

（2）主要技术人员的学历证明及个人资料。

（3）承包商以往的主要工作业绩。

（4）承包商公司的主要规章制度。

（5）承包商的主要操作规程。

（6）承包商的主要设备、工具名称及数量。

（7）针对待分包项目的工作计划。

### 二、寻找潜在的承包商

物业公司如何寻找承包商，或者已经有了承包商，但这些承包商并不是一劳永逸的，还可以储备一些准客户，将来以备现在的承包商出现问题有替代的客户。如何储备、选择潜在的承包商，有几种方式值得借鉴。

（1）向本地区的其他物业公司了解情况，看看他们用过哪些承包商，这些承包商的成绩如何，作为备选对象。

（2）与销售较高级设备的制造商联系，制造商一般为其产品的维护和修理服务的客户，也许会推荐一位承包商来承接这项服务。

（3）从网络上搜寻，查找各种承包商协会，从这些协会处寻找所需要的承包商，有了潜在的信息，通过初步的电话、QQ、微信进行联系，然后确定是否需要进一步联系或接触。

### 三、对承包商进行调查

物业公司应该着力于对承包商进行调研考察，努力通过现场考察、座谈、暗访等多种形式了解承包商的公司实力、经营理念、人员管理、管理控制及效率、服务保障能力等项内容。特别是可以对现场服务细节进行考察，比如员工是否熟悉业务、对客服务态度,工作记录表格填写等,通过这些实际工作中的"真情流露",有助于物业公司更加全面地了解承包商企业的真实情况,从而弥补单纯依靠投标书和答辩环节了解承包商企业情况的不足,尽量把不合格的承包商排除在招投标工作之外。

### 四、公正、客观地比较承包商

物业公司在决定选择哪家承包前,需考虑、比较以下几个方面的信息,谨慎、公证、客观地选择承包商。

（1）人员的专业技术水平。
（2）可获得的地方支持。
（3）服务的声誉。
（4）价格政策。
（5）业务经验。
（6）财务的稳定性。
（7）设备修理设施（包括工具和材料）和对服务申请电话的反应速度。

### 五、确定合格承包商

物业公司经过对潜在承包商的调查、选择后,要确定合格承包商,纳入合格承包商名录,然后进入下一个工作环节,那就是签订外包服务合同。

【实战范本6-02】▶▶

## 外包商调查报告

编号：

| 分包商名称 | |
|---|---|
| 营业范围 | |
| 调查情况： | |
| 调查部门/人： | 日期： |
| 审批意见： | |
| 签字： | 日期： |
| 附件 | 外包商营业执照、资质证书、税务登记等资质材料 |
| 备注 | |
| 归档： | 日期： |

【实战范本6-03】▶▶▶

## 承包商初审记录

| 承包方名称 | | 项目名称 | |
|---|---|---|---|
| 初审时间 | | 评审地点 | |
| 参加人员 | | | |

| 初审内容 | 合格 | 不合格 |
|---|---|---|
| （1）企业资质证书、营业执照有效、齐全 | | |
| （2）现有设备装备及人员素质良好 | | |
| （3）组织机构可靠、规章制度健全 | | |
| （4）有一定的固定资产 | | |
| （5）有同类工程施工经验，以往业绩等情况良好 | | |
| （6）成本、工期、质量、安全控制体系完善 | | |
| （7）工程中使用的材料质量可靠 | | |
| （8）满足合同情况和售后服务在同行中有良好的口碑 | | |

工程部经理意见：


签名：　　　　　　　　　日期：

主管副总经理意见：


签名：　　　　　　　　　日期：

注：初审时，只要有一项评审为否，则不能列入合格承包商名单。

【实战范本6-04】▶▶▶

## 承包商评审报告

编号：

| 承包商名称 | | |
|---|---|---|
| 评审情况 | 1.服务质量： | |
| | 2.技术水平： | |

续表

| 评审情况 | 3.信誉及速度： | | | | | |
|---|---|---|---|---|---|---|
| | 4.资信情况及其他内容： | | | | | |
| | 评审部门 | | | | 日期 | |
| | 评审人 | | | | | |

审批意见：

签字：　　　　　　　日期：

归档：　　　　　　　日期：

【实战范本6-05】▶▶▶

## 合格承包商名单

编号：　　　　　　　　　　　　　　　　　　　　　　　版次：

| 序号 | 承包商单位名称 | 承包商地址 | 邮编 | 联系电话 | 联系人 | 经营范围 | 备注 |
|---|---|---|---|---|---|---|---|
| | | | | | | | |
| | | | | | | | |
| | | | | | | | |
| | | | | | | | |

# 第四节　与承包商签订合同

无论物业公司是通过招标选择还是货比三家式的选择，当双方意向确定以后，都必须与服务承包商签订一个协议，来对双方的权利和义务进行约束，也确保以后合同的有效执行。

## 一、外包合同的形式

外包服务合同的订立最好采用书面形式，避免产生纠纷。没有一个文字约束、具有法律效力的合同，则空口无凭。

## 二、外包合同谈判

在最终签订书面合同之前,应安排好合同谈判的初始步骤。具体来说,在开始洽谈合同之前,物业公司必须详细阐明其要求。将这些要求以招标建议书或承包服务要求的形式详细列出。无论采用哪种形式,主要目的是将物业公司的期望让承包商完全明了。而且,所有这类文件必须包括在最终的合同内,或以附录或其他形式附在合同后面。以下为合同谈判中涉及的主要内容。

### (一)服务范围

物业公司在与承包商洽商合同条款时,应就合同服务范围形成双方共识。外包合同约定的服务范围,应以物业公司投标方案专业分册承诺的范围相一致,并符合物业小区专业服务需要。

### (二)服务质量

物业公司在与承包商就合同服务范围形成双方共识后,应在满足投标方案专业分册承诺的服务质量基础上,采用高出承诺一些的要求,商定服务质量条款。

### (三)服务管理程序

为充分保证小区物业服务得以有序展开,并达到减少干扰业主(用户)生活,保障服务质量的要求,承包商应承诺遵守,物业公司小区投标方案服务管理程序,并以和物业公司小区项目管理保持一致为双方圆满合作前提条件。

### (四)服务受理程序

承包商同意使用物业公司小区投标方案投诉处置程序,遵循首问服务受理程序,培训职工掌握受理投诉及服务申请,并按程序规定上报客户服务区域管理人员或物业服务值班室,减少严重投诉发生。

### (五)服务质量评价

承包商同意采用客户满意及投诉记录查阅方式,评价服务质量。由小区客户服务部门承担客户满意调查和统计业户投诉记录,并依此按月做出服务质量评价。

### (六)服务进场计划

物业公司与承包商签订合同时,应针对物业项目服务管理接管进场特点,拟订服务进场计划,配合物业公司按约定时间准时开始提供约定服务工作。

### (七)结算方式

双方应就服务费用结算日期、结算方式、未能达到服务质量评价扣减计算方式、服务费用结算审批程序,做出明确合同约定。

### (八)违约责任

双方应就违反服务范围、服务质量、服务管理程序、适用投诉处置及服务受理程序、未能达到服务质量评价标准等制定违约责任合同条款，促使承包商认真履行委托服务合同，承担合同义务，并为物业公司维护自身权益，做好法律判定依据。

### 三、外包合同的起草与审核

物业公司和服务承包商双方就合同条款内容取得一致时，应着手拟定合同文本，并将承包商接管物业服务进场日定为合同生效日期。

#### （一）合同的内容

合同的内容由物业公司和承包商共同约定，一般包括以下条款。

（1）双方的名称或者姓名和住所。

（2）物业的基本情况，如坐落位置、物业类型、占地面积、建筑面积等。

（3）所委托的服务项目、内容、范围。

（4）双方的权利、义务。

（5）质量安全标准、要求。

（6）服务费用。

（7）合同期限履行期限、地点和方式。

（8）违约责任。

（9）解决争议的方法。

#### （二）合同的起草要求

合同的起草权非常重要，因此应该尽可能争取到合同的起草权。另外，起草合同首稿应充分结合服务项目的招标文件、投标文件。

#### （三）合同的审核

（1）审主体，既看别人又看自己。

（2）审内容，这主要包括权利、义务和责任。

（3）审意思表达，主要是看意思表达是否真实。

（4）审查文字是否规范，需使用确切的词语。

（5）审合同签订手续是否合法，授权人签名、授权书。

（6）审合同条款是否完备，按《中华人民共和国合同法》程序操作。

（7）审合同条款中的风险防范措施，按《中华人民共和国合同法》规定。

（8）审合同纠纷的解决方法，关于仲裁的问题。

> **提醒您：**
>
> 拟定合同文本完成，报公司总经理审核、批准后，转交专业服务公司总经理认可。约定签约时间、确定签约地点、询问承包商出席签约代表职务，并做出相应安排。

### 四、外包合同的签订

在签订外包合同时除了签字外还需要盖章。最好是双方当面签订,以免另一方采用欺骗手段签订假合同。

另外,在签订合同时,要看签订合同的另一方是否为法人代表,或是否为授权代表,是否有资格签订合同。未经授权者签订的合同有时未必为合法有效的合同。

签订的合同如果为多页,双方除了在末页签字盖章外,建议双方加盖骑缝章,以免对其他页内容的真实性发生纠纷。

【实战范本6-06】▶▶▶

## 设施设备运作与维护外包服务合同

合同编号:　　　　　　　　　　签订协议地址:
甲方:××物业服务有限公司　　乙方:外包方
　　(以下简称甲方)　　　　　　　(以下简称乙方)
接受人:　　　　　　　　　　　　提交人:
职务:　　　　　　　　　　　　　职务:
日期:　　　　　　　　　　　　　日期:

### 一、服务内容

乙方同意按照下列期限和条件提供后附各表内规定的服务。

服务类型

| 编号 | 项目 | 备注 |
| --- | --- | --- |
| A | 自动温度控制 | 具体见附表A |
| B | 机械系统 | 具体见附表B |
| C | 过滤器服务 | 具体见附表C |
| D | 补充服务 | 具体见附表D |
| E | 设备清单 | 具体见附表E |

### 二、期限和支付

1.乙方同意提供上述各表规定的服务,年酬金为_____元。

2.乙方服务合同于____年____月____日开始生效,持续1年,以后每次顺延1年,直至合同终止。各方皆可于每年协议期满前30天以书面形式通知对方终止合同。

3.发票可按合同每月(每季、每半年、每年、特别情况)发出。

4.合同价格应每年调整,以确认费用的更改。有关年度价格调整的通知至少在合同修改日期前60天送交对方。

### 三、总条件

1. 预防性维护将在正常工作时间进行，规定在周一至周五7:30～16:00，节假日除外。甲方应为维护设备提供必要的条件。乙方的服务不包括甲方系统的正常运作，如启动、停机或设备调整等，但乙方应被允许因完成本合同的服务而启动和关停必要的设备。

2. 乙方对任何超越自身控制范围的事物可能造成的损失、拖延、损坏或伤害不负责任，也不受限于自然灾害、内部骚乱、政府法令、火灾、盗窃、腐蚀、电解作用、水灾、雷电、冰冻、罢工、与其他行业的差异、爆炸、检疫限制、运输误期、车辆短缺、燃料短缺、劳力和材料问题或蓄意破坏。

3. 甲方对乙方在履行本合同义务时工作失误或疏忽而直接造成的人身伤害或财产损失概不负责。乙方对因从事本合同服务的劳资纠纷或因超出乙方对采购器材的合理控制能力而产生的延误，以及其他任何超越乙方合理控制能力的原因而造成的劳力或材料供应不足或不及时不负责任。在任何情况下，乙方不对营业中断损失或因此造成的或推测的损坏负责。

4. 乙方将于每阶段竣工验收时提交一份报告请甲方签署。

5. 乙方不接受为满足由保险公司、试验室、政府机关等规定的要求而进行安全试验、安装新附件、增加新控制器或用不同设计、功能的器件改造现有系统的要求。

6. 在改装、改良、更换或移动系统的情况下，乙方保留根据系统改变后的情况终止或重新谈判合同的权利。

7. 如果合同包括应急服务，但应急服务要求发生在安排的预防性维护电话申请时间以外，而且检查结果证明没有本合同规定要求服务的任何故障，则乙方保留改变主要费用的权利。

8. 乙方在未按照本合同协议条款支付全部酬金的情况下，保留随时中断维护服务合同的权力，而不须预先通知。

9. 如果合同中包括了更换零配件的条款，乙方将不负责锅炉管道、锅炉部件、耐水材料、烟囱、烟道、冷却蒸发器、冷凝器、水盘管、蒸汽盘管、暗空气管、风扇壳体、管道工程、水平衡、装饰壳体、设备喷漆、断路开关、电源接线、水、蒸汽和冷凝水管道或其他暖气、通风和空调系统的结构或非运动件的更换或修理。本合同包括必要的控制阀和调节风门，但不包括管道的拆卸和重新安装。乙方不负责因工作疏忽、使用错误或普通磨损以外的超出双方控制的其他原因引起的更换和修理工作。

10. 如果因需更换的零件短缺而使设备无法修理，乙方不接受将维护或修理此类设备作为本合同一部分的要求。但乙方将协助甲方以现行服务价格更换该设备。

11. 在双方同意的条件下，管道、控制设备等基本上按照本建筑物合同图纸安装后，甲方即认为这些系统的安装和性能是合格的。

12.双方达成的协议包括的设备是处于可维护状态的并适合于维护协议。如果在启动或首次检验时发现需要修理,则此项修理费用应提交甲方批准。如果此项费用被否决,则这些条款将从合同中删除,而合同价格则将按照合同涉及的设备加以调整。

**附表A：自动温度控制**

| 安排的维护检验应在正常工作时间进行 | |
|---|---|
| 频率<br>（　）每周　　（　）每月<br>（　）每季　　（　）半年<br>（　）每年　　（　）修理材料<br>（　）其他 | 内容<br>（　）仅限安排的维护<br>（　）安排和未安排的维护<br>（　）24小时回应 |
| 包括的设备：全部电气和气动控制设备 | |
| 空气压缩机<br>1.排净储气罐并检查<br>2.注意进气状况<br>3.检查运行时间<br>4.检查皮带轮和皮带张力<br>5.检查减压阀和过滤站<br>6.换油（每年） | 空气干燥器<br>1.检查集水器<br>2.检查冷凝器<br>3.检查膨胀阀 |
| | 时钟<br>检查设定时间和运行 |
| 空调设备<br>1.检查运作程序<br>2.检查并润滑风门和阀门（每年）<br>3.检查定位器<br>4.检查仪表板上的控制器<br>5.检查传感器<br>6.根据需要校准<br>7.清洗仪表板面<br>8.检查辅助设备（压力元件、电源设备）<br>9.检查安全设备（防冻、防水） | 终端设备<br>1.检查室内恒温器（每年）<br>2.必要时进行校准<br>3.检查阀门、风门制动器 |
| | 水系统<br>1.检查主要和辅助控制器<br>2.需要时进行校准<br>3.检查阀门、压力元件 |
| | 安全控制器<br>检查安全控制器 |

**附表B：机械系统**

B-1 冷凝设备

| 安排的维护检验应在正常工作时间进行 | |
|---|---|
| 频率<br>（　）每周　　（　）每月<br>（　）每季　　（　）半年<br>（　）每年<br>（　）其他 | 内容<br>（　）仅限安排的维护<br>（　）安排和未安排的维护<br>（　）修理<br>（　）24小时回应 |
| 涉及的设备 | |
| 风冷系统 | |

续表

| | |
|---|---|
| 启动检验<br>1. 熟悉制造商关于启动的建议<br>2. 按照制造商的加热建议接通曲轴箱加热器电源<br>3. 清除设备内外污物<br>4. 目测检验泄漏<br>5. 检查皮带、皮带轮和支座，需要时调整或更换<br>6. 按照制造商的建议润滑风扇和电动机<br>7. 检查电路接头、接触器、继电器和运作与安全控制器<br>8. 检查电动机运行状况<br>9. 检查并在需要时清洗风扇<br>10. 检查并清洗盘管，需要时校直翼片<br>11. 检查减振器，需要时调整或更换<br>12. 检查压缩机油位、酸性试验油和密封电动机需要时换油和制冷剂<br>13. 检查和试验全部操作及安全控制器<br>14. 检查运行状态，需要时调整 | 季节中间检验<br>1. 目测检验泄漏<br>2. 按照制造商建议润滑风扇轴承<br>3. 按照制造商建议润滑电动机轴承<br>4. 检查皮带和皮带轮，需要时调整或更换<br>5. 需要时清洗和校直翼片<br>6. 检查运行状态，需要时调整<br><br>风冷系统季节性停机<br>1. 熟悉制造商关于关机的建议<br>2. 检查节能器的运行（如果需要）<br>3. 目测检验泄漏<br>4. 检查辅助加热器的运行（如果需要）<br>5. 检查皮带和过滤器<br>6. 测试全部安全控制器 |
| 水冷系统 | |
| 启动检验<br>1. 熟悉制造商关于启动的建议<br>2. 按照制造商关于加热的建议接通曲轴箱加热器电源<br>3. 目测检验泄漏<br>4. 将系统中残存的空气放出<br>5. 检查电路接头、接触器、继电器的操作与安全控制器<br>6. 检查减振器。需要时调整或更换<br>7. 检查压缩机油位、酸性试验油和密封电动机。需要时换油和冷却剂、过滤器、干燥剂<br>8. 检查和测试全部操作和安全控制器<br>9. 检查运行状况，需要时调整 | 季节中间检验<br>1. 目测检验泄漏<br>2. 检查运行状况，需要时调整<br><br>风冷系统季节性停机<br>1. 熟悉制造商关于关闭的建议<br>2. 检查节能器的运行（如果需要）<br>3. 目测检查泄漏<br>4. 检查辅助加热器运行（如果需要）<br>5. 检查皮带和过滤器<br>6. 测试全部安全控制器 |
| 季节性预检<br>1. 检验锅炉炉边并记录其状况<br>2. 涮净并吸出烟道和炉膛内的积炭及污物<br>3. 检查耐火硅和耐水材料有无缺陷，需要时修补<br>4. 目测检验锅炉压力容器是否有泄漏并记录其状况<br>5. 分解、检验和清洗低水位断流装置<br>6. 检查手动阀和自动进料设备，需要时调整或拆修<br>7. 检验、清洗和润滑燃烧器和燃烧控制设备<br>8. 重新装配锅炉<br>9. 检查燃烧器运作顺序和燃烧空气设备<br>10. 检查燃油管道有否泄漏和支撑是否良好 | |
| 季节性启动<br>1. 熟悉制造商关于锅炉和燃烧器启动的建议<br>2. 检查燃油供应 | |

续表

| |
|---|
| 3.检查辅助设备运行状况 |
| 4.启动前检验燃烧器、锅炉和控制器 |
| 5.启动燃烧器，检查运行控制器，试验安全控制器和减压阀 |
| 6.完成燃烧试验，将燃烧器调节到最高效率 |
| 7.记录全部运行状况 |
| 8.和锅炉操作工一起检查操作程序和业主的记录 |
| 季节性停机 |
| 1.查看业主记录，记录全部运行情况 |
| 2.关闭燃烧器，切断电源 |
| 3.关闭供油阀 |
| 4.与锅炉操作工一起检查锅炉运行状况 |
| 月度运行情况检验 |
| 1.查看业主记录，记录全部运行情况 |
| 2.检验锅炉和燃烧器，需要时进行调整 |
| 3.试验低水位断流装置和减压阀 |
| 4.检查运行和安全控制器 |
| 5.与锅炉操作工一起检验锅炉运行情况 |

### B-2 风机和中央风机系统

| 安排的维护检验应在正常工作时间进行 | |
|---|---|
| 频率<br>（　）每周　（　）每月<br>（　）每季　（　）半年<br>（　）每年<br>（　）其他 | 内容<br>（　）仅限安排的维护<br>（　）安排和未安排的维护<br>（　）修理材料<br>（　）24小时回应 |
| 涉及的设备 | |
| 中央风机系统 | |
| 中央风机系统年检<br>1.检查和清洗风机<br>2.按照生产商的建议润滑风机轴承<br>3.按照生产商的建议润滑电动机轴承<br>4.检查螺栓和皮带轮，需要时更换或调整<br>5.拧紧螺母和螺栓<br>6.检查电动机支架和减振垫，需要时更换或调整<br>7.检查电动机运行状况<br>8.检查电路接头和接触器<br>9.润滑和调整有关的减振器及连接装置<br>10.检查风机运行状况<br>11.清洗外部进气网 | |

续表

| |
|---|
| 12. 检查和清洗排水口及接水盘 |
| 13. 检查和清洗过滤器，检查冷凝罐和手动阀 |
| 14. 检查过滤器前行机构，需要时润滑并调整 |
| 15. 检查过滤器 |
| 16. 检查加热和冷却盘管 |
| 17. 检查加湿器 |
| 半年检验 |
| 1. 按照制造商建议润滑风机轴承 |
| 2. 按照制造商建议润滑电动机轴承 |
| 3. 检查皮带和皮带轮，需要时更换或调整 |
| 4. 清洗外部进气口网 |
| 5. 检查过滤器前行机构，需要时润滑和调整 |
| 6. 检查过滤器 |
| 7. 检查加热和冷却盘管 |
| 8. 检查加湿器 |

### B-3 泵

| 安排的维护检验应在工作时间内进行 ||
|---|---|
| 频率<br>（　）每周　（　）每月<br>（　）每季　（　）半年<br>（　）每年　（　）修理材料<br>（　）其他 | 内容<br>（　）仅限安排的维护<br>（　）安排和未安排的维护<br>（　）24小时回应 |
| 涉及的设备 ||
| 年度检验 ||
| 1. 按照制造商建议润滑泵轴承<br>2. 按照制造商建议润滑电动机轴承<br>3. 拧紧全部螺母和螺栓，检查电动机支座和减振垫，需要时更换和调整<br>4. 目测检验泵定位和连接<br>5. 检查电动机运行状况<br>6. 检查电路连接和接触器<br>7. 检查和清洗过滤器，检查手动阀<br>8. 检查机械密封，需要时更换。检查泵衬垫，需要时更换或调整<br>9. 检查仪表精度 ||
| 半年检验 ||
| 1. 按照制造商建议润滑泵轴承<br>2. 按照制造商建议润滑电动机轴承<br>3. 检查吸力，排除压力<br>4. 检查衬垫或机械密封 ||

**B-4 独立装置**

| 安排的维护检验应在工作时间进行 | |
|---|---|
| 频率<br>（　）每周　　（　）每月<br>（　）每季　　（　）半年<br>（　）每年<br>（　）其他 | 内容<br>（　）仅限安排的维护<br>（　）安排和未安排的维护<br>（　）修理材料<br>（　）24小时回应 |
| 涉及的设备 | |
| 压缩机装置 | |
| 风冷系统启动检验<br>1.熟悉制造商关于启动的建议<br>2.按照制造商关于预热的建议接通曲轴箱电源<br>3.清除设备内外污物<br>4.目测检验泄漏<br>5.检查皮带、皮带轮和支架，需要时更换和调整<br>6.按照制造商建议润滑风机和电动机轴承<br>7.检验电路连接、接触器、继电器和操作与安全控制器<br>8.检查电动机运行状况<br>9.检查风机叶片，需要时清洗<br>10.检查并清洗盘管，需要时校直翼片<br>11.检查减振器，需要时更换或调整<br>12.检查压缩机油位、酸性试验油和密封电动机，需要时换油和制冷剂、过滤器、干燥剂<br>13.检查和试验全部操作及安全控制器<br>14.检查运行状况，需要时调整 | 季中检验<br>1.目测检验泄漏<br>2.按照制造商建议润滑风机轴承<br>3.按照制造商建议润滑电动机轴承<br>4.检查皮带和皮带轮，需要时更换和调整<br>5.清洗翼片，需要时校直<br>6.检查运行状况，需要时调整 |
| 上述程序选择方案：<br>用化学药品和高压喷射清洗盘管（见水处理部分） | |
| 水冷系统启动检验<br>1.熟悉制造商关于启动的建议<br>2.按照制造商关于预热的建议接通曲轴箱电源<br>3.目测检验泄漏<br>4.放出系统内积蓄的空气<br>5.检查电路连接、接触器、继电器和操作与安全控制器<br>6.检查减振器，需要时更换或调整<br>7.检查压缩机油位、酸性试验油和密封电动机需要时换油和制冷剂、过滤器、干燥器<br>8.检查和试验全部操作及安全控制器<br>9.检查运行状况，需要时调整 | 季中检验<br>1.目测检验泄漏<br>2.检查运行状况，需要时调整<br><br>风冷系统季节性停机<br>1.熟悉制造商关于停机的建议<br>2.检查节能器运行状况（如需要）<br>3.目测检验泄漏<br>4.检查辅助加热器运行状况（如果需要）<br>5.检查皮带和过滤器<br>6.测试全部安全控制器 |
| 上述程序选择方案：<br>检验冷凝器导管并做标记 | |

续表

| 风机年度检验<br>1.检查并清洗风机<br>2.按照制造商建议润滑风机轴承<br>3.按照制造商建议润滑电动机轴承<br>4.检查皮带和皮带轮，需要时更换和调整<br>5.拧紧全部螺母和螺栓<br>6.检查电动机支座和减振垫，需要时更换和调整<br>7.检查电动机运行状况<br>8.检查电路连接和接触器<br>9.润滑和调整有关减振器及连接装置<br>10.检查风机运行状况<br>11.清洗外部进气网<br>12.检查和清洗排水设备及接水盘<br>13.检查和清洗过滤器，检查冷凝罐和手动阀<br>14.检查过滤器前行机构，需要时润滑并调整<br>15.检验过滤器<br>16.检查加热和冷却盘管<br>17.检验加湿器 | 半年检验<br>1.按照制造商建议润滑风机轴承<br>2.按照制造商建议润滑电动机轴承<br>3.检查皮带和皮带轮，需要时更换和调整<br>4.清洗外部进气网<br>5.检查过滤器前行机构，需要时润滑和调整<br>6.检验过滤器<br>7.检查加热和冷却盘管<br>8.检查加湿器 |
|---|---|

### 附表C：空气过滤器服务

乙方可为下列空调装置提供和安装要更换的部件。

| 空调设备 | 过滤器号 | 尺寸 | 每年更换次数 | 过滤器型号 |
|---|---|---|---|---|
|  |  |  |  |  |
|  |  |  |  |  |
|  |  |  |  |  |
|  |  |  |  |  |

### 附表D：补充服务

除前表中列举的服务外，乙方还可提供下列补充服务和特殊的日常服务。

（1）更换磨损的零部件。除空调系统的制冷剂外，本合同不包括机械设备磨损的零部件的更换。

（2）提供需要的制冷剂不应增加费用。乙方同意在甲方授权下提供设备的修理和更换服务，并按时价向甲方收取零部件费用。

（3）本合同不包括空调机、锅炉、压缩机等大型设备或部件的更换服务。需要时，乙方将提出工程建议书或在甲方授权下进行更换，并按时价收取零部件和劳务费。

附表E：设备清单

| 序号 | 设备名称 | 型号 | 所在位置 |
|------|---------|------|---------|
|      |         |      |         |
|      |         |      |         |
|      |         |      |         |
|      |         |      |         |
|      |         |      |         |

【实战范本6-07】▶▶▶

## 公共机电设备维修保养外包合同

合同编号：

本合同双方当事人如下。

甲方：××物业服务有限公司（以下简称甲方）。

乙方：外包方（以下简称乙方）。

根据《中华人民共和国合同法》《××市住宅物业管理条例》及其实施细则等国家、地方有关物业管理法律、法规和政策，在平等、自愿、协商一致的基础上，双方就（物业名称）公共机电设备外包给乙方进行维修保养，特订立本合同。

**第一条 基本情况**

坐落位置：____。

物业类型：____。

占地面积：____平方米。

建筑面积：____平方米；其中住宅____平方米；商场____平方米；写字楼____平方米；地下室____平方米。

**第二条 委托事项**

1.日常维护保养、一级保养、二级保养、故障维修、中修、大修以本公司《设备工作手册》定义为准。

2.日常维护保养、一级保养、二级保养、中修、大修周期以本公司《设备工作手册》规定的周期为准。

3.日常维护保养、一级保养、二级保养标准应不低于本公司《设备工作手册》所规定的标准。

4.委修保养服务项目、级别、范围协议条款见合同附表"维修保养服务项目、内容、范围一览表"。

5.本合同内容不包含设备的中修、大修及更新改造，若甲方有需求则另行签订合同。

**第三条　合同期限**

本合同期限为＿＿年。自＿＿年＿＿月＿＿日起至＿＿年＿＿月＿＿日止。

**第四条　甲方权责**

1.除合同第二条已明确委托乙方负责的工作外，其他工作均由甲方管理处负责。

2.甲方及甲方管理处有根据本公司标准对乙方服务过程及效果进行监督、检查、评分的权利，也有检查乙方工作人员的工作态度、劳动纪律、仪容仪表等是否符合本公司标准的权利。若乙方达不到本公司标准，甲方有要求乙方整改返工，扣减乙方服务费，直至解除合同的权利。

3.甲方有向乙方提供设备技术资料的义务。

4.甲方有审核、批准乙方分包特殊分项的权利。

5.甲方管理处有向乙方无偿提供必要用水用电接驳点及梯子、台钻、冲击钻等大型工具的义务。

6.甲方有按时支付维修保养费用的义务。

7.甲方管理处有为乙方开展工作给予适当、必要配合的义务。

8.乙方维修养护过程中若须更换设备配件，若配件由甲方支付费用，则甲方管理处有权对其进行审批、验证。

**第五条　乙方权责**

1.乙方负责本合同第二条约定的维修养护内容，不无偿承担合同以外的服务内容。

2.经甲方同意后，乙方有将部分特殊分项分包的权利。

3.乙方有提供不低于本公司标准服务的义务。

4.乙方有要求甲方做适当、必要配合的权利。

5.乙方有权要求甲方管理处按期付款。

6.乙方有就约定服务范围内的保养、维修工作制订保养计划、做好维修保养记录的义务。

7.乙方有监督、检查甲方负责的本合同服务范围外的维修保养工作质量的权利。

**第六条　质量要求**

1.乙方服务质量符合本公司标准，楼检评分（服务范围内的得分率）应达到＿＿分以上。

2.乙方服务质量满足市优、省优、国优考评要求。

3.乙方必须保证维修保养（第三条规定的）工作期间乙方人员及第三方人员的安全。

### 第七条 维护费用

1. 本合同约定范围内的公共机电设备维修、养护费按甲乙双方核定的设备维修、养护单价逐项计费。按月支付，每月合计。

2. 乙方在维修养护工作中所耗用的辅材（不构成设备实体的材料，如清洗用的汽油、黄油、棉纱等）费用已包含在本合同价款内，甲方不再支付。

3. 维修养护过程中更换的配件、单件价格低于____元的，由乙方支付（费用已包含在本合同价款内）；单价高于____元的，由甲方支付。

4. 本合同约定范围内的公共机电设备维修养护费调整须另行签订协议。

### 第八条 违约责任

1. 因乙方原因造成甲方管理处服务质量未达标或引起业主投诉，一经证实，甲方有权对乙方进行处罚，并要求限期整改，并扣减乙方服务费。

2. 因甲方管理处负责范围内的维修养护工作不到位，而引发的乙方服务质量不达标，由甲方负责。

3. 如因甲方配合不利等原因造成乙方损失，乙方有权要求甲方给予经济补偿。

4. 如双方发生纠纷不能协商一致，可提请仲裁。

### 第九条 其他事项

1. 本合同未尽事宜双方可协商解决。若对本合同的条款进行修订更改或补充，须签订书面补充协议，补充协议与本合同具有同等效力。

2. 合同规定的服务期满，本合同自然终止，双方如续订合同，应在合同期满三个月前向对方提出书面意见。

3. 本合同执行期间，如遇不可抗力，致使合同无法履行时，双方均不承担违约责任。

4. 本合同的附件均为合同有效组成部分；本合同及附件内，空格部分填写的文字与印刷文字具有同等效力。

5. 本合同一式三份，甲方、乙方及甲方管理处各执一份，具有同等法律效力。

6. 本合同自双方代表签字之日起生效。

甲方签章：                  乙方签章：
甲方代表：                  乙方代表：
签约时间：                  签约时间：

合同附件如下。

1. 委托维修保养服务项目、内容、范围一览表（略）。
2. 机电设备统计表（略）。
3. 《设备管理手册》（略）。
4. 《房屋设备保养标准》（略）。

【实战范本6-08】

## 消防设备维护保养外包合同

甲方：××物业服务有限公司（以下简称甲方）。

乙方：外包方（以下简称乙方）。

根据《中华人民共和国合同法》，经双方友好协商，就甲方的消防设备委托乙方进行维护保养，达成如下协议条款，共同遵守。

一、项目名称：_____

二、项目地点：_____

三、委托内容

1. 甲方委托乙方保修服务的消防设备共有____个系统，包括：火灾自动报警/消防联动控制系统、消火栓系统、自动喷淋灭火系统。

2. 消防系统的维护保养：共____个月。

四、合同期限

本合同自双方签字、盖章之日起即为生效，有效期为____年____月____日至____年____月____日。

五、双方义务和责任

（一）甲方

1. 甲方需提供消防系统的全套竣工资料，如果竣工资料不全，应提供消防平面图或建筑结构图，以保证乙方的维护保养工作能得到顺利进行，其中包括消防水系统、电系统的系统图及平面图，主要消防产品资料等。在维护过程中，乙方如需原设计、施工单位提供有关资料，甲方应牵头做好协调工作。

2. 甲方应安排专职值班员24小时值班，值班员能够正确操作设备，遇有故障情况及时通知乙方。

3. 值班员对设备运行情况做好日常记录，认真填写故障报修单并及时报修，对重大修理项目积极组织协调。

4. 甲方如进行装修，必须事前通知乙方，不经乙方同意，装修方不得随意打断、更改消防线路；移动或拆除探测器。装修改造期间现场的消防安全工作由甲方负责。

5. 保养期间甲方应派相关人员并提供便利条件，协助乙方的工作。

（二）乙方

乙方承接消防系统的维护保养任务后，对该工程消防系统做到精心维护，科学检修。

1. 乙方派驻现场技术人员一名，维保的乙方人员应遵守甲方的管理制度及作息时间，充分尊重甲方的意见，与甲方密切协调配合，完成每日的维护保养工作。

2.合同生效一个月内乙方负责对甲方所有消防值班人员进行一次培训。

3.消防值班人员如有变动,乙方随时派专业技术人员进行培训,详细介绍系统的组成、日常操作、注意事项等,使每位值班人员都可以正确和熟练操作设备,掌握发生火灾或故障时的处理方法。

4.在对某些隐蔽工程进行维修时,乙方应尽量保护原设施,若不可避免要对原装修进行改动,由甲乙双方协商解决。

5.乙方应严格执行日常维修、定期检修和紧急排故等维护保养工作。每次保养后,乙方都应向甲方提供一份由乙方技术人员签名的保养记录,并由甲方主管领导或指定代表签字确认。

6.乙方在维护保养期间负责各消防设备的清洁工作。

7.消防设备在使用过程中如有损坏则乙方负责维修,如果设备严重损坏至无法修复需要更换时,乙方需向甲方主管部门提出,经甲方同意后再行更换,更换费用由甲方承担,并按设备报价合理收取。

### 六、维修费用及其付款结算办法

1.经双方协商,该项工作每季度的维护保养费____元。

2.甲乙双方签字盖章生效后一周内支付合同额的____%的维护费,即____元。

3.需维修更换的故障设备,____元以下费用,由乙方承担,包括打印纸、色带、滤波器、二极管、三极管等维修配件;____元以上费用或非自动报警系统设备时,由甲方承担。

### 七、维修方案

乙方应根据甲方公司维保标准开展相应的维护保养工作,保证系统的正常运行。

### 八、其他事项

1.双方应严格遵守自己的责任条款,不遵守条款方承担相应责任。

2.本合同一式四份,合同未尽事项,由甲、乙双方另行议定,并签订补充协议。

3.本合同及附件均为本合同不可分割的部分,同具法律效力。本合同及附件和补充协议中未规定的事项,均遵照中华人民共和国有关法律、法规和政策执行。

甲方:(签章)　　　　　　　　乙方:(签章)
甲方代表:　　　　　　　　　　乙方代表:
开户银行:　　　　　　　　　　开户银行:
账号:　　　　　　　　　　　　账号:
通信地址:　　　　　　　　　　通信地址:
联系电话:　　　　　　　　　　联系电话:
签订日期:　　年　　月　　日　签订日期:　　年　　月　　日

【实战范本6-09】

## 电梯日常维护保养外包合同

甲方：××物业服务有限公司（以下简称甲方）。

乙方：外包方（以下简称乙方）。

依照《中华人民共和国合同法》《特种设备安全监察条例》《特种设备安全监察条例》《电梯日常维护保养要求》及其他有关规定，甲乙双方遵循平等、自愿、公平和诚实信用的原则，就电梯日常维护保养的有关事宜特制定本合同。

**第一条　日常维护保养的电梯**

甲乙双方约定，由乙方为"电梯维护保养及金额明细表"中列明的甲方使用、管理的电梯提供日常的维护、保养和抢修服务。

**第二条　日常维护保养内容**

1. 乙方按照国家、行业有关标准及《电梯日常维护保养要求》并根据双方约定的维保工作计划有规律地定期对设备进行调整、检查、润滑、清洁等工作，完成半月、月、季度、半年、年保养项目，并做好维护保养记录。
2. 及时更换易损部件和维修服务，以确保设备的正常运行。
3. 于当年10月份对所维保范围内设备进行综合性安全检查和确认工作。
4. 负责通过技术监督部门的设备年检合格，负责整改项目的实施，报检费用由甲方另行支付。如发生两次或多次检测，由此产生的费用由乙方承担。

**第三条　日常维护保养标准**

实施日常维护保养后的电梯应当符合《电梯维修规范》《电梯制造与安装安全规范》《自动扶梯、垃圾梯和自动人行道的制造与安装安全规范》和《电梯日常维护保养要求》的相关规定。

**第四条　日常维护保养期限**

本合同期限＿＿年，自＿＿年＿＿月＿＿日起至＿＿年＿＿月＿＿日止。甲乙双方同意期限届满后续约的，应当于期限届满＿＿日前重新签订合同。

**第五条　日常维护保养费**

维护保养电梯台数总计＿＿台，总计金额＿＿元（人民币），大写＿＿元整。具体明细如下。

| 梯号 | 电梯品牌 | 型号规格 | 层/站 | 台数/台 | 保养金额/[元/(年·台)] | 保养时限/年 | 保养费小计/元 |
|---|---|---|---|---|---|---|---|
|  |  |  |  |  |  |  |  |
|  |  |  |  |  |  |  |  |
| 电梯保养费合计（人民币）： | | | | | | | |

### 第六条  结算方式

1.甲方按季支付维护保养费,具体支付时间和金额为:合同签订生效按季度支付维护保养费用,前3个季度每季度维保工作结束,由双方共同验收签字后,于10个工作日内支付合同款的25%,最后一个季度特种设备检验机构定期检验合格后10个工作日内支付剩余的合同总价的25%。

2.支付方式:开取支票或汇到乙方指定的账号。

### 第七条  日常维护保养方式

1.乙方负责电梯的日常维护与保养,并提供维保期内全天候应急处理服务。

2.维保中更换零部件单件在____元及以内的由乙方免费提供,单价在____元以上的费用由甲方另行支付。

### 第八条  乙方抢修服务热线电话

乙方联系电话:_____。

抢修服务时间(包括困人):10分钟内到达现场,保证24小时服务,当天不能修复的电梯应以书面形式说明并通知甲方专业负责人。

### 第九条  驻场

乙方提供驻场作业服务(驻场费用应当已经包含在日常维护保养费中)。

驻场作业人员职责如下。

1.驻场人员严格遵守甲方的各项规章制度。

2.认真执行电梯保养计划和日常巡视,并做好保养及维修记录,每月保养计划时间表交甲方负责人确认,同意后方可按计划执行,不得随意进行停梯维保工作。

3.甲方有特殊情况需配合的,应积极配合。

4.电梯年检前进行安全部件的检测及试验,发现隐患及时修理,保证电梯年检一次性通过。

5.驻场人员须持证上岗,上岗证复印件应交甲方存档备查,统一着装,佩戴工牌,文明服务。

6.针对甲方检查发现的问题要及时修复解决。

### 第十条  甲方权利、义务

(一)权利

1.有权监督乙方按照合同约定履行维护保养义务,发出故障通知或提出建议。

2.有权要求乙方保障电梯的正常运行。

3.乙方的维护保养达不到合同约定的维护保养标准或要求的,甲方有权拒绝在维护保养记录上签字。每发生一次此类情况甲方将进行拍照汇总并以正式函件形式交由乙方负责人签字确认,将按照电梯年维保费比例的5%扣除维保费并要求乙方限期解决。

（二）义务

1.应当对每台电梯建立完整的安全技术档案，并供乙方查询。签订合同前应当向乙方提供如下资料或复印件。

（1）产品合格证。

（2）使用维护说明书。

（3）电气原理图。

（4）电气敷设图。

（5）安装说明书。

（6）电梯运行全部记录。

（7）上年度的检验报告。

2.建立电梯安全运行管理制度，保证电梯的用电、消防、防雷、通风、通道、电话通信；并保证机房、井道、底坑无漏水、渗水现象，通往机房、底坑、滑轮间、井道安全门的通道畅通、照明充分。

3.配备电梯安全管理人员，负责电梯的日常安全管理。

（1）负责电梯钥匙的使用管理。

（2）负责对乙方的维护保养记录、修理记录签字确认。

（3）负责对乙方提交的电梯安全隐患提示单签字确认。

（4）如果更换电梯安全管理人员，应当及时通知乙方。

4.应当制定电梯事故应急防范措施和救援预案并定期演练。

5.在电梯使用过程中发现故障或异常情况应当立即停止使用，并及时通知乙方。

6.除乙方无法解决的情况外，未经乙方书面许可不得允许非乙方人员从事与电梯维护保养有关的工作。

7.应当为乙方提供维护保养所需的工作环境。

8.应当在电梯安全检验合格有效期届满前1个月，向电梯检验检测机构提出定期检验申请，并缴纳相关电梯检测费用。

**第十一条 乙方权利、义务**

（一）权利

1.有权要求甲方提供维护保养所需的工作环境及相关资料。

2.有权拒绝甲方提出的影响电梯安全运行的要求。

（二）义务

1.应当具备特种设备安全监督管理部门核发的相应许可证书。

2.接到故障通知后，应当立即赶赴现场进行处理；电梯困人时，应当在10分钟内（此时间最长不得超过15分钟）抵达现场。

3.现场专职作业人员不得少于2人，且应当取得相应的"特种设备作业人员证"并不得兼顾外单位维修保养工作。

4. 作业中应当负责落实现场安全防护措施,保证作业安全。

5. 向甲方提出合理化建议并每月向甲方书面报告所维护保养电梯的运行情况、零部件使用情况、易损件的更换情况及电梯更换修理需求。

6. 对所维护保养电梯的安全运行负责,保障设备整机及零部件完整无损。

7. 建立回访制度(包括工作人员服务态度、维修质量、是否按照规定实施维护保养等),反馈意见书复印件需交由甲方存档备查。

8. 协助甲方向电梯检验检测机构提出定期检验申请。

9. 应当配合电梯检验检测机构对电梯的定期检验,并参与电梯安全管理活动。

10. 应当妥善保管电梯图纸及相关资料,并在合同终止后交给甲方。

11. 不得以任何形式分包、转包。

12. 配合甲方确保报警装置系统安全可靠。

**第十二条　违约责任**

1. 一方当事人未按约定履行义务给对方造成直接损失的,应当承担赔偿责任。

2. 一方当事人无法继续履行合同的,应当及时通知另一方,并由责任方承担因合同解除而造成的损失。

3. 甲方无正当理由未按照约定期限支付费用超过30日的,每延误1日应当向乙方支付延误部分费用1‰的违约金。

4. 甲方违反约定允许非乙方人员从事电梯维护保养工作的,应当按照合同总额的1%标准支付违约金。

5. 因电梯使用、管理原因导致人身伤亡或设备损坏、丢失的,由甲、乙双方根据过失分别自行承担部分责任。

6. 乙方的维护保养工作不符合合同约定的维护保养标准或要求的,乙方应当返工,并按照电梯年维保费比例的5%/次标准支付违约金。

7. 由于乙方保养电梯不到位造成停梯因人事故,或2个工作日未能恢复运行的,乙方将按照电梯年维保费比例的5%支付违约金。

8. 因维护保养原因导致人身伤亡或设备损坏、丢失的,由乙方承担全部责任。

9. 电梯停梯原因:如电梯停梯不能当时恢复运行的,乙方应以书面形式说明情况,通知物业公司,特殊情况4小时之内必须恢复正常运行。

10. 曳引机、曳引轮、钢丝绳的正常磨损,经甲方技术人员进行现场鉴定,由乙方负责报价,经甲方确认后,由乙方组织专项大修。如因维修保养不到位、违章操作致使曳引机严重缺油、钢丝绳张力不均、导轨损坏、电器元件烧毁等,造成曳引机抱轴、曳引轮磨损、曳引绳落槽等由乙方承担全部责任。大修年限按国家有关规定及电梯实际运行状态确定。

11. 因维护保养原因导致电梯检验检测不合格的,乙方还应当承担电梯复验所引发的一切费用。

### 第十三条　本合同不承担项目

1. 本合同所述设备及附属设备（如井道壁、井道工字钢、井道防水、井道隔离网、机房电源等）的一切翻修、装饰、更换维修工程。
2. 修理或更换工程中的土建工程。
3. 各种因国家或政府机关令要求而修改的设备或增加新标准附件的工程。
4. 因甲方使用不当或人为损坏，或因不可抗力所造成的修理和更换工程。

### 第十四条　合同的解除

1. 甲、乙双方协商一致，可以解除合同。
2. 任何一方严重违约导致合同无法继续履行的，另一方可以解除合同。此外合同期内任何一方不得单方解除合同。

### 第十五条　争议解决方式

本合同在履行过程中发生的争议，由双方当事人协商解决或向有关部门申请调解，协商、调解不成的，按照下列第2种方式解决（任选一种）。

1. 依法向当地法院起诉。
2. 提交仲裁委员会仲裁。

### 第十六条　其他约定

1. 普通维修、重大维修、改造或甲方要求乙方提供本合同约定以外的增值服务的，双方均应当以书面形式另行约定。
2. 维护保养记录是记载电梯运行、维护、保养的依据。每台电梯均应当建立独立的维护保养记录。维护保养记录应当一式两份，甲乙双方各保存一份，保存时间为4年。普通维修、重大维修、改造协议与抢修记录均应当与维护保养记录一并保存。

### 第十七条　附则

1. 本合同自双方签字盖章后生效。本合同生效后，双方对合同内容的变更或补充应当采取书面形式，并经双方签字确认，作为本合同的附件。
2. 合同附件为本合同组成部分，具有同等法律效力。
3. 本合同正式文本一式四份，甲、乙双方各执两份，效力相同。

【实战范本6-10】▶▶▶

## 小区弱电系统维护保养外包合同

甲方：××物业服务有限公司（以下简称甲方）乙方：外包方（以下简称乙方）。

地址：_____　　地址：_____

电话：_____　　　　电话：_____

合同条款如下。

××小区地处××市____区____路____，为确保××小区弱电智能化系统（以下简称弱电系统）稳定有效的正常运行，经双方友好协商，乙方向甲方提供有偿维护保养服务工作，达成如下协议。

一、保养服务工作事项及费用

1. 维护保养系统

经甲、乙双方友好协商，由乙方为下列系统提供维护和保养服务：电视监控系统、楼宇对讲系统、周界报警系统、家庭防盗报警系统、电子巡更系统、背景音乐与紧急广播系统、车辆道闸系统。

2. 维护保养期限

本合同有效期限为1年，服务期自____年____月____日起到____年____月____日止。

3. 维护保养形式

定期服务：乙方每周为甲方提供2次的固定维护保养时期，分别为周一和周四，维护保养时间为9:00～17:30，特殊报修8小时内上门服务，保修热线：_____。

备注：本合同中"特殊报修"是指以下内容。

（1）楼宇对讲系统出现大面积的故障。

（2）家庭报警系统出现多防区误报或不报（防区数量占总防区数量的2/3）。

（3）周界报警系统出现多防区误报或不报（防区数量占总防区数量的2/3）。

（4）电视监控系统出现大面积的图像不显示。

（5）其他系统出现大面积故障，导致小区安全受到影响。

（6）或应业主或甲方的要求。

4. 本合同维护保养总金额

本合同维护保养总金额为人民币____元（大写_____）。

5. 本合同总金额支付方式

（1）结算方式。

第一批款：于____年____月____日前支付给乙方合同总金额的25%，计人民币_____元。

第二批款：于____年____月____日前支付给乙方合同总金额的25%，计人民币_____元。

第三批款：于____年____月____日前支付给乙方合同总金额的25%，计人民币_____元。

第四批款：于____年____月____日前支付给乙方合同总金额的25%，计人民币_____元。

（2）付款证据。

在每次甲方支付给乙方维修保养款之前，乙方应给予甲方与金额相应的发票后，甲方才能开取与发票相应的支票，给予乙方或者直接转入乙方公司账号。

### 二、维修及更换费用分摊

1. 有偿服务

下列内容不属于本合同维护保养总价范围内，产生的相关费用由甲方或业主方先行支付给乙方相关费用的前提下，乙方方可提供有偿服务。

（1）由乙方提供维护保养服务的系统设备，因甲方或受小区业主委托进行装修的作业人员及其他人员的故意或无意的人为损坏，或因自然灾害造成的不可抗拒的原因（包括雷击等）所导致的意外损坏或因乙方本身所无法控制的原因而造成系统设备损坏的，产生的所有维修费、设备费及材料费用。

（2）各个系统的软硬件及升级换代（包括应小区业主的要求）和装修过程中进行的各种整修或移位。

2. 费用分摊方法

在住户所属部位需要更换、添加产品、材料或产品维修的情况下，乙方应向住户先行收取产品、材料或维修费用，如是公共部位需要更换、添加产品、材料或产品维修的情况下，乙方应向甲方先行收取产品、材料或维修费用。

### 三、双方职责

1. 甲方责任

（1）甲方应提供小区各系统平面图、设备清单及设备说明书各一套，并按各系统设备的使用说明中所载明的操作规范，合理、安全、正确地使用系统设备，避免出现人为障碍及事故。

（2）甲方在系统设备使用过程中，一旦发现系统设备的故障或出现异常情况，应立即断电，停止系统设备的运行和使用，保护好现场，并通知乙方，乙方到达后，甲方值班人员向乙方说明事故发生经过。

（3）甲方在没有收到乙方书面许可之前，必须拒绝任何非乙方授权的人员对系统设备开展与系统维护保养或维修及更换有关的工作，若甲方擅自指定非乙方授权的人员对系统设备实施了维修保养工作，甲方应对该"弱电系统"设备的无法修复承担全部责任。

（4）甲方应按乙方的维护保养作业内容为乙方工作人员提供一切所必须的便利条件，并在乙方作业完毕当日由合同双方共同确认的甲方工作人员，在乙方出具的作业单回执上签字确认乙方的维护保养项目的竣工。

2.乙方责任

（1）根据合同所约定的维护保养服务范围和定义为甲方提供系统设备的维护保养服务，如在维护保养过程中因设备原因暂时无法解决，乙方需向甲方或业主提出解决方案，以达到最终解决问题。

（2）乙方对维修过的"弱电系统"中的子设备负责半年的免费保修期限，对更换的新设备负责一年的免费保修期限。

（3）由"弱电系统"损坏、失灵、断电及人为等任何原因造成的居民财产及生命安全或小区内任何损失的，乙方不予承担任何责任及费用。

（4）每月向甲方报告乙方维护保养系统设备的运行情况，以及在维护保养中已更换的设备、零部件的数量及费用清单等；并由合同双方共同确认的甲方工作人员在乙方出具的设备运行清单上签字确认。

（5）指导甲方操作人员正确操作及安全使用系统，并提供技术咨询服务。

### 四、其他约定

（1）保养和维修服务时间：保养和维修服务时间按合同中规定的时间执行，但特殊报修的情况下可应甲方的需要，在甲方、业主或乙方另行协商确定的服务时间内进行，但产生的额外人工费等所有费用由甲方或业主方承担。

（2）如在合同履行期间内，乙方对本合同的服务事项达不到要求的情况下，甲方有权随时终止合同，但需结清维护保养等有关全部费用。

（3）若甲方未按合同约定支付合同款项，经乙方书面催告后一周内仍未收到甲方的应付款项，乙方有权暂停向甲方提供合同项下的所有维护保养服务，直至收到所有应收款项止。

（4）本合同中所提名的合同附件，是本合同有效的组成部分，双方加盖合同专用章后具有同等的效力。

（5）劳务禁止。

在本合同执行期间及本合同结束后三年内，甲方不得与乙方派驻的服务人员发生劳务关系，如甲方违反本条款，须支付给乙方违约金____元/人。

（6）争议处理。

本合同双方均应承诺信守合同，并认真履行合同，如双方发生争议且经协商无法解决，任何一方均可将争议提请其所在地的合同仲裁机构或人民法院通过诉讼程序解决。

（7）本合同中未尽事宜，甲、乙双方本着友好合作的精神增补协议，补充协议具有同等效应，本合同正本一式两份，由双方各执一份。

（8）合同份数。

本合同共八页，正本一式两份，由双方各执一份。

(9) 合同生效。

合同订立时间：_____

合同订立地点：_____

【实战范本6-11】▶▶▶

## 中央空调设施维保外包合同

根据国家和地方有关中央空调设施的安装、调试、检测、维修等法规和技术规范，为了保障中央空调系统设施正常运行，特制定本维修保养合同。

**第一条 合同双方**

甲方：××物业服务有限公司（以下简称甲方）

乙方：外包方（以下简称乙方）

**第二条 维保范围**

甲方将××广场内的下列中央空调设施设备委托给乙方进行维修、保养，具体包括：××水源热泵空调系列、板式热交换器、冷却塔、水泵、电动机、电子除垢仪、循环水系统、相关动力柜及配电箱。

乙方具体的维保范围如下。

1. 中央空调系统运行过程中发生故障的抢修工作。
2. 定期检测系统功能，保证系统正常运行。
3. 调换系统运行过程中损耗、失效的设备及零部件。
4. 定期对空调系统相关的设施、设备进行维护、保养。
5. 以上各项定期测试及维护工作内容按照约定的执行。

**第三条 双方责任**

1. 甲方责任

（1）尽量提供合同范围内的全部施工安装竣工图纸及所有空调设施的相关资料。

（2）负责中央空调设施系统的日常运行管理。

（3）发现问题立即通知乙方并为乙方执行本合同提供必要的工作方便。

（4）按合同规定的金额和支付方式支付乙方维修保养费。

2. 乙方责任

（1）根据国家和地方有关中央空调设施、设备的安装、调试、检测、维修等法规和技术规范以及招标文件要求的维保方案、乙方制定经甲方确认的服务内容与承诺，对甲方提供的合同范围内的空调设施、设备进行维修保养，保障其正常运行（不可抗拒的自然灾害和人为破坏等因素除外）。

（2）对合同范围内的空调设施、设备除进行定期维护保养外，在接到甲方空调设施故障的通知后应在1小时内派人前往检查维修，并在48小时内维修至能正常运行（因甲方配合原因导致的时间耽误作相应的时间顺延）。

（3）按维保方案定期向甲方报告合同范围内的空调设施、设备的运行情况，提供空调设施检查、处理的档案文字资料并需甲方确认。

（4）配合甲方负责做好空调设施资料建档工作，及时更新旧的资料。

（5）配合甲方及上级主管部门组织的检查、培训其他相关工作。

3.双方共同责任

遵守和执行国家、地方有关空调设施的操作、维护管理法规和技术规范。

**第四条　合同执行期限**

本合同执行自_____年_____月_____日起至_____年_____月_____日止，暂定1年。

**第五条　合同金额、付款方式**

1.合同总金额

本合同中央空调系统维修保养费，大写人民币：_____元（_____元）。

2.付款方式

本合同由双方签字生效后，甲方在签订合同后第7个月的1日起20个工作日内向乙方支付本年度维修保养费的50%（_____元）；第13个月的1日起20个工作日内向乙方支付剩余的50%（_____元）。

**第六条　违约责任**

1.在维保过程中，乙方不能按合同约定和维保方案、服务内容与承诺进行工作，甲方有权单方面解除合同并保留向乙方追究未履行部分合同金额双倍的违约金的权利。

2.乙方在接到报修的通知后，应在规定时间内派技术人员到现场进行检查维修，未在规定时间到达现场（除不可抗力因素），扣除总维保费用的10%，且每延迟一天，扣除总维保费用的2%，直至扣完尾款。维保人员到达现场48小时内无法修复故障（设备本身损坏原因除外）而导致的一切损失，由乙方赔偿。

3.设施设备在试运行、运行、检修、维保过程中发生故障所造成的一切损失由乙方承担（人为破坏和不可抗力原因除外）。

4.若经专业技术部门鉴定，由于乙方在维保过程中的不慎或过失，导致系统失灵并产生严重后果的，乙方应赔偿由此造成的一切损失并承担其他相应的责任。

5.如甲方未按合同规定时限支付维修保养费用，按合同总金额3%向乙方支付滞纳金。

**第七条　其他事项**

1.本合同由甲、乙双方法人代表或者其委托人签字并盖章后生效。

2. 本合同一式五份，甲方四份备案、乙方一份，具有同等效力。

3. 甲方的招标文件、乙方的投标文件、中标通知书、乙方的承诺、双方另行签订的补充协议为本合同的组成部分。

【实战范本6-12】

## ××小区绿化养护外包合同

### 第一章 总则

**第一条 合同双方**

甲方：××物业服务有限公司（以下简称甲方）　　　地址：

联系电话：

乙方：外包方（以下简称乙方）　　　　　　　　　地址：

联系电话：

### 第二章 合同范围、期限

**第二条 合同签订**

甲、乙双方经友好协商，就乙方承接甲方委托的养护工作订立本合同。

**第三条 本合同范围**

本合同范围是指本合同包括的正文内容条款、合同附件及合作过程中双方根据需要做出的本合同的补充约定，以上部分均为本合同有效内容，只有共同使用时方为有效。

**第四条 合同规定的服务范围**

负责甲方所管理的、所属公共绿地的植物养护，其中合同绿地面积为_____万平方米。

**第五条 服务期限和承包方式**

1. 本合同有效期自____年____月____日起至____年____月____日止。

2. 承包方式：乙方以工料全包的方式进行承包，即一切涉及绿化养护工作的费用如必要的机械设备、工具、药物、肥料、燃料、引水管等物资均由乙方自理。

### 第三章 双方权利、责任和义务

**第六条 甲方的权利、责任与义务**

1. 根据合同和规范要求审核乙方的绿化养护工作计划、绿化养护操作规范、各种预案、规章制度，检查乙方的操作记录，跟进绿化养护工作计划、绿化养护操作规范、各种预案、规章制度的落实情况，并以"月度评估记录"的形式记录下来。

2. 检查乙方的绿化养护工作，检查、抽查乙方工作人员的工作质量。对不符合绿化养护工作计划、绿化养护操作规范、各种预案、规章制度以及合同、规范要求的情况有权要求其限期整改。

3. 监督乙方工作人员的行为举止，对不符合甲方《行为规范》和小区管理规章的情形，甲方有权当场纠正，下发"违约通知单"限期整改，直至要求乙方更换工作人员。

4. 对有关环境绿化的客户投诉和客户满意度调查反映出的环境绿化服务缺陷，应及时反馈乙方，并督促其限期整改。

5. 为乙方提供存放工具、设备的场所。

6. 根据项目实际需要，为乙方提供驻场人员的办公、住宿场所。

7. 教育本公司员工遵守绿化制度，共同维护小区绿化成果。

8. 乙方操作不符合规范或合同要求、工作质量不达标，甲方将向乙方下达"违约通知单"并要求限期整改。如乙方不能如期完成整改或整改不达标，甲方将根据所造成影响的严重程度，扣除相应合同款。

9. 因乙方原因出现客户投诉，或因客户满意度调查中环境绿化指标未能达到考核标准下限，甲方可据此要求解除合同并不负赔偿责任。

10. 因乙方原因出现客户投诉，或因客户满意度调查中环境绿化指标未能达到考核标准下限，在投诉情节轻微或指标差距不大的情况下，甲方可以向乙方下达"违约通知单"，要求限期整改。如乙方不能如期完成整改或整改不达标，甲方将扣除相应的合同款，直至解除合同。

**第七条 乙方的权利、责任与义务**

1. 乙方应提前向甲方提交年、月的绿化养护工作计划（绿化工作年、月历）、绿化养护操作规范、各种预案、规章制度。严格按照规程和工作计划作业，不断改进和提高养护服务质量和水准。

2. 乙方应保质、保量地完成甲方辖区内的绿化养护工作。接受甲方的监督，服从甲方的工作安排。对于甲方提出的意见、建议及时进行整改。

3. 乙方不得将甲方提供的办公场所和宿舍挪作他用，不得留宿非工作人员。

4. 未经甲方同意，乙方不得调换养护人员。春秋季节工作量较大时要及时加派人员，以保证工作及时完成。

5. 养护人员必须经过专业培训，具备专业技术和知识、较高的服务意识和高度责任心，能够胜任本职工作。

6. 乙方应为派驻现场的工作人员统一配备工服、工牌。

7. 乙方工作人员的行为举止应符合甲方《行为规范》要求。

8. 乙方工作人员应遵守甲方的考勤管理规定，请假需提前一天向主管部门申请，待替补人员到位后方可离开。

9. 乙方工作人员负责对所养护的绿地和植物进行保护及日常巡视。

10. 乙方应就小区环境布置、植物配置为甲方提供合理方案或建议。

11. 爱护园林设备、设施，如因乙方人员所造成的损坏，由乙方承担经济责任或照价赔偿。

12. 落叶季节养护人员应每日清扫草地内落叶，其余季节应保持绿地基本整洁。

13. 如因养护人员操作不当引起的人身伤害或财产损失，由乙方自行负责并承担相应的经济损失。

14. 乙方作业时间如下。

夏季（6～8月）为6:00～10:00，15:00～19:00。

春季、秋季、冬季为8:00～17:00。

养护中补种工作，时间不予确定，以要求期限内完成为准。

15. 乙方不得将本合同内容转包给第三方。

16. 对缺损草坪、绿篱及时无偿补种，对长势不好的植株进行无偿更换，经甲方检查不合格须限期整改。

17. 乙方在养护过程中不得将绿化用水挪作他用，不得超标使用绿化用水。超过规定的用水指标，超额部分及罚款由乙方支付，挪用绿化用水的情况一经发现，按当月水费金额全额罚款。

绿化用水指标如下表所示。

**绿化用水指标**

| 绿化水井编号 | 绿地区域 | 用水指标 |
| --- | --- | --- |
|  |  |  |
|  |  |  |

## 第四章　承包费及结算方式

**第八条　绿地养护费用和结算方式**

1. 绿化面积____平方米，按绿地二级养护质量标准收费：____元/(平方米·年)，合同期内绿地养护费用共计人民币____元（大写：____）。

2. 结算方式为月结，次月10日前以支票的形式向乙方支付当期绿地养护费用。

3. 具体结算金额如下。

**结算金额**

| 月份 | 支付金额/元 | 月份 | 支付金额/元 |
| --- | --- | --- | --- |
|  |  |  |  |
|  |  |  |  |
|  |  |  |  |

**第九条　养护标准和级别**

乙方应按照国家规定的绿地养护质量标准向甲方提供养护管理工作，养护级别为二级。

### 第五章　合同延期、合同终止与违约责任

**第十条　合同延期**

合同期满前1个月，由甲、乙双方协商合同续签事宜。甲、乙双方在合同履行期限中，如乙方未达到合同要求，或累计罚款额达到合同款的1%时，合同自动终止。

**第十一条　合同终止**

甲、乙双方在合同履行期限中，如乙方未达到合同要求，并在甲方提出的合理期限内未做出整改措施时，甲方有权随时终止本合同，且无须支付任何费用以作补偿。乙方在接到甲方书面通知后的第5日，合同自动终止。

**第十二条　违约责任**

除出现不可抗力外，一切违反本合同条款规定的行为，均被视为违约，且由违约方承担由于违约所造成的一切经济损失。

1. 乙方未达到养护工作标准，应及时进行整改。若整改无效，甲方有权终止本合同并追究乙方赔偿责任。
2. 因乙方原因造成树木、花草枯死的，要及时补种；不能及时补种的，要予以赔偿。
3. 因甲方未能及时支付绿化养护费用影响乙方正常工作，乙方不承担责任。

### 第六章　合同争议处理原则

**第十三条　合同争议处理原则**

执行本合同所发生的争议，甲、乙双方应协商解决，若争议无法解决时，可提请当地仲裁委员会仲裁。

### 第七章　适用法律

**第十四条　适用法律**

本合同的订立、生效、解释、履行、变更、终止和争议的处理均受中华人民共和国法律、法规和政策的管辖。

### 第八章　合同生效及合同法律效力

**第十五条　合同生效**

本合同一式两份（其中甲方一份，乙方一份），经双方授权代表签字盖章后即生效，具有同等法律效力。

**第十六条**　本合同自签字之日起生效。

### 第十七条 合同法律效力附件

本合同未尽事宜可由双方另行协商补充,以下本合同附件和双方签约人注明明确意见的附件均为与本合同具有共同效力的法律文件。

附件一:住宅小区绿化养护等级标准(略)。

附件二:绿化养护方案(略)。

附件三:绿化养护计划书(略)。

| 甲方(盖章): | 乙方(盖章): |
|---|---|
| 签字: | 签字: |
| 签约地点: | 签约地点: |
| 日期: | 日期: |

【实战范本6-13】

## ××大厦保洁外包合同

甲方:××物业服务有限公司(以下简称甲方)

乙方:外包方(以下简称乙方)

根据《中华人民共和国经济合同法》及《物业管理条例》等有关法律、法规和政策。在平等、自愿、协商一致的基础上,就甲方委托乙方对实行专业化公共区域保洁工作特订立本合同。

### 第一条 物业基本情况

1. 项目名称:_____。
2. 地址:_____。
3. 范围:大厦地下三层至顶层公共区域保洁、大厦外围保洁。

### 第二条 委托管理事项

1. 乙方提供物业保洁服务的范围包括:××大厦所有公共部分的阶梯、平台、玻璃门、窗、过道、扶梯、大堂、电梯厅及轿厢、卫生间、地面、墙壁、通风门(窗)、消防器材、管井、物业公司办公用房、车库(包含立体车位)等所有公共区域的日常保洁、养护工作及甲方临时安排的其他保洁工作。
2. 垃圾清理及外围清洁。
3. 硬地面:抛光保养每周一次;除尘服务每日不断进行。
4. 开荒:公共区域整体精细开荒一次。
5. 耗材:除卫生纸由甲方提供外,其余合同内约定所需的材料均由乙方提供。
6. 虫害消杀:公共区域、电梯轿厢每周消毒一次。

7. 大型活动：应无偿、无条件提供甲方所需服务。

8. 专业设备：需甲方认可。

9. 服务标准：最低标准不得低于甲方质量体系文件标准，甲方质量体系文件作为本合同的附件。乙方员工应接受甲方《员工手册》的约束并按其奖惩标准进行奖惩，甲方员工手册作为本合同的附件。

10. 服务规范。

（1）资质要求：乙方应具有从事保洁服务的资质。

（2）管理机构与人力资源配置要求。

① 乙方所提供的服务人员应具备合法身份。

② 专业技术、操作人员应取得相应专业技术证书或职业技能资格证书。

③ 服务人员应具备不妨害公共卫生健康的相关证明。

④ 服务人员在服务过程中应保持良好的精神状态；表情自然、亲切；举止大方、有礼；用语文明、规范；对待顾客主动、热情、耐心、周到并及时为顾客提供服务。

⑤ 服务人员应按规定统一着装、着装整齐清洁，仪表仪容整洁端庄；按规定佩戴工牌，站姿端正，坐姿稳重，行为规范，服务主动。

⑥ 服务人员应及时、认真做好工作日志、交接班记录、账册等记录工作，做到字迹清晰、数据准确。

⑦ 服务人员应接受过相关专业技能的培训，掌握物业管理基本法律法规，熟悉办公楼的基本情况，能正确使用相关专用设备。

（3）材质清洁要求。

根据××大厦地面、镜面和墙面的材质，给出不同材质的清洁要求（见下表）。

**主要材质清洁质量要求**

| 大类 | 材质 | 清洁频次 | 质量要求 |
| --- | --- | --- | --- |
| 硬地面 | 大理石 | 1次/周 | 表面光亮、洁净、接缝四周边角无污垢（抛光处理） |
| | 花岗岩 | 1次/季 | 表面光亮、无污迹、接缝四周边角无污垢 |
| | 瓷砖 | 1次/周 | 光洁、明亮、无污渍、无水迹 |
| 金属材质 | 亚光、拉丝不锈钢 | 1次/日 | 表面色泽均一、无斑点、无擦痕、无污迹 |
| | 镜面不锈钢 | 1次/日 | 明亮、无擦痕、无印迹 |
| | 铝合金 | 1次/周 | 表面光滑、洁净、无斑点、无灰尘、无污迹 |
| 其他材质 | 玻璃 | 1次/月 | 洁净明亮、通透性强、无划痕、无水迹 |
| | 墙纸 | 1次/周 | 无斑点、无污渍 |
| | 涂料 | 1次/日 | 无灰尘、无污渍 |
| | 金箔面 | 1次/日 | 光亮、无灰尘、无污渍 |
| | 水泥装饰板 | 1次/周 | 无擦痕、无积尘 |

（4）部位清洁要求。

××大厦不同部位的环境卫生服务要求（见下表）。

**环境卫生服务要求**

| 项目 | 清洁频次 | 服务要求 |
| --- | --- | --- |
| 走廊、门厅 | 4次/日 | 地表面、接缝、角落、边线等处洁净，地面干净有光泽，无垃圾、杂物、灰尘、污迹、划痕等现象，保持地面材质原貌。门框、窗框、窗台、金属件表面光亮、无灰尘、无污渍、无絮状物。门把手干净、无痕迹、定时消毒 |
| 大堂、电梯厅 | 巡检1次/周 | 旋转门、门中轴、门框、门边缝部位光亮、无痕迹、无灰尘。旋转门空调出风口无灰尘、无污迹。门框、窗框、窗台、金属件表面光亮、无灰尘、无污渍、无絮状物。门把手干净、无痕迹、定时消毒 |
| 楼梯或消防梯地面 | 1次/日 | 地表面、接缝、角落、边线等处洁净，地面干净有光泽，无垃圾、杂物、灰尘、污迹、划痕等现象，保持地面材质原貌 |
| 楼梯扶手、栏杆、窗台、指示牌 | 1次/日 | 保持干净、无灰尘、光亮。窗框、窗台、金属件表面光亮、无灰尘、无污渍、无絮状物。指示牌、广告牌无灰尘、无污迹、无痕迹，金属件表面光亮、无痕迹 |
| 消火栓、消防箱、公共设施 | 1次/日 | 保持表面干净、无灰尘、无污渍。报警器、火警通信电话插座、灭火器表面光亮、无灰尘、无污迹。喷淋盖、烟感器、喇叭无灰尘、无污渍。监控摄像头、报警器表面光亮、无灰尘、无斑点、无絮状物。消火栓外表面光亮、无痕迹、无灰尘，内侧无灰尘、无污迹 |
| 天花板、风口、公共灯具内或外 | 1次/月 | 目视无灰尘、无污迹、无蜘蛛网，表面、接缝、角落、边线等处无污渍、无灰尘、无斑点 |
| 走廊、大堂门厅、电梯厅玻璃 | 巡检 | 保持洁净、光亮、无灰尘、无污迹、无水迹 |
| 平台、屋顶 | 1次/日 | 无垃圾堆积 |
| 服务功能性用房（如会议室、接待室、茶水间） | 1次/日并巡检 | 保持干净、整洁、无垃圾。热水炉外壳应无污迹、无水渍。不锈钢台面无水迹、无污渍、无擦痕。不锈钢水槽干净、无斑点、无污迹、无杂物、无水垢，落水口无污垢。冷、热水龙头表面光亮、无污渍、无水垢。下水道无异味、定期滴入消毒液 |
| 公共卫生间 | 16次/日 | 座厕内、小便池内刷洗干净、喷洒消毒，保持无异味、无污迹、无水渍、无垃圾、无积水，镜面保持光亮、无水迹，面盆无水锈。人造石台面无水迹、无皂迹、无毛发，光洁明亮。洁具应表面光洁、明亮、内外侧无污渍、无毛发、无异味、定时消毒。镜子明净、无水渍、无擦痕，镜框边缘无灰尘。废物箱表面无污迹、无灰尘、无异味，定时消毒。外露水管连接处无碱性污垢，管道表面光亮、无灰尘。卫生间内保持空气清新、无异味 |

续表

| 项目 | 清洁频次 | 服务要求 |
|---|---|---|
| 垃圾收集 | 4次/日 | 垃圾收集点周围地面无散落垃圾、无污水、无污迹、无异味、干净整洁 |
| 电梯轿厢 | 巡检 | 轿厢壁无浮灰；不锈钢表面光亮、无污迹。垂直升降电梯轿厢四壁光洁明亮，操作面板无污迹、无灰尘、无手印、无擦痕，保持空气清新、无异味 |
| 广场、绿地 | 巡检 | 广场地面干净。外围通道地面应保持畅通，无堆放杂物、无积灰、无积水、无污迹、无油渍、无轮胎印，地面应保持原色。各类告示牌、照明灯具、栏杆、立柱、反光镜等表面无积灰、无污垢、无污迹。办公楼各进出口台阶地面、地垫按相关条款的规定。绿地、隔离带、周围无杂物、无积水 |
| 设备机房、管道 | 1次/季 | 无卫生死角、无垃圾堆积、无灰尘、目视无蜘蛛网、无污渍、无水渍 |
| 外墙（3米以下） | 1次/天 | 目视洁净、光亮、无污垢。表面、接缝、角落、边线等处洁净，无污迹、无灰尘、无划痕 |
| 烟灰缸、垃圾桶 | 巡检 | 桶无满溢、无异味、无污迹。烟蒂不超过3枚、废弃物不出超过桶容量的2/3，内侧干净 |
| 电器设施 | 1次/月 | 灯泡、灯管无灰尘。灯罩无灰尘、无污迹。其他装饰件无灰尘、光亮、无污迹。开关、插座、配电箱无灰尘、无污迹 |

（5）库房安全。

①禁止无关人员进出仓库。

②库房内严禁烟火，如确需动火的，应得到主管部门批准，并将该区域的易燃易爆物资、危险化学品搬离之后方可进行。

③库房内应配置相应数量的消防器材，定期检查消防器材的有效使用情况。

④发生紧急情况时，应按应急预案迅速做出响应，及时报告主管人员，并做好记录。

（6）库房环境。

①保持仓库地面、墙面及各类设施、照明设备无灰尘、污垢、划痕、污渍、霉点等现象，接缝处无积尘。

②保持空气流畅，保证物资干燥，防止受潮。

③定期对仓库进行适当清理。

④对不合格品或废弃物应严格按照相应规定予以处理；固体废弃物的回收实施率达到100%。

（7）检验方法。

①乙方自查：每一位服务员工均应对所提供的服务实施自主检查，遇质量异常

或者顾客直接投诉时，应及时纠正，如是重大或特殊异常应立即报告主管人员和甲方。

② 甲方检查：其主要方式有常规例行检查、夜间巡查、全面检查。

③ 客户意见监督。甲方进行针对乙方保洁服务的顾客意见调查，如满意率低于95%，乙方应提供有效的整改措施。

11.人员编制：乙方"人员编制表""岗位编制表""班次表"作为本合同的附件。

### 第三条　合同期限

本合同期限为1年。自＿＿＿年＿＿＿月＿＿＿日起至＿＿＿年＿＿＿月＿＿＿日止。

### 第四条　甲方的权利和义务

1.对乙方的管理实施监督检查，每月全面进行一次考核评定，如因乙方管理不善，造成重大经济损失或管理失误，甲方有权终止合同或扣罚相应的服务酬金。

2.甲方有权对乙方的清洁工作及质量进行监督，若发现问题应及时告知乙方，有权要求乙方改善并处以相应服务酬金扣罚，直到达到甲方标准，若持续不能达到标准，甲方有权终止本合同并扣除相应服务酬金。

3.甲方有权审核乙方使用的工具、药剂、消耗材料的品牌、品种，并有权进行监督、检查（按照合同所列品牌及设备数量）。

4.甲方有权监督乙方员工的工作质量。甲方不认可的乙方员工，可以要求乙方于3日内更换，由此产生的责任甲方可要求进行赔偿。

5.甲方应向乙方提供要求所需的非机密的有关资料，支持乙方工作。

6.甲方依据实际情况向乙方无偿提供安全有效的取水、用电资源。

7.甲方有义务教育乙方员工遵守清洁卫生要求，服从有关管理，共同维护环境卫生。

8.甲方有义务在合同生效之日起向乙方无偿提供管理用房（其中包括办公用房、仓库用房、更衣间）。

9.法规政策规定由甲方承担的其他责任。

### 第五条　乙方的权利和义务

1.根据有关法律、法规政策及本合同的规定，制定××大厦保洁工作的各项管理办法、规章制度、实施细则，不得损害甲方的合法权益，获取不当利益。

2.乙方制定该清洁卫生管理的各项管理办法、规章制度、实施细则等制度条文须经甲方审验合格后方能贯彻实施。乙方需向甲方提供企业经营许可执照等相关法定证照正本供甲方验证，复印副本交由甲方存档备案。

3.负责编制××大厦范围内的年度清洁卫生工作实施方案，经双方议定后由乙方组织实施。

4.未经甲方书面同意，乙方不得将本合约议定项目以直接或者间接方式转包或者分包给第三方及其他个人。乙方不得以任何名义向第三方承揽非甲方书面同意的大厦内其他的保洁工作。

5. 若因甲方工作调整，增加乙方工作量，乙方必须全力配合并由乙方负责乙方员工的相关安全责任和乙方员工的劳动开支等。外包人员每周应保证一天公休以及法定节假日公休（法定节假日应至少保证2个人员在岗，甲方不负担外包保洁员工节假日加班而产生的加班费）。若缺勤（含病、事、假），按照每日每人____元扣罚劳动酬金，若缺勤人数超过应到岗人数的2%时，按照每人每日____元进行扣罚。

6. 接受甲方和业主的监督。甲方管理人员对乙方工作提出异议而乙方认为不合理时，乙方有权向甲方提出书面申诉。

7. 乙方有义务按照本合同及附件约定的工作范围和执行标准，遵照甲方规定时限，保质、保量完成工作任务。

8. 乙方保洁公司接管前一周，应派驻项目经理熟悉情况，此段时间不计费用。接管初期，应至少保证50%人员为熟练工。

9. 乙方保证有至少____人编制的清洁队伍负责承揽的清洁工作项目（包含管理人员、轮换休假人员）。乙方须向甲方提供有关"人员编制表""岗位编制表""班次表""通信录""岗位责任制度"及其他管理制度。依据大厦入驻进度，按双方书面约定安排承接，据实结算服务酬金。

10. 乙方有责任按照本合同约定工作内容提供必要的人力、机具及充足的清洁药剂、材料。乙方须将各类清洁机具、用品存放在甲方指定地点，并保证不损坏甲方财产，否则由乙方全额赔偿所损坏的财产。

11. 乙方需按照甲方标准要求，提供除卫生之外的一切保洁相关器材、耗材。乙方所提供的机器、工具应确保安全性、可靠性、有效性。所有药剂均应向甲方报备样品。人员未达到满编，也需依照要求上齐整套全新需用设备及耗材。

12. 乙方必须按照地方政府要求为员工办理所有证件，并向甲方提供由卫生部门认可的健康证明。乙方工作人员服装由乙方提供，甲方负责审核其款式，服装上可不做任何字样标志。

13. 乙方人员培训：乙方人员应定期接受甲方有关××大厦服务理念、服务规范的培训。乙方员工应遵守甲方的企业人力资源管理制度，尊重甲方的企业文化。乙方应按期自行组织乙方员工进行职场技能、紧急状况处置技能、灾害事故救护、人员安全和自身安全防护等培训。乙方有责任对乙方员工进行法制、卫生社会公德宣传和岗前及岗中培训，进行有效的考核检查，并做好相关记录备甲方检查。

14. 乙方有义务接受甲方的工作监督和检查。乙方员工在工作期间，若因乙方管理的过失造成的人员伤亡、财产损失，均由乙方负责。

15. 由于卫生纸由乙方人员管理，甲方应提供必要的防范措施（如纸盒均上锁），丢失卫生纸应按照丢失总量的60%由乙方承担管理责任并承担经济损失。

16. 保洁人员的工作安排可由甲方调配，乙方应无条件执行。

17. 乙方员工在做好清洁服务的同时，必须遵守甲方有关服务规范和管理制度，配合维护好××大厦的整体形象。乙方员工在工作时造成区域内人财物损失的，乙方管理人员和乙方有关当事人有义务配合甲方或政府执法部门进行相关调查工作，若是乙方工作人员所为，乙方应做出相应赔偿，甲方有权要求乙方将相关当事人移交政府执法部门处理。

18.乙方需按照国家和当地有关劳动法规为员工办理有关劳动雇佣手续和劳动保障手续及相关劳动保险。

### 第六条 管理目标及接管移交

1.乙方根据甲方的委托管理事项制定出本物业"目标管理分项考核标准"（各项劳动安全事故防护和清洁卫生管理的工作标准和考核标准），经与甲方协商同意后作为本合同的必备附件。乙方承诺，在本合同生效后一月内达到的管理标准。

2.乙方应遵守经过双方审核议定的目标管理考核标准和评分，违反目标管理细则造成责任和罚金由乙方负责。

3.乙方按照目标管理要求，每周向甲方呈报书面工作汇报；每月、每季度呈报书面工作总结、工作计划。

4.乙方承接甲方服务区域前，应对甲方现有设备情况进行查验并记录（必要时可作电子文件），经双方负责人书面认可后作为本合同的附件。

5.乙方撤离、移交甲方服务区域时，甲方应按照相关规定进行接管查验并记录，查验齐全且合格的应由甲方出具由负责人签字的书面文件，查验不合格的，应确认责任人，由相关责任人负责赔偿，如无法确认责任人的，应由乙方负责承担80%赔偿，自然老化、磨损除外。

### 第七条 服务酬金

1.外包保洁服务酬金按月计取（满员编制），每月甲方应付费用为_____元，年度总费用为_____元。前期未满员编制的，按照双方书面约定交付楼层据实结算。

2.外包保洁服务酬金由甲方按统一于每月10日前支付费用。

3.乙方在接管本保洁服务中产生的前期开荒费用，由乙方承担。

### 第八条 违约责任

1.如因乙方原因，造成甲方未完成规定管理目标或直接造成甲方经济、名誉损失的，乙方应给予甲方相应补偿；甲方有权要求乙方限期整改，并有权终止合同。

2.如因甲方原因，造成不能完成管理目标或直接造成乙方经济损失的，甲方应给予乙方相应补偿。乙方有权要求甲方限期整改，并有权终止合同。

3.如因甲方丧失××大厦物业服务权或乙方丧失提供保洁服务能力，本合同自动解除。

4.如因甲方房屋建筑或设施设备质量或安装技术等原因，造成重大事故的，由甲方承担责任并负责善后处理。因乙方管理不善或操作不当等原因造成重大事故的，由乙方承担事故责任和赔偿并负责善后处理。

5.如因乙方未按照合同约定使用指定品牌型号的清洁机具、清洁药剂、消耗材料，甲方有权终止合同。因此造成甲方财产损失的，乙方应做相应赔偿。

6.若有一方宣布或者被地方法院判定破产，本合同自动终止。双方不承担对方任何经济纠纷，双方之间的债权债务仍需清算。

7.如因甲方自身原因拖欠乙方服务酬金且超过30日，乙方有权终止本合同，并保留向甲方追索及诉讼的权利。

8.如双方中任何一方丧失合作意愿的，经双方协商一致后可书面解除本合同。双方均不承担责任，协商不成，但任何一方违约的，应支付不超过一个月的服务酬金作为补偿。

### 第九条 工作联系和保密制度

1.甲、乙双方应建立工作联系制度，相互通报管理组织架构。每月定期召开工作联系会议，洽商和协调处理有关工作。

2.甲、乙双方派驻管理人员变更应在30日内以书面形式告知对方，并确认相关派驻管理人员紧急联络方式。

3.甲、乙双方工作衔接均以书面形式进行，并由双方全权派驻代表签署意见。

4.前期未满员编制时，随大厦入驻进度，需要乙方承接保洁任务的，甲方应提前15日书面通知乙方，乙方应按时承接，因乙方原因未能顺利承接而造成甲方名誉、经济损失的，应由乙方承担经济赔偿责任。

5.双方涉及费用往来文书、文件由副总经理以上负责人签署方为有效，不涉及费用文书、文件由上述双方代表签署方为有效。

### 第十条 其他事项

1.双方可对本合同的条款进行修订、更改或补充，以书面签订补充协议，补充协议与本合同具有同等效力。

2.合同规定的管理期满，本合同自然终止，双方如续订合同，应在该合同期满60日前向对方提出书面意见。

3.本合同执行期间，如遇不可抗力，致使合同无法履行时，双方均不承担违约责任并按有关法规、政策、规定及时协商处理。

4.本合同在履行中如发生争议，双方应协商解决，协商不成时由当地人民法院依法裁决。

5.本合同的附件均为合同有效组成部分，本合同空格部分填写的文字与印刷文字具有同等效力。本合同附件和补充协议中未规定的事项，均遵照中华人民共和国有关法律、法规和政策执行。

6.本合同一式四份,甲、乙双方各执两份,具有同等法律效力。

7.本合同自签订之日起生效。

| 甲方(盖章): | 乙方(盖章): |
|---|---|
| 签字: | 签字: |
| 签约地点: | 签约地点: |
| 日期: | 日期: |

【实战范本6-14】▸▸▸

## 保安服务外包合同

甲方:××物业服务有限公司(以下简称甲方)

乙方:外包方(以下简称乙方)

依据《中华人民共和国合同法》及有关法律、法规的规定,甲、乙双方本着自愿、平等、互利的原则,就甲方委托乙方的专业保安服务事宜,签订本合同。

**第一条　委托服务区域**

略。

**第二条　委托服务期限**

1.自____年____月____日起至____年____月____日止,为期____年。

2.委托人员数量,共____人,其中包括队长1名。人员分布为各出入口24小时门卫岗共6人、园区24小时巡视岗共4人。

**第三条　甲方权利和义务**

1.甲方有权对乙方及其保安人员履行本合同约定条款进行工作指导和监督。

2.甲方有权审核并要求乙方修改执勤方案和工作服务标准。

3.甲方有权要求乙方改进并完善保安服务工作,并接受乙方对关于安全防范、消防隐患等的合理化意见和建议。

4.甲方安保部负责对乙方保安工作进行检查指导和监督考核,对发现工作表现不称职的队员,有权向乙方提出撤换,屡教不改者,按照甲方《员工手册处罚条例》处以相应的经济处罚。

5.依据本合同条款及附件内容,由于乙方保安人员在服务工作时的过失(脱岗、串岗、睡岗)或故意行为造成甲方经济损失的,甲方有权要求乙方承担赔偿责任。

6.甲方有根据具体情况临时调整乙方保安人员工作内容、岗位、时间的权利,乙方保安人员应服从甲方的调整安排。

7. 小区内发生治安、刑事案件或突发事件时，乙方应及时采取相应措施，甲方应协助乙方会同政府相关主管部门妥善解决。

8. 甲方为乙方保安人员提供必要的工作条件，包括值班室、桌椅、组织学习、训练的场所等。

9. 甲方负责教育本公司工作人员自觉遵守和维护安全管理规定，配合乙方保安人员履行保卫职责。

10. 按照合同约定的付款时间和方式向乙方支付保安服务费。

第四条  乙方权利和义务

1. 乙方有权要求甲方按时支付本合同约定的保安服务费用。

2. 乙方有权拒绝履行合同外甲方提出的违反国家法律法规的保安服务的要求。

3. 乙方向甲方提供门卫（岗）服务、巡逻及其他因甲方管理面积增加需委托给乙方的服务。

4. 乙方向甲方提供各岗位职责和工作标准、各类突发事件处理方案。

5. 乙方应当提供符合本合同约定条件、执勤方案要求能达到甲方满意的保安服务人员质量和数量。

6. 乙方保安人员的工资、各项福利待遇、社会保险等均与甲方无关，由乙方全权负责承担。乙方及乙方人员在履行合同义务时发生的人身伤害事故及给他人造成的人身伤害或财产损失的，均由乙方承担相应法律责任，甲方对此不承担连带责任。

7. 乙方提供的保安人员不符合本合同约定条件的或违反甲方规章制度的，乙方应当于甲方提出更换要求之日起____日内予以更换合格人员。

8. 乙方应积极配合甲方与公安、消防、城管、市容等政府相关职能部门的工作，并保持良好关系。

9. 乙方保安人员在执勤时发现治安、刑事案件、火情等事故，应立即采取有效措施，并及时报告甲方保卫部人员，同时注意保护现场。

第五条  人员要求

1. 乙方保安人员年龄须在50岁以下，身高165厘米以上，胖瘦适中，形象端正，身体健康，具备一定的身体素质要求。

2. 乙方需为乙方保安人员提供统一工服、工鞋等，并随季节更替变换工服。

3. 乙方保安人员应具备政府法律法规规定的保安人员任职条件及合法手续。

4. 乙方保安人员应具备良好的服务意识，个人品行端正，无治安拘留等违法犯罪记录。

5. 甲、乙双方对保安人员进行月度考勤统计，如发生对保安人员服务行为的投诉的，第一次提醒，第二次警告，第三次给予相应处罚并更换人员。

6. 乙方应经常检查乙方保安人员的文明执勤、礼貌用语，注重维护甲方企业形象，确保小区的治安稳定和安全，尽心尽责做好小区的卫士。

7. 乙方应向甲方提供所派人员的花名册、籍贯、身份证复印件等。

**第六条 保安服务费及支付方式**

1. 保安服务费为_____元/(人·月)，年费用合计为_____元。

2. 支付方式：甲方依据保安月度服务表的月度统计情况，在次月10日前以支票形式支付保安服务费，乙方需提供正式发票。

**第七条 合同变更及违约责任**

1. 甲、乙双方经协商一致后在合同有效期内可变更本合同。

2. 在合同有效期内单方提出终止合同的，须向对方支付两个月的保安服务费作为违约赔偿金。

3. 乙方提供的保安人员不符合本合同约定的任职条件的，视为未提供相应的保安人员。

4. 乙方提供的保安人员不符合本合同约定的数额的，乙方应于接到甲方电话或书面通知时，5日内予以补足；否则，甲方有权按照缺岗天数及数额扣除相应服务费用。逾期10天，甲方有权解除本合同。

**第八条 不可抗力**

1. 本合同有效期内，任何一方因不可抗力因素导致不能全部或部分履行本合同约定的义务的，不承担违约责任。

2. 遭遇不可抗力事件的一方应当于不可抗力事件发生后立即通知另一方。

**第九条 争议解决**

甲乙双方因履行合同发生争议的，双方协商解决，协商不成的，任何一方可向所属地有管辖权的人民法院提起法律诉讼。

**第十条 合同续签**

本合同执行到期后，甲、乙双方同意继续签订的，应提前____日提出书面意见，如单方提出不再继续签订的，应提前____日书面通知对方。

**第十一条 附则**

1. 甲、乙双方须遵守商业道德标准，除法律要求或履行合同必须的信息外，不得向本合同外任何第三方泄露对方的企业信息。

2. 本合同一式两份，甲、乙双方各执一份，合同附件具有同等法律效力。

3. 本合同自甲、乙双方签字盖章之日起正式生效。

甲方（盖章）： 乙方（盖章）：
签字： 签字：
签约地点： 签约地点：
日期： 日期：

## 第五节 非核心业务外包质量控制

### 一、确立质量目标

质量目标是指在质量方面所追求的目的,质量目标通常依据组织的质量方针制定。通常对组织的相关职能和层次分别规定质量目标,质量目标应是可测量的,便于检查和考核。分项服务的质量目标通常由物业公司的服务质量目标分解而来,所以,在制定外包业务的服务质量目标时要了解整个物业公司的质量目标,具体内容如表6-1所示。

表6-1 某物业公司的质量目标

| 序号 | 质量目标 | 目标值 | 统计依据 | 定义 | 统计计算公式 |
| --- | --- | --- | --- | --- | --- |
| 1 | 房屋、设备、设施保养及时率 | 100% | 房屋、设备、设施巡检记录、报修单 | 反映区域内维修保养人员根据年度维修保养计划对于房屋、设备、设施的维修保养情况 | $1-\dfrac{未按计划完成的维保项次}{按计划应完成的维保项次}\times 100\%$ |
| 2 | 房屋、设备设施及时报修率 | 100% | 报修单 | 反映区域内影响正常开(营)业、人身安全、系统运行的房屋、设备、设施故障信息传递及时情况,主要体现24小时内的巡检故障信息报告情况 | $\dfrac{按时报修项数}{故障总项数}\times 100\%$ |
| 3 | 房屋、设备、设施及时修复率 | 90% | 报修单 | 反映区域内影响正常开(营)业、人身安全、系统运行的房屋、设备、设施故障信息传递及时、维修人员到场及时、处理及时、结果反馈及时等,主要体现24小时内的巡检报修、修复情况。其中因备品、备件采购原因(维修时间由条线工程师决定)而引起的故障除外 | |

续表

| 序号 | 质量目标 | 目标值 | 统计依据 | 定义 | 统计计算公式 |
|---|---|---|---|---|---|
| 4 | 房屋、设备、设施修复合格率 | 99% | 报修回访记录 | 反映区域内房屋、设备、设施等修复质量，项目维修后3日，回访/反馈质量合格 | $\dfrac{回访/反馈合格次数}{报修回访/反馈总次数} \times 100\%$ |
| 5 | 设备、设施完好率 | 98% | 设备、设施运行巡视记录 | 反映区域内设备、设施正常运行过程中的完好程度，按不同的条件考核，主要考核系统设备、整机设备、泵类、电梯、控制柜等。对于末端设备，如灯具、开关、插座、阀门、音响、现场控制模块、房屋设施等，不纳入完好率考核，只作维修及时率考核 | A. $\dfrac{强电设备完好项数}{强电设备总项数（894）} \times 100\%$<br>B. $\dfrac{弱电设备（含电梯）完好项数}{弱电设备（含电梯）总项数} \times 100\%$<br>C. $\dfrac{空调电设备完好项数}{空调设备总项数（572）} \times 100\%$<br>D. $\dfrac{给排水设备完好项数}{给排水设备总项数（149）} \times 100\%$ |
| 6 | 突发事件正确处理率 | 100% | 突发事件处理报告 | 反映区域内现场发生突发事件时，由相关部门经理和（或）值班经理根据现场反馈信息按《突发事件处理管理办法》进行处理，使突发事件及时得到控制和正确处理 | $1- \dfrac{未能正确处理的突发事件次数}{考核期突发事件总次数} \times 100\%$ |
| 7 | 重大责任事故发生率 | 0 | 重大责任事故处理报告 | 反映区域内因物业管理中心或中心员工责任引起的重大责任事故发生率；因事故造成死亡1人/次或重伤2人/次以上的；被媒体曝光并产生重大影响的；经济损失≥×万元/次 | 按次累计计算 |
| 8 | 环境保洁合格率 | 95% | 物业管理工作质量考核表 | 按物业管理处对于环境管理部的抽查不合格项规定分值统计 | $1- \dfrac{\Sigma 不合格规定分值}{100} \times 100\%$ |

续表

| 序号 | 质量目标 | 目标值 | 统计依据 | 定义 | 统计计算公式 |
|---|---|---|---|---|---|
| 9 | 顾客投诉处理及时率 | 100% | 顾客投诉处理记录 | 反映区域内为保证顾客投诉得到有效的处理和回复,使对客服务工作中出现的问题得到及时处理 | $1-\dfrac{\text{未及时处理的顾客投诉次数}}{\text{考核期顾客投诉总次数}}\times 100\%$ |
| 10 | 顾客投诉次数 | 0.5‰ | 顾客投诉处理记录 | 本标准反映区域内针对物业管理中心或中心员工工作范围内的顾客投诉次数 | $\dfrac{\Sigma\text{顾客投诉次数}}{\text{顾客总人数}}\times 100\%$ |
| 11 | 技术员工上岗持证率 | 100% | 相关岗位证书 | 本标准反映物业管理工作中工程部技术员工中持证上岗的比例 | $\dfrac{\text{持岗位有效证书的技术工人数}}{\text{技术工人总数}}\times 100\%$ |
| 12 | 服务质量合格率 | 98% | 物业管理工作质量考核表 | 按物业管理处对于服务部的抽查不合格项规定分值统计 | |
| 13 | 安保部工作合格率 | 98% | 物业管理工作质量考核表 | 按物业管理处对于安保部的抽查不合格项规定分值统计 | $1-\dfrac{\Sigma\text{不合格规定分值}}{100}\times 100\%$ |

## 二、制定质量标准

质量标准是对服务质量要求及其检验方法等所作的统一技术规定,是检验和评定服务质量的重要依据。

物业服务质量标准的制定要与物业项目的服务等级相对应,在制定时要参考《住宅物业服务等级规范》,该规范将物业服务分为三个等级,即一级、二级、三级,等级越高,服务的要求也越高。

具体分项服务的质量标准也要与物业服务等级相适应,当然,尽量能超越物业公司的质量标准。以下提供一份绿化养护标准供参考(表6-2)。

表6-2 绿化养护标准

| 分类 | 类别 | 养护标准 | | |
|---|---|---|---|---|
| | | 一级 | 二级 | 三级 |
| 现场基础业务 | 乔木 | 生长旺盛,枝叶健壮,水分充足,无枯死 | 生长旺盛,枝叶健壮,水分充足,无枯死 | 无枯死 |

续表

| 分类 | 类别 | 养护标准 | | |
|---|---|---|---|---|
| | | 一级 | 二级 | 三级 |
| 现场基础业务 | 乔木 | 病虫危害率不超过8%，单株受害率不超过8% | 病虫危害率不超过8%，单株受害率不超过8% | 无大面积病虫害 |
| | | 及时清理枯枝、断裂枝条 | 及时清理枯枝、断裂枝条 | 每季度清理一次枯枝、断裂枝条 |
| | | 当年生枝条开花的乔木越冬重剪，保留部分主侧枝 | 当年生枝条开花的乔木越冬重剪，保留部分主侧枝 | 当年生枝条开花的乔木越冬重剪，保留部分主侧枝 |
| | | 人车通行处及重要部位树头留兜，每半年修整一次 | 无 | 无 |
| | | 人车通行处枝条不阻碍人车通行，下缘线高于2米 | 无 | 无 |
| | | 每年保证施有机肥一次，施肥深度不少于30厘米 | 每年保证施有机肥一次，施肥深度不少于30厘米 | 无 |
| | | 冬季防寒刷白一次、不耐寒植物（如海枣等）进行冬季防冻包装 | 冬季防寒刷白一次 | 冬季防寒刷白一次 |
| | 造型植物及灌木 | 及时保证水分、无枯死 | 及时保证水分、无枯死 | 无枯死 |
| | | 病虫危害率每百平方米不超过8%，单株受害率不超过8% | 病虫危害率每百平方米不超过8%，单株受害率不超过8% | 无大面积病虫害 |
| | | 无枯枝枯叶，无缺苗、死苗，无黄土裸露，超长10厘米即修剪 | 每年修剪3~4次 | 每年修剪1~2次 |
| | 绿篱地被 | 多种植物成片种植的轮廓线整齐、有层次 | 无 | 无 |
| | | 病虫危害率每百平方米不超过5% | 病虫危害率每百平方米不超过5% | 无大面积病虫害 |
| | | 绿篱、花丛两侧垂直面修剪整齐美观，平面持基本平整 | 绿篱、花丛两侧垂直面修剪整齐美观，平面持基本平整 | 绿篱、花丛两侧垂直面在生长期每季度修剪2次以上 |
| | | 无枯枝枯叶，无黄土裸露，无杂草 | 无黄土裸露，无杂草 | 无较大杂草（杂草不高于绿篱） |
| | | 纯花坛无残花，无杂草；超长5~10厘米即修剪 | 每年修剪3~4次 | 每年修剪2~3次 |
| | | 尚未郁闭的花坛，土壤疏松，无杂草 | 无杂草 | 每月清理杂草1次以上 |

续表

| 分类 | 类别 | 养护标准 | | |
|---|---|---|---|---|
| | | 一级 | 二级 | 三级 |
| 现场基础业务 | 绿篱地被 | 草边切除整齐、草坪不入花丛 | 无 | 无 |
| | | 生长旺盛，缺苗、死苗及时更换 | 缺苗、死苗及时更换 | 缺苗、死苗每年补种1次 |
| | | 过密花丛及时分栽、老化花丛及时翻种 | 无 | 无 |
| | | 每季度施肥一次（主要针对长势较差以及观花植物） | 每季度施肥一次（主要针对长势较差以及观花植物） | 无 |
| | 草坪 | 及时浇水、无枯死，总体平整 | 无枯死 | 无枯死 |
| | | 抽查的草坪范围杂草率低于3%，纯度达97%以上 | 抽查的草坪范围杂草率低于10%，纯度达90%以上，无较大（高度超过10厘米）杂草 | 每月全面清理杂草1次以上 |
| | | 外力破坏后3天内修复 | 外力破坏后3天内修复 | 外力破坏后10天内修复 |
| | | 每年至少全面修剪3次以上，其余时间保证草丛不遮盖或者不进入路牙（还应注意草坪灯、路灯杆、音箱、垃圾桶等处的草坪也应经常修剪） | 每年至少全面修剪3次以上，其余时间保证草丛不遮盖或者不进入路牙（还应注意草坪灯、路灯杆、音箱、垃圾桶等处的草坪也应经常修剪） | 每年全面修剪1～2次 |
| | | 病虫危害率每百平方米不超过3% | 无 | 无 |
| 绿化消杀 | 机械操作 | 在进行机械作业时，作业人员佩戴好防护用品，有现场作业标识；作业时间不影响业主的正常生活 | 在进行机械作业时，作业人员佩戴好防护用品，有现场作业标识；作业时间不影响业主的正常生活 | 在进行机械作业时，作业人员佩戴好防护用品，有现场作业标识；作业时间不影响业主的正常生活 |
| | 病虫害控制 | 针对不同的品种和季节进行病虫害消杀，有完整的消杀及评估记录 | 针对不同的品种和季节进行病虫害消杀，有完整的消杀及评估记录 | 针对不同的品种和季节进行病虫害消杀，有完整的消杀及评估记录 |
| | | 每月进行1次全面预防性消杀，并做记录 | 每月进行1次全面预防性消杀，并做记录 | 无 |
| | | 消杀药品按照危险物品进行管理 | 消杀药品按照危险物品进行管理 | 消杀药品按照危险物品进行管理 |
| 总体 | | 病虫害预防及时，无大面积病虫害现象发生及无明显损失 | 病虫害预防及时，无大面积病虫害现象发生及无明显损失 | 无大面积病虫害现象发生及无明显损失 |

续表

| 分类 | 类别 | 养护标准 | | |
|---|---|---|---|---|
| | | 一级 | 二级 | 三级 |
| 总体 | | 不同植被结合部有切边处理,边沟基本清晰无杂草 | 无较大杂草 | 无 |
| | | 无黄土裸露现场,无缺水,无缺肥 | 无缺水 | 无枯死 |
| | | 草皮修剪基本整齐,不凌乱 | 草皮修剪基本整齐,不凌乱 | 草皮修剪不凌乱 |
| | | 各类绿篱花球不超长,不凌乱,修剪整齐美观 | 各类绿篱花球不凌乱,形状基本存在 | 形状基本存在 |
| | | 绿篱、花丛内无垃圾、无石块、无枯枝枯叶 | 无 | 无 |
| | | 绿化作业应做到工完场清,绿化垃圾及时清收,不隔夜存放 | 绿化作业应做到工完场清,绿化垃圾及时清收,不隔夜存放 | 绿化作业应作到工完场清,绿化垃圾及时清收,不隔夜存放 |

### 三、加强双方沟通

物业公司与承包商应建立畅通的沟通渠道。

（1）物业公司负责根据物业小区的实际情况，指定1名或1名以上的监控人员，负责对承包商的服务质量进行监控。

（2）要求承包商每月底固定于某日（如每月28日）之前，提交下月的业务计划；每月初固定某日（如6日）前，提交上月问题的整改措施及上月《承包项目月度工作报告》。

### 四、开展质量检查

物业公司要针对外包服务建立质量检查制，质量检查要将双方都纳入进来，通常质量检查包括周检、月检、季检。

（一）周检

物业公司监控人员每周会同承包商现场负责人对外包业务的服务质量进行一次检查，并记录，双方签字确认后各留一份。

（二）月检

物业公司的相关部门负责人或其授权人组织监控人员会同承包商的经理或以上级别负责人、现场负责人，共同对服务质量每月至少进行一次全面检查和考评。物业公司根据检查结果填写记录，双方签字确认。

> **提醒您：**
> 进行月检的具体检查时间和方法，由物业公司决定，通常不提前通知承包商，以使检查更具真实性。

### （三）季检

物业公司、物业管理处或工程部门，在每季度以业务督导、互控、专项检查等检查形式对服务质量进行一次全面检查和评估。具体的检查时间和方法通常也不提前通知承包商。

## 五、处理质量问题

### （一）整改不合格项

外包服务提供过程中总有不如意的地方，如果发现外包方的质量有问题，该怎么办？当然是要求对方进行整改，在双方沟通的过程中，可以运用书面的问题整改通知书来进行。该文件的制作格式比较简单，可以采用表格的形式来进行。表格最好是有两联：一联由管理处留存；另一联由外包方留存，这样方便以后的追踪处理。

当承包商整改完毕后，物业公司应再一次检查确认整改的效果。

### （二）扣除相应的服务费

如承包商提供的服务质量达不到合同规定的标准，应扣除相应的服务费。服务费具体如何规定也可以在合同中明确。

**【实战范本6-15】**

## 保洁外包人员现场服务质量监控操作规范

**1. 目的**

为了确保保洁外包现场服务质量得到有效监控，特制定本操作规范。

**2. 适用范围**

适用于实施保洁外包业务的各管理项目对于外包方现场服务质量的监控。

**3. 程序**

3.1 日检

3.1.1 各服务中心保洁管理员会同外包方现场管理人员，每日（含节假日）一次对保洁外包现场服务质量进行检查，检查情况记录于"清洁服务工作检查记录表"，由双方签字确认后各保留一份。

3.1.2 各服务中心保洁管理员于次日检查之前，对日检发现不合格问题的整改情况进行验证，并做好记录。

3.1.3 要求每日检查内容至少包括2～3个楼道、3～5处公共设施、2～3个保洁员的行为规范，一并查看环境卫生整体效果。

3.1.4 要求日检每10天覆盖整个辖区所有的保洁岗位，每月覆盖整个辖区所有的保洁工作点，在"清洁工作检查巡视覆盖表"中予以体现，防止出现盲点。

3.2 月检

3.2.1 各服务中心经理层会同外包方经理层，每月至少一次对保洁外包现场服务质量进行全面检查，检查情况记录于"清洁服务工作检查记录表"，由双方签字确认后各保留一份。

3.2.2 各服务中心经理层组织对月检发现不合格问题的整改情况进行验证，并做好记录。

3.3 季度评估

3.3.1 公司相关职能部门每季度组织一次，对保洁外包现场服务质量进行检查评估，出具不合格报告，不合格项不计入合同约定的考核范围。

3.3.2 各服务中心负责督促外包方制定整改措施、完成时间节点，并跟踪、验收整改结果，予以上报。

3.3.3 公司依据季度评估结果对各服务中心保洁外包现场服务质量进行排名，对前三名依次给予1000元、800元、600元的奖励。

3.3.4 奖励对象为各服务中心保洁外包单位，各服务中心负责监督奖励款项必须落实到该项目的保洁人员，外包单位不得截留。

3.4 奖罚原则

3.4.1 日常检查以保证现场整体服务质量为目标，发现问题后，必须及时向外包方指出，予以记录，并跟踪验证外包方整改落实情况，但对于是否开不合格项并按合同约定进行处罚，各服务中心可酌情考虑。

3.4.2 对于检查或日常服务提供过程中发现的以下问题，必须严格按合同约定进行处罚。

（1）依据合同约定标准判定的严重不合格项。

（2）顾客对保洁外包服务质量的有效投诉。

（3）外包保洁员工与顾客发生争吵、打架斗殴行为。

（4）社会评查发现不合格问题，影响公司荣誉。

（5）外包保洁员工用不正当手段收买我方监控人员。

（6）外包保洁员工私自拿用、盗窃我方员工或顾客的私人物品。

（7）外包保洁服务人员、工时不足。

3.4.3 对于顾客给予外包保洁员工实质性的表扬，经确认后，按合同约定给予外包方奖励。

3.5 其他

保洁外包后仍应坚持以下几点。

（1）"人过地净"的传统不能变。

（2）行为规范不能变。

（3）安全员夜间兼顾辖区保洁工作不能变。

（4）各级值班人员接待、调查、处理业主对保洁工作的投诉不能变。

（5）检查指导外包方对员工的培训不能变。

（6）尊重、支持、关心外包方管理人员、保洁员工作不能变。

【实战范本6-16】

## 绿化外包服务质量评审细则

**1. 总则**

1.1 甲方负责根据小区的实际情况，指定一名或一名以上的监控人员，负责对乙方的服务质量进行监控。

1.2 乙方每月28日前，提交下月的绿化养护作业计划；每月10日前，提交上月问题的整改措施及上月"承包项目月度工作报告"。

**2. 监控办法**

2.1 内部监控。

对乙方的内部监控包括周检、月检、季检。

2.1.1 周检：甲方监控人员每周会同乙方现场负责人对绿化养护服务质量进行一次检查，并记录，双方签字确认后各留一份。

2.1.2 月检：甲方部门负责人或其授权人组织环境责任人会同乙方经理或以上级别负责人、现场负责人，共同对服务质量每月至少进行一次全面检查和考评。具体检查时间和方法，不提前通知乙方。甲方根据检查结果填写记录，双方签字确认。

2.1.3 季检：甲方公司、片区或部门，在每季度以业务督导、互控、专项检查等检查形式对服务质量进行一次全面检查和评估。具体的检查时间和方法不提前通知乙方。

2.2 外部监控办法。

2.2.1 外部监控包括以下两类。

（1）客户评估：客户日常投诉；甲方公司每半年一次的顾客意见调查。

（2）社会评查：外部质量审核机构的监督检查；优秀小区（大厦）的验收检查；政府有关部门的检查；物业公司组织的参观、评比、检查等。

2.2.2 社会评查，如甲方事先知道检查时间的，甲方须通知并要求乙方区域经理或以上负责人一同参加；没有通知时间的，要求乙方现场负责人一同参加。社会评查结束后，甲方须记录社会评查意见，经乙方确认后，作为月度与季度评估的参考依据。

3. 评分标准

承包公司每月的内部检查得分、外部监控检查得分的总和除以检查次数，日检不纳入考核范围，80分以上为合格，90分以上为优秀。

4. 评审方法

4.1 甲方每月评审主要以周检和月检记录的不合格项作为评审依据，不合格包括轻微不合格和严重不合格。在服务合同中应确定每周、每月和每季度轻微不合格项数及严重不合格项数。

4.2 每月5日前对乙方的服务效果进行总结评估，填写"工作评估报告"，交乙方确认，并抄送甲方公司品质管理部，评估报告作为是否扣减乙方服务费用的重要依据。

4.3 轻微不合格的判定以检查标准为依据。

5. 考核方法

5.1 甲方每月对绿化养护服务质量的评估评审主要以周检和月检记录的不合格项作为评审依据。管理区域绿化养护每周轻微不合格项限额为____个，每月轻微不合格项限额为____个；每周严重不合格项限额为____个，每月严重不合格项限额为____个。

5.2 轻微不合格项每周内或一个月内超过以上限度，每超过1项，扣除乙方当月绿化养护服务承包费，标准如下。

（1）绿化养护面积在5万平方米以下项目____元/项。

（2）绿化养护面积在5万～10万平方米项目____元/项。

（3）绿化养护面积在10万平方米以上项目____元/项。

以此类推。

注：非乙方责任造成的现场绿化养护质量问题不予以不合格判定，但乙方未在指定时间内整改将作为不合格判定。

5.3 严重不合格项每周内或一个月内超过以上限度，每超过1项，扣除乙方当月绿化养护服务承包费，标准如下。

（1）绿化养护面积在5万平方米以下项目____元/项。

（2）绿化养护面积在5万～10万平方米项目____元/项。

(3)绿化养护面积在10万平方米以上项目____元/项。

依此类推。

注:非乙方责任造成的现场绿化养护质量问题不予以不合格判定,但乙方未在指定时间内整改将作为不合格判定。

5.4 住户对绿化养护服务质量的有效投诉(经甲方和乙方现场主管人员验证属实)每出现1次,扣除乙方当月承包费____元,依此类推。未在规定的时间内处理投诉(排除不可抗力),加扣乙方当月服务费____元/次。

5.5 无论任何原因,乙方员工与住户每发生1次争吵,扣除乙方当月服务费____元;与住户发生打架斗殴行为,乙方应立即调换服务人员,并扣除乙方当月服务费____元/次,依此类推。

5.6 社会评查,提出绿化养护服务质量严重不合格,每出现1项,扣除乙方当月承包费,标准如下。

(1)绿化养护面积在5万平方米以下项目____元/项。

(2)绿化养护面积在5万~10万平方米项目____元/项。

(3)绿化养护面积在10万平方米以上项目____元/项。

依此类推。

5.7 乙方工作人员馈赠、贿赂物业公司监控人员,每发现1次,扣除乙方当月承包费____元。

5.8 乙方工作人员私自拿用、盗窃甲方及其员工或住户物品,每发现1次,扣除乙方当月承包费____元。

5.9 乙方保证现场主管(或负责人)流动更换频率不高于____人/年(甲方要求更换的情况除外),每超出1人次扣除乙方当月承包服务费用____元。

5.10 每季度累计达到____个轻微不合格或____个严重不合格,将取消绿化养护服务供方资格,甲方有权即时解除双方合同。

5.11 甲方有权随时检查乙方绿化养护物资、用具到位情况,并抽查其质量。

5.12 出勤人数少于实际编制人数时处理方法如下。

5.12.1 员工调休,没有事先通知甲方的,按每人次一个严重不合格判罚。但一个月以内(自然月)出现三次以上(含三次)的按条款5.12.2执行。

5.12.2 除调休外的其他缺岗情况,或是一个月内出现三次(含三次)以上员工调休没有通知甲方的,按每岗位____元/(人·月)的标准从当月承包服务费中扣除。

5.12.3 恶劣天气(注:灾害天气除外)不适宜现场绿化日常养护作业,乙方预安排工作人员休息时须在当日内经甲方环境负责人以上人员认可,并在现场预留对接人员后,方可安排其余养护人员休息。如遇特殊情况,需养护人员到岗时(正常上班时间内），乙方确保相关人员1小时内全部到达养护现场。

5.13 为提高乙方员工的积极性，甲方将对乙方员工的下列行为给予奖励。

5.13.1 拾金不昧，上交至物业服务中心，物品价值在____元以上的，给予____元的现金奖励。

5.13.2 乙方员工受到业主的书面表扬，确认属实的，每次给予乙方____元的现金奖励。

5.13.3 乙方及时发现或排除甲方区域的安全隐患，避免损失在____元以上的，每次给予乙方____元的现金奖励。

5.13.4 乙方保证业主对绿化养护服务质量的感受，在年末物业公司委托其他社会调查机构进行的客户满意度调查中（甲方保证该调查的公正、客观），绿化养护服务满意度达到93分（100分制）以上，每提高一个百分点甲方给予乙方物质奖励（在当月承包费中体现），标准如下。

（1）绿化养护面积在5万平方米以下项目____元/分。

（2）绿化养护面积在5万～10万平方米项目____元/分。

（3）绿化养护面积在10万平方米以上项目____元/分。

依此类推。

5.14 乙方员工未经甲方许可，擅自在甲方管理范围内拾荒及当班时间擅自为住户提供绿化养护服务，每发现一次，扣除乙方当月承包费____元。

5.15 乙方应确保在甲方现场的工作人员服装干净、整齐，无损甲方的形象。一经甲方发现乙方现场工作人员有衣着不整等严重影响甲方形象的情况，每发现一次扣除乙方当月承包服务费____元。

5.16 不合格项的判定以《绿化外包服务服务质量评审细则》为依据进行。

【实战范本6-17】▶▶▶

## 电梯维保外包质量监督办法

### 1.目的

为确保外包电梯维修保养质量，保证电梯安全运行，特制定本办法。

### 2.适用范围

适用于工程部对管理处外包电梯维修保养的监督管理。

### 3.职责

（1）工程部负责严格审核外包方的维修保养资质及评估维保技术力量。

（2）工程部负责对外包电梯进行月度检查，对维保质量进行评审。

（3）工程部和管理处必须认真执行本规程，不得徇私舞弊，确实保证外包电梯维保质量。

## 4. 内容

### 4.1 管理处

4.1.1 管理处要求外包方提供现场维保人员的资格证书复印件及简历，以备案。

4.1.2 管理处要求外包方对现场维保人员的变更应出具书面通知。

4.1.3 管理处应要求维修保养单位的现场人员必须遵守本物业公司的员工守则。如有违反，应及时指正并向维修保养单位提出书面整改通知，对严重违规者，提出撤换要求。

4.1.4 管理处要求维修保养单位出具月度电梯保养计划。

4.1.5 管理处不定期抽查电梯计划保养的执行情况。

4.1.6 管理处监控电梯故障维修过程，包括通知时间、到达现场时间、离开现场时间。

4.1.7 对4.1.5和4.1.6两项工作中发现问题，管理处及时向外包方提出整改要求。

### 4.2 电梯部

4.2.1 若管理处出现电梯困人事件，外包方必须向电梯部和管理处出具困人事件报告。

4.2.2 电梯部建立电梯保养检查评分标准，以此标准为基础，联合管理处，对外包方保养电梯进行月度检查，检查结果三方确认签字（满分100分）。

4.2.3 检查评分结果和保养费挂钩。

（1）积分90分（含90分）以上，为合格。

（2）积分80～90分，扣当月总保养费的（90-实际积分）%。

（3）积分70～80分，扣（100-实际积分）%。

（4）积分70分以下，扣当月总保养费的50%。

4.2.4 电梯部以检查结果为基础，以月度为单位，出具整改单，督促改进保养工作。

4.2.5 电梯部以季度为单位，出具外包电梯监管报告。

4.2.6 电梯部以年度为单位，出具外包方评估报告。

4.2.7 电梯部与电梯外包方不定期举行维保沟通会，就电梯维保工作中的问题进行有效协商。

## 5. 记录

（1）电梯部保养检查评分记录表（升降梯）。

（2）电梯部保养检查评分记录表（扶梯），记录保存至维修保养合同终止后两年。

【实战范本6-18】

## 外包项目服务问题改善通知书

（第一联：管理处存）

部门：　　　　　　　　　　　　　　　　　　　　　年　月　日

| 发现问题描述/合理化建议： |  |
| --- | --- |
| 处理意见： | 确认与承诺： |
| 签发人： | 外包方负责人： |
| 整改期限 | 限在___月___日___时前整改完毕 |
| 整改结果： | |
| 验收人：_____　时间： | |
| 备注栏： | |

注：此单适用于管理处对外包方（清洁、消杀、绿化、电梯等）服务质量的监督检查及合理化建议用途。

（第二联：分包方存）

部门：　　　　　　　　　　　　　　　　　　　　　年　月　日

| 发现问题描述/合理化建议： |  |
| --- | --- |
| 处理意见： | 确认与承诺： |
| 签发人： | 分包方负责人： |

【实战范本6-19】

### 外包服务质量评定和费用计算表

| 检查单位　评分　周期 | 一周 | 两周 | 三周 | 四周 | 五周 | 全月平均 | 服务承包费 |
|---|---|---|---|---|---|---|---|
|  |  |  |  |  |  |  |  |
|  |  |  |  |  |  |  |  |
|  |  |  |  |  |  |  |  |
|  |  |  |  |  |  |  |  |
| 合计 |  |  |  |  |  |  |  |
| 管理处负责人签字 |  |  |  |  |  |  |  |
| 外包方负责人签字 |  |  |  |  |  |  |  |

# 第七章
# 节能降耗降成本

> **引言**
>
> 物业管理本是一个微利性行业,在业主不断要求提高服务质量的同时,就要考虑通过如何进行开源节流、节能降耗工作,使得物业公司健康发展。节能降耗是一个全员参与、持之以恒的事情,因此,要培养员工成本意识、节约意识,使每位员工都明白,降低成本、厉行节约,本身就是在减轻企业的负担,就是在增加企业的经济效益。

## 第一节 物业公司节能降耗概述

在全球经济走弱的形势下,各种能源价格日益上涨、物业服务费不断下调的现状下,物业公司的利润空间已经非常小了。在这种情况下,怎样才能保存并扩大物业公司的生存空间呢?开展节能降耗,构建低碳物业无疑是一个非常重要的途径。

### 一、物业公司在建筑节能降耗中的重要性

节能减排及能源革命,给建筑领域的节能提出新要求。住房和城乡建设部发布的国家标准《绿色建筑评价标准》,自2015年1月1日起实施,其中绿色建筑评价指标体系在节地与室外环境、节能与能源利用、节水与水资源利用、节材与材料资源利用、室内环境和运营管理六类指标的基础上,增加"施工管理"类评价指标。原来《绿色建筑技术导则》确定的绿色建筑指标体系六类指标涵盖了绿色建筑的基本要素,包含了建筑物全寿命周期内规划设计、施工、运营管理及回收各阶段评定指标的子系统(表7-1)。

表7-1 绿色建筑分项指标与重点应用阶段汇总

| 项目 | 分项指标 | 重点应用阶段 |
| --- | --- | --- |
| (一)节地与室外环境 | 1.建筑场地 | 规划、施工 |
| | 2.节地 | 规划、设计 |

续表

| 项目 | 分项指标 | 重点应用阶段 |
| --- | --- | --- |
| （一）节地与室外环境 | 3.降低环境负荷 | 全寿命周期 |
| | 4.绿化 | 全寿命周期 |
| | 5.交通设施 | 规划、设计、运营管理 |
| （二）节能与能源利用 | 6.降低建材能耗 | 全寿命周期 |
| | 7.提高用能效率 | 设计、施工、运营管理 |
| | 8.使用可再生能源 | 规划、设计、运营管理 |
| （三）节水与水资源利用 | 9.节水规划 | 规划 |
| | 10.提高用水效率 | 设计、运营管理 |
| | 11.雨污水综合利用 | 规划、设计、运营管理 |
| （四）节材与材料资源 | 12.节材 | 设计、施工、运营管理 |
| | 13.使用绿色建材 | 设计、施工、运营管理 |
| （五）室内环境 | 14.光环境 | 规划、设计 |
| | 15.热环境 | 设计、运营管理 |
| | 16.声环境 | 设计、运营管理 |
| | 17.室内空气品质 | 设计、运营管理 |
| （六）运营管理 | 18.智能化系统 | 规划、设计、运营管理 |
| | 19.资源管理 | 运营管理 |
| | 20.改造利用 | 设计、运营管理 |
| | 21.环境管理体系 | 运营管理 |

从表7-1中可以看出六类指标包含了21个分项指标，其中的17个分项指标涉及建筑物的运营管理阶段。相对于建筑物的规划、设计、施工各阶段而言，运营管理阶段经历的时间最为漫长。

物业管理服务活动属于建筑的运营管理阶段范畴，意味着绿色建筑指标体系21个分项指标中的17个分项指标涉及物业管理服务活动。另外，就一般住宅来说，运营和维护成本要占到其生命周期成本的60%～80%，在其漫长生命周期中，对于物业项目本身的运营管理，节能降耗服务应该成为一项重要内容。因此，物业公司在推进建筑节能降耗的进程中处于重要的地位。另外，物业公司实施节能降耗管理服务不仅仅有益于社会，还有利于本公司节约成本、提高经济效益、增强竞争力和提升品牌形象。

## 二、常见的节能降耗措施

物业公司的节能降耗有四大措施，如图7-1所示。

```
┌─────────┐         ╱╲          ┌─────────┐
│ 行为节能 │ ⇄    ╱    ╲    ⇄   │ 技术节能 │
└─────────┘    ╱节能降耗的╲      └─────────┘
              ╲  四大措施 ╱
┌─────────┐    ╲        ╱       ┌─────────┐
│ 设计节能 │ ⇄    ╲    ╱    ⇄   │ 改造节能 │
└─────────┘         ╲╱          └─────────┘
```

图 7-1　节能降耗的四大措施

### （一）行为节能

行为节能，就是人为的节能。物业公司要注重对员工的能源节约意识的培养，可在不同的场合、通过不同的途径对能源节约的意义进行宣传，使节能成为每位物业管理服务人员的自觉行动。让每一个员工都认识到：节能是每位物业管理服务人员的义务，节能也要靠全体物业管理服务人员的主动参与和相互配合。物业项目的节能工作不仅仅是某几个领导的事，也不仅仅是某个部门的事，而是物业项目全体物业管理服务人员的共同责任。凡是遇到浪费能源的事，物业管理服务人员都有责任加以制止和纠正；凡是遇到节约能源的事，物业管理服务人员都应当积极去做。要营造一个人人关心节能、人人参与节能的工作氛围和环境。

### （二）设计节能

设计节能，就是在开发商楼房设计和建造初期，物业公司就要介入，为设计单位和开发企业提供建设性的意见，使其所开发的楼盘项目向着节能环保的方向去设计和建造。这样不仅能使建筑逐渐实现节能，而且对后期的物业管理也是一个很好的铺垫。

尽早介入是做好物业项目节能工作的有效措施。对物业公司而言，物业项目的节能工作绝不能等到物业项目接管后才开始运作，而应当尽早介入物业项目的工程设计和工程施工中。

要做好物业项目的节能工作，首先要做到物业项目这个产品是节能的，也就是说这个物业项目所选用的设备全是节能设备、所用的材料都是节能材料，它的电气线路、各种管道、设备的选型、设备的数量等各个方面都要考虑节能的需要，体现节能的思想。物业管理人员比工程设计人员、工程施工人员、工程管理人员更为了解和掌握各种物业设备设施的耗能情况，具有比较丰富的节能经验和节能体会。物业管理的尽早介入，就是要把这些经验和体会通过业主或建设单位运用到物业项目的工程设计和工程施工中，用以弥补设计和施工的缺陷，从而使物业项目这个产品能够更加节能，为做好物业项目的节能工作打下基础。

### （三）技术节能

技术节能是做好物业项目节能工作的有效方法。

**1. 技术节能的含义**

（1）运用专业节能产品，从而达到降低能耗的目的。

(2)运用技术方法达到降低能耗的目的。

技术节能是做好物业项目节能工作的重要方法。

### 2.技术节能的具体措施

物业项目可以分成两类：一类是新建物业项目；另一类是已经投入使用的物业项目。无论是新建物业项目还是已经投入使用的物业项目，待物业管理能够介入时，物业项目的工程建设均已基本结束或者已经完全结束，这时再想通过改变设计而达到节能目的，已经为时已晚，但是物业公司可以做好以下工作。

（1）根据自身的节能经验、体会和财务承受能力，运用技术方法，对物业项目的设备设施进行节能改造，从而降低物业项目的能耗。

（2）调整有关设备的运行参数，降低物业项目的能耗。

（3）建议业主或物业经营人投入一定资金，加装专业节能设备、淘汰高耗能设备而代之以新型节能设备。

（4）使用节能产品。技术节能的方法很多，关键是我们要善于去学、善于去想、善于去做。

### （四）改造节能

改造节能，就是对现有设备进行技术改造和更新，使其实现最佳节能效果的一种节能行为。这方面的改造内容比较多，目前就我们管理的项目来说，高能耗的设备、设计不合理等现象还是普遍存在的。诸如制冷机组选配过大、水泵的流量和扬程不匹配，以及楼体围护结构、保温、照明等问题，都涉及能源的节能降耗问题。

### 1.改造节能的资金问题

对设备进行改造通常都要有一笔可观的初期投入资金，启动资金已经成为制约改造节能项目快上马、早见效的关键问题。为解决这个问题，物业公司可以在企业内部建立节能基金。拟建设的节能降耗项目以借款的形式从节能基金中取得，项目完成后再根据该项目获得的节能效益分期还款。

### 2.改造节能的技术问题

在节能技术改造中还有一个难题就是技术问题，要制定合理的、科学的技术改造方案，必须要具有一批技术精尖的、各专业齐全的技术人才，但绝大多数物业公司受管理成本的限制，不可能配备大批的高级技术人员。为解决这一问题，可从以下方面着手，如表7-2所示。

表7-2　改造节能的技术问题的措施

| 序号 | 措施 | 说明 |
| --- | --- | --- |
| 1 | 集中公司的技术人才，成立工程专业技术委员会 | 委员主要来自公司内部在职或退休的经验丰富的工程技术人员，一般工程技术人员申请加入工程技术委员会，必须通过总经理办公会的审核认定。委员会利用定期会议、网络交流平台等形式开展节能降耗工作，并参与对项目节能改造方案的审定、实施和验收工作 |

续表

| 序号 | 措施 | 说明 |
|---|---|---|
| 2 | 聘请外部专家对公司的节能改造工作给予技术指导 | 物业公司可以根据楼宇的机电系统的配置，聘请相应专业的技术专家，一方面他们可以为节能改造工作方案进行诊断；另一方面可以为公司的技术人员进行能源管理工作的技术培训 |
| 3 | 加强与外部的沟通、联系 | 加强与政府或社会团体的沟通，进行信息的交流和信息跟踪。同时也可与大学院所合作建立能源管理实验室，重点帮助解决在能源管理中遇到的技术及工程问题 |

# 第二节　实施节能降耗管理的措施

节能降耗的实施不应违反国家和行业相关的法律、法规，节能降耗措施应充分考虑业主/住户对此的满意度。对节能降耗技术应当进行及时有效的采集和研究，进而对可以应用的技术进行推广。在节能降耗实施过程中，管理方法很重要，成功的节能方案是80%管理方法+20%节能技术相结合。

## 一、节能降耗的法律法规

节能降耗的法律法规见表7-3。

表7-3　节能降耗的法律法规

| 序号 | 法规名称 | 对节能降耗的规定 |
|---|---|---|
| 1 | 《中华人民共和国电力法》 | 第三十一条　用户应当安装用电计量装置。用户使用的电力电量，以计量检定机构依法认可的用电计量装置的记录为准<br>第四十三条　任何单位不得超越电价管理权限制定电价。供电企业不得擅自变更电价<br>第六十条　因电力运行事故给用户或者第三人造成损害的，电力企业应当依法承担赔偿责任<br>第七十一条　盗窃电能的，由电力管理部门责令停止违法行为，追缴电费并处应交电费五倍以下的罚款；构成犯罪的，依照刑法第一百五十一条或者第一百五十二条的规定追究刑事责任 |
| 2 | 《供用电合同》 | 无功电力应就地平衡。用电方应在提高用电自然功率因数的基础上，设计和装置无功补偿设备，并做到随其负荷和电压变动及时投入或切除，防止无功电力倒送。用电方在供电规定的电网高峰负荷时的功率因数应达到下列规定<br>(1) 高压供电的工业用电和高压供电装有带负荷调整电压装置的用电，功率因数在0.90以上<br>(2) 其他100千伏安（千瓦）以上用电（包括大、中型电力排灌站），功率因数在0.85以上<br>(3) 趸售和农业用电，功率因数为0.80 |

续表

| 序号 | 法规名称 | 对节能降耗的规定 |
|---|---|---|
| 3 | 《中华人民共和国水法》 | 第四十九条 用水应当计量，并按照批准的用水计划用水。用水实行计量收费和超定额累进加价制度<br>第七十条 拒不缴纳、拖延缴纳或者拖欠水资源费的，由县级以上人民政府水行政主管部门或者流域管理机构依据职权，责令限期缴纳；逾期不缴纳的，从滞纳之日起按日加收滞纳部分千分之二的滞纳金，并处应缴或者补缴水资源费一倍以上五倍以下的罚款 |
| 4 | 《中华人民共和国电力供应与使用条例》 | 第二十五条 禁止盗用或者转供城市公共供水<br>第三十二条 禁止擅自将自建的设施供水管网系统与城市公共供水管网系统连接；因特殊情况确需连接的，必须经城市自来水供水企业同意，报城市供水行政主管部门和卫生行政主管部门批准，并在管道连接处采取必要的防护措施。 |
| 5 | 《深圳市节约用水条例》 | 第三十条 用户不得有下列危害供电、用电安全，扰乱正常供电、用电秩序的行为<br>（一）擅自改变用电类别<br>（二）擅自超过合同约定的容量用电<br>（三）擅自超过计划分配的用电指标<br>（四）擅自使用已经在供电企业办理暂停使用手续的电力设备，或者擅自启用已经被供电企业查封的电力设备<br>（五）擅自迁移、更动或者擅自操作供电企业的用电计量装置、电力负荷控制装置、供电设施以及约定由供电企业调度的用户受电设备<br>（六）未经供电企业许可，不得擅自引入、供出电源或者将自备电源擅自并网 |

## 二、建立健全能源管理机构

为了落实节能降耗工作，必须有相对稳定的节能管理班子，管理和监督小区能源的合理使用，制订节能计划，实施节能措施，并进行节能技术培训。企业能源管理机构应以企业领导挂帅，由各级职能部门人员组成节能降耗领导小组。

## 三、实行节能降耗目标管理

（一）建立节能降耗标准和目标

物业公司进行节能降耗首先要着手制定各项节能降耗标准。

**1. 节能降耗标准和目标要解决的问题**

（1）使用某一项节约技术或措施到底能够节约多少水、电、气？
（2）使用什么测量仪器？
（3）用什么测量方式？
（4）用什么样的计算模型进行节能效益计算？

(5) 如何测量？

(6) 如何计算节能效果？

对这类问题必须建立相应的企业标准。

**2. 制定节能降耗标准和目标的依据**

(1) 要参照《综合能耗计算通则》《企业能耗平衡通则》《评价企业合理用电技术导则》《节电措施经济效益计算方法评价方法》《风机监测标准》《水泵监测标准》等国家和地方的标准。

(2) 要横向按本行业中先进物业公司同性质的物业项目为参照，纵向按照本企业上年同期水平实际消耗水平为依据，核算合理的技术改造节约额度，确立年度节能降耗的各项定额目标。

**3. 节能降耗标准和目标建立的要求**

(1) 对涉及能源消耗的项目要建立定额手册，按月核减定额目标。

(2) 在各项目的节能降耗标准和定额目标制定后，企业还要定期动态地调整定额，使之不断适应本企业的需要。

> **提醒您：**
>
> 节能降耗目标的制定不能保守，也不能冒进。目标太高达不到，既浪费了人力、财力，又挫伤了员工的积极性，还有可能使企业错失生存发展的机遇；目标太低，起不到为企业带来经济效益和社会效益的作用，没有实施价值。

**（二）节能降耗目标分解**

企业制定节能目标后，要将节能降耗定额目标按月、按专业分解落实。要层层分解到基层，与经济效益挂钩，使全体员工完成自身的节能降耗分目标，从而完成企业的整体节能目标。

**（三）节能降耗实施过程控制**

为保证企业节能降耗目标的实现，需要对节能降耗目标的实施过程进行控制，具体从图7-3所示的三个方面来进行。

| 方面一 | 做好能源消耗的原始记录、建立能耗台账 |
| --- | --- |
| 方面二 | 进行严谨的财务日常核算 |
| 方面三 | 执行节能降耗考核与评价制度 |

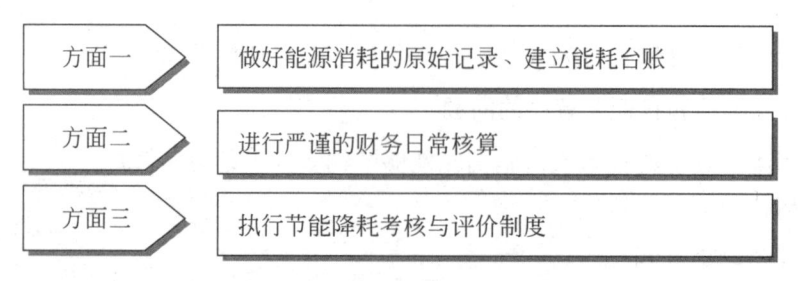

图7-2 节能降耗目标的实施过程控制的三个方面

### 1. 做好能源消耗的原始记录、建立能耗台账

（1）物业公司各个部门应认真做好能源消耗的原始记录、建立能耗台账，并按规定向物业公司报送能耗定额考核情况。

（2）用能部门在考核期内发生超定额消耗能源的应认真分析超耗原因，并按规定向物业公司报送定额消耗能源分析报告，制定整改措施，以利节能降耗。

### 2. 进行严谨的财务日常核算

物业公司要进行严谨的财务日常核算。采用按目标预算与实际支出情况进行对比分析的方法，对能源消耗支出进行分析、找出差异、寻求解决的办法。

### 3. 执行节能降耗考核与评价制度

还要严格执行节能降耗考核与评价制度，以便按照成本分析结果实施奖惩。通过严格的考核，必然能调动各部门对节能降耗的高度重视。但在具体实施过程中应注意到，物业公司属于服务行业，提供给业主的产品就是服务。因此，在完成节能降耗目标的过程中，不能以牺牲服务质量为代价。对于在各种不同的情况下，应怎样进行节能改造才能不降低服务质量，物业公司一定要建立相应的制度和标准。

【实战范本7-01】▸▸

---

## 物业项目节能降耗管理规定

**1. 目的**

为保证物业项目的服务品质，在满足物业项目档次定位与功能使用需求的前提下，达到节能降耗的质量管理目标。规范节能降耗操作管理，合理评估节能降耗管理工作的成效，向开源节流的方向努力，特制定本管理规定。

**2. 适用范围**

适用于所管辖物业的节能降耗操作管理及能耗管理绩效的评估。

**3. 管理职责**

3.1 能耗管理作为全员参与的物业长效管理工作，以节能降耗操作项目的管控和公共能耗抄记与统计分析汇总的管理方式进行。

3.2 各项目物业服务中心经理/主管负责：所管项目节能降耗动态性监督管理，要求加强宣传，不断灌输全员节能降耗的品质管理服务意识。

3.3 各物业项目的定时操作项目管控表和公共能耗抄记与统计分析汇总表，由物业工程部主管负责按月编制调整与汇总统计，经物业服务中心物业项目经理审核签字后，通告全体物业员工知晓，以相互提醒、相互督促的方式贯彻执行。

3.4 定时操作项目（公共照明系统采用手动开关的建议逐步进行技术改造），须按

物业项目经理/主管审核签字规定的时间段进行操作，该开启时间段内的灯光及用能设备应按时开启，不该开启的应及时关闭。物业服务中心经理和各部门主管须承担监督管理责任。全体物业当值员工均须承担操作、巡查和及时处理的责任。凡未按规定执行，对物业服务管理形象造成负面影响或不良后果的按《员工手册》失职条款处理。

3.5 能耗统计分析电子汇总表具备：不同物态、不同的实管面积，不同的月度与月度、年度与年度的纵向比对功能；同类物业项目与项目的横向比对功能。为日后公司物业软件管理平台的过渡打下坚实基础。能耗管理的表单，统一采用总公司工程部的Excel电子版。同时为便于各物业项目能耗管理在时间上的统计分析比对，能耗数据抄录与统计截止日规定为每月的20日。

3.6 各物业项目的定时操作项目管控表和公共能耗统计分析汇总表，以电子版方式提供给公司工程部。

### 4. 定时操作项目管控表

4.1 各物业项目应将所管辖范围内的日常定时开关操作项目，纳入"定时项目操作管控表"进行管控。

4.2 定时操作项目应明确规定，谁负责操作、谁负责巡查处理（含在特定情况下谁有权负责做临时性的调整）。

4.3 定时操作项目管控表，应按不同季节光照、温度，不同物业类别、不同物业管理阶段等实际情况调整，定时操作项目每月编调，由物业项目经理审核后实施。

4.4 为便于月度之间与年度之间和横向与纵向的比对评估，各项目的定时操作项目管控表，按总公司工程部提供的Excel电子模板进行编制与调整。

### 5. 公共能耗抄记及能耗统计分析汇总表

5.1 公共能耗抄记和公共能耗统计分析汇总表，由各项目物业工程部按总公司工程部提供的Excel电子母版进行抄记和公共能耗的统计分析汇总，物业项目经理和工程主管对公共能耗数据的准确性填报承担核查责任。

5.2 公司主任工程师在物业项目工程巡视中对公共能耗的数据应予以抽查，以便发现问题时督导协调解决。

### 6. 节能降耗管理的绩效评估方式

6.1 定时操作项目的管控度与合理性比对评估。

6.2 公共能耗预算费用与实付费用的合理性比对评估。

6.3 单位能耗指标的数据统计分析汇总比对评估。

6.4 通过对不同类别的物业、不同地域物业项目的品质定位，不同营销推广和不同的运作管理阶段以定时操作项目管控表和公共能耗统计分析表的汇总标识统计分析曲线图进行比对，力求达到一目了然的比对评估。

## 7. 节能降耗管理工作中的注意事项

### 7.1 公共照明、泛光照明、景观灯光。

指定的当值人员应按"定时项目操作管控表"进行操作，下列情况下的开关时间调整，应报请物业相关主管同意后，做临时性开关时间的调整。

7.1.1 季节性自然光照有较大变化时。

7.1.2 有重大活动或重要贵宾接待等特殊情况时。

7.1.3 地下车库宜按车库实际使用率调整照明度，使用率低时可保持最基本的照明。

7.1.4 凡因当地政府部门要求开启的公共泛光照明，建议物业项目酌情与政府相关部门沟通协调，争取适当的能耗费用补贴。

### 7.2 空调。

7.2.1 要求充分利用室外自然通风，按用户量调整温度设定值及空调机组启停时间。

7.2.2 空调机组运行中，工程当值人员应根据空调机组负荷与实测的平均温度结合用户的反映，调整温度设定值或机组台数启停操作。

7.2.3 若气温变化较大，特别要注意暴热或暴冷气温时的空调设备温度的调整操作，同时必须注意水管道的防冻保暖等工作。

7.2.4 物业办公区域的分体空调在无人当值时应及时关闭。

### 7.3 电梯。

根据用户电梯使用率（含夜间），在满足使用需求情况下可调整电梯启停台数。

### 7.4 地库通排风。

7.4.1 地库通排风应按实际使用频率及地库潮湿度，进行间隔性运行时段的调整。

7.4.2 地库通排风若是利用消防通排风设备的（消防通排风设备属于短时大功率运行设备），务必注意不能长时投入运行，否则会严重缩短消防通排风设备寿命或造成设备损坏，消防通排风设备的修理或更新费用将远高于普通的通排风设备。

### 7.5 水景。

7.5.1 各类水景灯光、喷泉、水幕墙等的开关时间要合理，注意加强用电安全检查。

7.5.2 注意水景、水池等设施的渗漏检查，若有渗漏务必及时协调解决。注意循环水处理及循环补水量是否正常。绿化用水要充分利用湖（河）水，既有利于绿化生长又合理利用了天然水资源，从而降低物业管理成本。

## 8. 能耗费用的分摊

8.1 物业服务中心支付的公共能耗费中，凡有施工或施工整改的用电、用水，必须协调明确施工整改产生的能耗费用承担方。

8.2 各物业项目经理/工程主管应注意收集现有设施设备在功能和使用管理方面存在的问题，提供能耗管理技术改进的可行性、可操作性分析与建议，为设施设备的节能技术改造提供依据；为避免新项目重复物业运作管理中已发生的设计施工与设备选型配置缺陷问题。

【实战范本7-02】

## 公共用水、用电统计表

物业项目名称：　　　　　　　　　　　　　　　　　上报时间：

| 项目 | 1月 | 2月 | …… | 12月 | 合计 |
|---|---|---|---|---|---|
| 总用电量/千瓦时 | | | | | |
| 公共部分用电量抄表数/千瓦时 | | | | | |
| 其中：设备用电量 | | | | | |
| 　　　公共照明用电量 | | | | | |
| 　　　停车场用电量 | | | | | |
| 　　　员工用电量 | | | | | |
| 　　　其他用电量 | | | | | |
| 空调用电量/千瓦时 | | | | | |
| 游泳池用电量/千瓦时 | | | | | |
| 总用水量/吨 | | | | | |
| 总水费/元 | | | | | |
| 实收水费/元 | | | | | |
| 公共部分用水量抄表数/吨 | | | | | |
| 其中：清洁用水量 | | | | | |
| 　　　绿化用水量 | | | | | |
| 　　　喷水池用水量 | | | | | |
| 　　　员工用水量 | | | | | |
| 　　　其他用水量 | | | | | |
| 空调用水量/吨 | | | | | |
| 游泳池用水量/吨 | | | | | |

注：1.物业类型及面积：物业类型商住，建筑面积＿＿＿＿平方米，收费面积＿＿＿＿平方米；其中：住宅面积＿＿＿＿平方米，写字楼面积＿＿＿＿平方米，停车场面积＿＿＿＿平方米，群楼面积＿＿＿＿平方米，绿化面积＿＿＿＿平方米。

2.水电费收费标准：居民用水＿＿＿＿元/米$^3$，商业用水＿＿＿＿元/米$^3$；居民用电水＿＿＿＿元/千瓦时，商业用电水＿＿＿＿元/千瓦时。

3.分析各项当月超出往月平均值＿＿＿＿%时的原因，管理处抄表时间应与供电局、自来水公司时间相同。

续表

> 4. 总用水量、总水费均按水费发票统计，实收水费中包含加压费、排污费。
> 5. 公共用电、用水不包括空调、游泳池、商铺、广告、餐饮用电、用水。空调、游泳池用电、用水单独统计。
> 6. 季度报表次月15日前以邮件或传真形式上报工程部。

制表人：　　　　　　　　　　　　　　管理处负责人：

### 四、组织节能降耗培训

由于许多物业公司以较低薪金雇佣的操作人员没有经过设备运行管理及节能降耗方面的系统学习，只掌握了系统中单个设备的运行方式，对整个系统的工作原理不甚了解，在遇有情况变化时很难做出及时科学的处理。因此，企业应当把员工节能降耗培训列入企业人力资源管理的一项重要内容。

培训的内容要根据具体情况而定，一般有下列几个方面。

（1）国家的能源法律、政策、指令、标准和规定等内容的培训。

（2）能源技术管理基础知识的培训，如用电、用水、用煤、用油、用热、用气等节能技术管理的培训。

（3）能源技术管理的方法和手段的培训，如能源的计量与测试、能源消费的统计分析、微机在能源管理上的应用、能耗计算方法与分析以及能耗定额制度等。

（4）能源经济分析基础的培训，如能源消费经济活动效果的计算和分析，节能工程投资经济效果的计算和评价等。

物业公司要根据培训的对象、需要的时间来确定培训方式，如采用专题报告会、节能系列讲座、交流研讨会等方式。

### 五、积极参与工程的前期规划设计

物业管理人员应熟悉物业使用过程中的耗能情况，并能充分考虑人们对物业产品和工作居住环境节能方面的需求变化。因此，物业公司在物业前期规划和设计阶段介入并发挥积极的作用，可以提供兼顾实际利益和节能降耗的最优配置建议方案（比如墙体保温节能材料，水的循环使用，在设备选型上选择节能设备等），弥补规划设计人员实践经验的不足，有利于物业节能设计方案的完善，为以后物业营运管理阶段的节能降耗打好硬件基础。

### 六、制定并实施节能降耗计划和方案

物业公司进行节能降耗管理和服务，首先应对物业的能源消耗情况进行调查和分析，在此基础上制定出切实可行的节能降耗计划和工作方案，完善有关规章制度和管理办法，加强日常管理和服务。

[实战范本7-03]

## 物业管理处节能工作计划方案

| 节能对象 | 现状评价 | 整改措施 | 效益测算/(元/月) | 成本预算/元 | 责任人 | 完成时间 |
|---|---|---|---|---|---|---|
| 塔楼电梯厅照明 | 1.每层有2个吊灯和4筒灯，内装12个5/7瓦节能灯（标准楼层），共214层<br>2.自动控制，设置为18:00~5:30<br>3.实测总功率为17.4千瓦，每天开启11小时<br>4.每月耗电5742千瓦时 | 吊灯内灯泡数减4个，同时根据季节及天气变化调整启停时间 | 1.每月省电____千瓦时，节省电费____元/月<br>2.节省原材料____元/月 | 1.原材料费为____元<br>2.劳动力成本增加 | 管理处 | 已试行 |
| 塔楼消防楼梯灯 | 1.每层有3个7瓦节能灯，共218层<br>2.手动控制，启停为18:30~5:30<br>3.实测总功率5.5千瓦，每天开启11小时<br>4.每月耗电1815千瓦时 | 改为红外感应控制（自装） | 1.加强安防<br>2.每月省电____千瓦时（按95%计），省电费约____元/月<br>3.节省原材料____元/月（延长灯泡使用寿命3年计） | 1.每层加装2个感应开关，原材料费为____元<br>2.每层加装3个感应开关，原材料费为____元 | 管理处 | 6月底决定方案及询价 |
| 塔楼大堂照明 | 1.每座大堂照明由筒灯、吊灯、射灯（石英灯）及光带组成，共4个大堂<br>2.手动控制，启停为19:00~5:30<br>3.实测总功率为34千瓦，平均开启时间9小时<br>4.分两个时段控制照明17:00~23:00全开，23:00~5:00只开筒灯 | 1.分三个时段控制照明时间<br>2.三个时段分别为19:00~20:30只开筒灯，20:30~23:00加开吊灯，23:00~5:30只开筒灯<br>3.节日期间可考虑在第二时段加时全开<br>4.根据季节及天气变化调整启停时间 | 每月省电____千瓦时，节省电费____元/月（按总负荷减少60%计） | 1.原材料费为____元<br>2.劳动力成本增加 | 管理处 | 已试行 |

续表

| 节能对象 | 现状评价 | 整改措施 | 效益测算/(元/月) | 成本预算/元 | 责任人 | 完成时间 |
|---|---|---|---|---|---|---|
| 庭院照明 | 1.由高杆灯（柱灯55瓦）和落地灯（草坪灯30瓦）组成<br>2.自动光控制，设置为19:30～05:30<br>3.实测总功率3千瓦，每天开启时间10小时<br>4.根据季节及天气变化调整启停时间 | 加装光控（自装） | 高效率、高精确、低成本 | 1.原材料费为＿＿元<br>2.劳动力成本降低 | 管理处 | 6月底决定方案及询价 |
| 塔楼大堂空调 | 总功率76千瓦，每天运行14小时。现阶段还未开 | 1.室外温度≤32摄氏度可只开风机，超过32摄氏度分三段制冷<br>2.三段制冷分别为：7:30～9:00；11:30～13:00；17:30-19:00 | 每月省电＿＿千瓦时，节省电费＿＿元/月（按每天少开9小时计） | 1.原材料费为＿＿元<br>2.劳动力成本增加 | 管理处 | 已试行 |
| 1层电梯厅空调 | 总功率32千瓦，每天运行14小时。现阶段还未开 | 1.室外温度超过30摄氏度分三段制冷，平时开窗通风<br>2.三段制冷分别为：7:30～9:00；11:30～13:00；17:30-19:00 | 每月省电＿＿千瓦时，节省电费＿＿元/月（按每天少开9小时计） | 1.无须原材料<br>2.劳动力成本增加 | 管理处 | 已试行 |
| 电梯机房空调 | 总功率21千瓦，24小时运行，设定温度28摄氏度 | 厂商意见为室内温度，现不得超过40摄氏度，24小时开但暂停空调，开排风扇 | 每月省电＿＿千瓦时，节省电费＿＿元/月（按每天开9小时计） | 0 | 管理处 | 6月15日 |

续表

| 节能对象 | 现状评价 | 整改措施 | 效益测算/（元/月） | 成本预算/元 | 责任人 | 完成时间 |
|---|---|---|---|---|---|---|
| 会所燃气 | 1.5月前每天7:00～22:00供热给恒温水池共15小时<br>2.恒温设置为28摄氏度 | 游泳池停止供热 | 5月（冰池停止供热）较4月（冰池供热）少用燃气___立方米，少用燃气费为___元 | 0 | 管理处 | 已落实 |
| | 每天9:00～22:00供热水，共13小时 | 一、二层洗手盆热水关闭；地下一层洗手盆开放时间同冲凉房 | 每月节省燃气___立方米，节省燃气费为___元 | 0 | 管理处 | 已试行 |
| | 每天9:00～22:00供热水，共13小时，但大部分时间无人使用 | 冲凉房热水供应时间为：周一至周四19:00～22:00。周五周日17:00～22:00。其他时间用快速电热水器代替，男女冲凉房各一台 | 每月节省燃气___立方米，节省燃气费为___元（按15%计）。 | 原材料费为___元 | 管理处/市场部 | 已试行 |
| 游泳池水泵 | 每天运转时间为7:00～22:30，共运行15.5小时 | 游泳池水泵运转时间为：周一至周日19:00～22:00；周五周日17:00～22:00。水泵运转台数根据游泳池人数调整；白天的其他时间保持1台运转 | 每月省电___千瓦时，节省电费___元 | 0 | 会所 | 已试行 |
| 会所照明 | 1.总负荷为33.8千瓦，其中B1层、1层均为10千瓦，2层为13.2千瓦<br>2.每天开启14小时，人工控制 | 常用公共区域照明改为7瓦节能灯，共507个<br>除洗手间等特殊房间外，白天关闭灯具，更衣室灯尽量少开 | 每月省电___千瓦时，节省电费___元 | 原材料费___元 | 管理处 | 6月底询价 |
| | | | | 0 | 会所 | 已试行 |

续表

| 节能对象 | 现状评价 | 整改措施 | 效益测算/（元/月） | 成本预算/元 | 责任人 | 完成时间 |
|---|---|---|---|---|---|---|
| 按摩池供热 | 1. 实测用电总负荷为36千瓦<br>2. 每天启停时间为7:00～22:00 | 供热时间为：周一至周四19:00～22:00；周五周六周日17:00～22:00。 | 每月省电___千瓦时，节省电费___元 | 0 | 会所管理员 | 已试行 |
| 儿童游乐室照明及空调 | 1. 实测总负荷0.86千瓦<br>2. 每天7:00～22:30启停照明及空调 | 每天9:00～20:30关闭 | 每月省电___千瓦时，节省电费___元 | 0 | 会所 | 已试行 |
| 会所桑拿室用电 | 1. 实测用电总负荷为15.4千瓦<br>2. 每天启停时间为10:00～22:00 | 15:00开启或视业主是否桑拿灵活掌握 | 每月省电___千瓦时，节省电费___元 | 0 | 会所 | 已试行 |
| 会所中央空调 | 由2台中央空调主机、3台冷水泵及1台新风柜（暂未开）组成，实测总负荷共160千瓦（平时开一台主机约80千瓦），每天运行10小时 | 公共区域超过节26摄氏度开启；无人的房间关闭风机盘管；咖啡厅20:30后关闭；空调开启时，所有玻璃门必须关闭 | 按每天60%总负荷运行，每月省电___千瓦时，节省电费___元 | 0 | 管理处/会所 | 已试行 |

注：1. "已落实"表示措施及操作指引已落实到实际执行者，如小区安管员等。
2. "已试行"表示该措施需要一段时间检验（如业主的反馈意见）后才能形成最后的操作指引。

【实战范本7-04】▶▶▶

## 物业节能降耗方案

### 一、物业自用能耗的节能降耗方法

（一）物业办公水电能耗

1. 办公室照明灯具使用

（1）在开关处张贴"人走关灯"的标识，下班后关闭照明灯具。

（2）连续照明在2个小时（含2个小时）以上的地方，采用节能灯照明。

（3）阴天、雨天、雪天等室内采光效果不好的天气下，才需要开启室内照明灯具。在室内采光效果良好的情况下，不得开启室内照明灯具。

2. 办公设备使用

（1）在办公设备处张贴"人走关闭"的标识。

（2）外出办事、休息日等长时间不使用办公设备时，应关闭办公设备的电源开关，拔下电源插座。

3. 空调使用

（1）夏季室外温度达到30摄氏度（含30摄氏度）时，办公室内可以开启空调。使用空调时，应关好门窗。

（2）空调开启时间为9:30～11:30，14:00～16:00；使用时间严格控制在4小时之内（含4小时）。

（3）空调制冷温度设定在27摄氏度（含27摄氏度）以上。

4. 冬季供暖

冬季在有正常供暖的情况下，禁止在办公室内使用电暖气等大功率热能设备。每年供暖前及供暖结束后，禁止在办公室内使用电暖气等大功率热能设备。

5. 卫生间用水、用电

（1）办公区域卫生间开关和水龙头处，张贴"人走关闭"的标识。

（2）卫生间采用节能灯具与节水设备，如节能灯、节水水箱与水龙头。

（二）物业住宿员工水电能耗

（1）严肃住宿纪律，到点熄灯。

宿舍熄灯表

| 月份 | 北方执行时间 | 南方执行时间 |
| --- | --- | --- |
| 4～10月 | 夜间<br>开灯时间：20:00<br>熄灯时间：22:00 | 夜间<br>开灯时间：20:00<br>熄灯时间：22:00 |

续表

| 月份 | 北方执行时间 | 南方执行时间 |
|---|---|---|
| 11～次年3月 | 夜间<br>开灯时间：17:00<br>熄灯时间：21:00 | 夜间<br>开灯时间：18:00<br>熄灯时间：21:30 |

注：日常宿舍熄灯时间管理原则上依据上述时间表执行，如遇到节日活动等特殊情况可适当调整执行时间。

（2）在开关及水龙头处张贴"人走关闭"的标识，宿舍人员应做到人走关灯；卫生间，人走关灯、关水；电视机、电风扇等电器无人使用时，应及时关闭。

（3）采用节能灯照明。

（4）采用节水设备，如节水水箱、水龙头。

（5）对宿舍用房的用水、用电安装计量设备进行计量，设定合理的用水、用电量，超量部分由住宿人员分摊。具体用量由服务中心经理确定，维修主管负责抄录计量数字，客服主管负责核定用量，并对超量部分分摊到个人，收取费用。

（三）餐厅水电能耗

（1）在开关及水龙头处张贴"人走关闭"的标识。除电冰箱（柜）需24小时运行外，照明、水龙头、电饭锅等电器在不用时，应及时关闭和切断电源。

（2）餐厅厨师制定用餐时间表，经服务中心经理审核确定后执行。除节日、加班等特殊情况外，日常应严格按照就餐时间表进行就餐，错过就餐时间餐厅应不再提供饭菜。

（3）晚餐结束后，厨师做完材料准备、厨具清洁、餐厅卫生后，依次检查闸阀、电源开关，最后关闭灯具，锁闭餐厅。

## 二、小区公共区域照明设施运行的节能降耗方法

（一）小区室内公共照明设施运行能耗

（1）室内公共照明应使用声光控方式进行控制。

（2）地下室照明在保证正常照明的情况下，适当减少灯的数量或是有选择地在部分区域使用功率小的灯泡。

（3）对室内公共照明安装计量设备，计量用电情况。

（二）小区日常室外公共照明设施运行能耗

（1）服务中心维修主管依据项目所处阶段，根据下列时间表，制定小区室外公共照明每月开启关闭时间表，报服务中心经理审核后，由维修主管指定专人具体执行。具体执行如下。

① 项目正常运行阶段。

小区室外照明运行时间表

| 照明使用时间 | 照明设备 | 北方 | 南方 | 备注 |
|---|---|---|---|---|
| 4～10月 | 路灯 | 开灯时间：<br>18:00～19:30<br>熄灯时间：<br>次日04:30～05:30 | 开灯时间：<br>18:00～20:30<br>熄灯时间：<br>次日04:00～05:00 | 每日运行时间不超过12小时（含12小时） |
| 4～10月 | 柱灯 | 开灯时间：<br>18:00～19:30<br>熄灯时间：<br>次日04:00～05:00 | 开灯时间：<br>18:00～19:30<br>熄灯时间：<br>次日04:00～04:30 | 每日运行时间不超过12小时（含12小时） |
| 4～10月 | 草坪灯 | 开灯时间：<br>18:00～19:30<br>熄灯时间：<br>21:00～21:30 | 开灯时间：<br>18:30～20:00<br>熄灯时间：<br>21:30～22:00 | 草坪灯原则上平时不允开启，只有在重大节日和活动才开始使用 |
| 11～次年3月 | 路灯 | 开灯时间：<br>17:00～18:30<br>熄灯时间：<br>21:30～22:30 | 开灯时间：<br>17:30～18:30<br>熄灯时间：<br>22:00～22:30 | 每日运行时间不超过12小时（含12小时） |
| 11～次年3月 | 柱灯 | 开灯时间：<br>17:00～18:30<br>熄灯时间：<br>21:30～22:30 | 开灯时间：<br>18:00～18:30<br>熄灯时间：<br>22:00～22:30 | 每日运行时间不超过12小时（含12小时） |
| 11～次年3月 | 草坪灯 | 开灯时间：<br>18:00～19:00<br>熄灯时间：<br>21:00～21:30 | 开灯时间：<br>18:30～19:30<br>熄灯时间：<br>21:30～22:00 | 草坪灯原则上平时不允开启，只有在重大节日和活动才开始使用 |

注：如遇到雨、雪、雾等天气影响室外能见度，可适当提前开启小区照明设备或是延长照明时间。

② 项目滚动开发阶段。

滚动开发的项目，项目室外日常照明使用应以项目正常运行阶段的运行表为基础，根据项目销售的实际需要，由服务中心经理制定月运行时间表，维修主管依据月运行时间表组织人员给予实施。

（2）小区内其他常用照明设施，服务中心经理也要指定专人制定严格运行时间表，由维修主管组织专人执行。

### 三、小区共用配套设施能耗的节能降耗

（一）电梯运行能耗

1.电梯运行能耗未单独由业主支付

（1）电梯设备间养护、巡查时，工作完毕后关闭照明灯具。

（2）如单元有两部电梯，可采取下列措施控制用电能耗：5～10月每日23:00后应关闭一台电梯及其配套设备，待次日6:30前开启关闭的电梯及其配套设备；11～次年4月每日22:00后关闭一台电梯及其配套设备，待次日7:00前开启关闭的电梯及其配套设备。

夏季室外温度达到30摄氏度（含30摄氏度）时，才可以使用空调。空调温度设定及使用时间要依据下表并结合实际情况执行。

| 区域 | 使用时间 | 空调温度设定/摄氏度 | 备注 |
| --- | --- | --- | --- |
| 北方 | 5～10月 | 26±2 | |
| 南方 | 4～10月 | 26±2 | |

注：空调具体运行时间依据项目当地的实际情况，由服务中心经理具体安排，维修主管负责执行。

2.电梯运行能耗单独由业主支付

应以电梯运行能耗未由业主支付的降耗工作要求为基础，对电梯能耗进行控制。

（二）地下车库照明设施运行能耗

（1）根据实际情况，以达到不影响照明为依据，开启照明设备。

（2）部分设置采光井的区域，如果采光效果较好且视线清楚，可以适当延迟开启或提前关闭此区域的照明灯具。

（3）部分未设置采光井且已经使用的区域必须开启照明设施。

（4）未投入使用的区域，除检修维护等特殊情况下需要开启照明设施外，其他情况下应关闭照明设施。

（5）连续照明时间达4小时以上时，应使用节能灯具。

（三）供水（消防）泵房、供暖泵房运行能耗

在开关处张贴"人走关灯"的标识，长时间照明应使用节能灯。禁止泵房内照明设备24小时运行。

### 四、环境节能降耗的方法

（一）水系景观、景观照明运行能耗

水系景观（含喷泉、人造瀑布等）、景观照明（各类地灯、水灯等）的开启要制定严格的运行时间表，按照时间表运行，并指定专人执行。禁止24小时运行。具体执行如下。

1.项目正常运行阶段

水系景观、景观照明除重要节日、活动及检修维护等情况下，日常时间不得开启运行。

重要节日（如元旦、春节、劳动节、国庆节等）开启原则上按下列时间执行。

（1）北方。

| 开启项目 | 开启时间 | 运行时间 | 备注 |
|---|---|---|---|
| 水系景观 | 5～10月 | 上午9:00～12:00<br>下午15:00～18:00<br>晚上20:00～21:00 | |
| 景观照明 | 1～12月 | 晚上20:00～21:00 | |

注：11～次年4月，北方水系景观禁止开启；景观照明一般依据需要进行开启，一般运行时间不得超过2小时，并与节日亮化灯具相辅使用。

（2）南方。

| 开启项目 | 开启时间 | 运行时间 | 备注 |
|---|---|---|---|
| 水系景观 | 5～10月 | 上午9:00～11:00<br>晚上20:00～23:00 | |
| 景观照明 | 1～12月 | 晚上20:00～23:00 | |

注：如有特殊情况，水系景观、景观照明可依据需要进行开启，一般运行时间不得超过3小时，并与节日亮化灯具相辅使用。

2.项目滚动开发阶段

水系景观、景观照明日常不得开启。

重要节日（如元旦、春节、劳动节、国庆节等）及活动的开启。

① 北方。

| 开启项目 | 开启时间 | 运行时间 | 备注 |
|---|---|---|---|
| 水系景观 | 5～10月 | 上午9:00～12:00<br>下午15:00～18:00<br>晚上20:00～21:00 | |
| 景观照明 | 1～12月 | 晚上20:00～21:00 | |

注：11～次年4月，北方水系景观禁止开启；景观照明一般依据需要进行开启，一般运行时间不得超过2小时，并与节日亮化灯具相辅使用。

② 南方。

| 开启项目 | 开启时间 | 运行时间 | 备注 |
|---|---|---|---|
| 水系景观 | 1～12月 | 上午9:00～11:00<br>下午15:00～18:00<br>晚上20:00～21:30 | |
| 景观照明 | | 晚上20:00～21:30 | |

注：如有特殊情况，水系景观、景观照明可依据需要进行开启，一般运行时间不得超过3小时，并与节日亮化灯具相辅使用。

3.水系景观、景观照明等开启后

禁止24小时运行,由维修主管依照上述运行表制订具体运行计划,经服务中心经理审核后执行。

(二)节日亮化用电能耗

(1)节日亮化使用灯具应本着美化、亮化环境、用电节约的原则,选择装饰灯具。

(2)节日亮化应结合小区内景观、照明设施进行。

(3)服务中心制定严格的运行时间表,指定专人执行,禁止24小时运行。具体运行如下。

① 项目正常运行阶段。

| 区域 | 启用时间 | 运行时间段 | 备注 |
| --- | --- | --- | --- |
| 北方 | 5～10月 | 18:00～22:00 | |
| | 11～次年4月 | 17:30～23:30 | |
| 南方 | 5～10月 | 18:30～22:30 | |
| | 11～次年4月 | 17:30～24:00 | |

注:因节日不同,亮化可依据需要进行开启运行和关闭,北方一般运行时间不得超过8小时,南方一般运行时间不得超过7小时,并与小区照明设施相辅使用。

② 项目滚动开发阶段。

| 区域 | 启用时间 | 运行时间段 | 备注 |
| --- | --- | --- | --- |
| 北方 | 5～10月 | 18:00～22:00 | |
| | 11～次年4月 | 17:30～23:30 | |
| 南方 | 5～10月 | 18:30～22:30 | |
| | 11～次年4月 | 17:30～24:00 | |

注:因节日与项目销售需要的不同,亮化可依据需要进行开启运行和关闭,北方一般运行时间不得超过10小时,南方一般运行时间不得超过8小时,并与小区照明设施相辅使用。

(4)水系景观、景观照明开启后,禁止24小时运行,由维修主管依照上述运行表制订具体运行计划,经服务中心经理审核后执行。

(三)水系水体更换

水系水体原则上按照以下周期进行更换。如有特殊情况经服务中心经理许可后,方可进行更换。

北方水系运行时间一般为4～10月,原则上每月进行1次水体更换。

南方水系一般全年运行,原则上每月进行1次水体更换。

具体更换周期可由环境主管,依据水体实际维护情况适当延长5天左右。

### （四）绿化能耗

（1）绿化浇灌时，可结合水系的清洁进行，采用潜水泵将要清洁的水系内存水用于绿化灌溉。禁止在水系清洁时随意将存水进行排放。水系存水灌溉绿植对植物有很好的增肥及补水作用，既可以节约绿化用水，同时还可以节约用肥。

（2）绿化灌溉时，应选择早晚温度较低时进行，同时对灌溉情况进行巡查，避免灌溉水量过度，造成浪费。

（3）水系清洁及绿化灌溉前，应注意关注天气状况，利用雨水进行水系清洁、补水和绿化灌溉。避免工作进行期间或结束后，出现雨水天气，而造成水资源浪费。

### 五、计量设备安装

小区内涉及水电能耗的设备设施，在条件允许的情况下，均应安装计量设备，进行水电能耗统计。计量设备的作用如下。

（1）对能源消耗进行计量，为小区能源消耗测算提供数字依据。

（2）为节能降耗提供数据依据，验证节能降耗措施是否有效。

### 六、监督检查

（1）办公室主任每周对公司办公区域的照明及办公设备等用电设备的使用情况进行监督、检查。

（2）服务中心客服主管每周对服务中心办公区域的照明及办公设备等用电设备的使用情况进行监督、检查。

（3）办公室主任指定专人对办公区的计量设备进行抄录并每月统计。维修主管指定专人对服务中心的自用能耗计量设备读数，进行抄录并每月报客服主管。

（4）办公室负责每半年组织一次全公司范围内的节能降耗教育活动；服务中心负责每季度组织一次服务中心内部的全员节能降耗教育活动；从上至下地引导、树立员工节能意识，形成节约就是效益的风气。

### 七、加大资金投入和加强技术力量

物业公司的任何经营管理活动都有成本，进行节能降耗也不例外。物业公司只有提供足够的资金，才能保证节能降耗管理服务工作的顺利开展。另外，在节能降耗的许多重要方面都涉及物业设施方面的技术，需要专门技术人才完成。因此，物业公司必须加强技术力量。

### 八、推广节能技术和产品

#### （一）节能降耗的有效方法

对许多物业公司来说，对原有设施设备进行节能改造，推广节能技术和产品，可能是节能降耗的最有效方法,如表7-4所示。

表 7-4 节能降耗的有效方法

| 序号 | 类别 | 说明 |
| --- | --- | --- |
| 1 | 照明用电 | 可使用节能灯,对长明灯进行改造,使用感应式非接触型开关(声光控开关),给景观灯安装时间功率调节装置,夜深时降低照度或停止照明以节约用电 |
| 2 | 水泵和供水器具 | 水泵应选用合适的加压设备,采用变频技术,有效降低能耗。大力推广使用节水型器具,根据用水场合的不同,选用延时自动关闭式、感应式、手压式、脚踏式、停水自动关式以及陶瓷片防漏等水龙头。景观用水可安装循环水净化设施。有游泳池的小区,可安装水循环过滤系统,提高泳池水的利用率 |
| 3 | 电梯 | 可使用电源逆变回馈装置,将原消耗在制动电阻上的电能有效地收集起来回馈到电源,除了可以降低电梯的电能消耗外,还可以降低机房温度,改善机房环境,减少空调的启动时间,降低空调的电能消耗 |
| 4 | 建筑供暖,供冷系统 | 因地制宜,推广太阳能、地热能、水能、风能等再生能源和清洁能源的应用。同时采用新型冷热电联产系统,实现多能源互补,梯级利用 |

(二)常见节能产品和技术

1. T5节能灯

T5灯管是荧光灯或称日光灯、光管、荧光管的一种,直径为5/8英寸(1英寸=25.4毫米),管径约16毫米,属于低压气体放电灯的一种。T8灯管直径为1英寸。

其灯管内部采用稀土作为原料,汞做固态化处理,采用中频工作频率的电子镇流器(工作频率为35千赫)推动灯管点亮。

目前市场上比较流行稀土三基色T5节能灯,其节电效果明显,它比普通的T8/40W灯管节约40%的电能,照度超过T8,替换型T5产品被广泛应用于工厂、办公场所。

2. LED节能灯

LED节能灯是继紧凑型荧光灯(即普通节能灯)后的新一代照明光源。

LED即半导体发光二极管,是一种固态的半导体器件,它可以直接把电转化为光。LED节能灯是用高亮度白色发光二极管发光源,光效高、耗电少、寿命长、易控制、免维护、安全环保;是新一代固体冷光源,光色柔和、艳丽、丰富多彩、低损耗、低能耗、绿色环保,适用家庭、商场、银行、医院、宾馆、饭店其他各种公共场所长时间照明。无闪直流电,对眼睛起到很好的保护作用,是台灯、手电的最佳选择。

LED节能灯具有以下特点。

(1)更节能——采用半导体发光原理,直流驱动,超低能耗(单管最低0.03瓦),电光功率转换接近100%,磊晶光效超过120流明/瓦,且每年还以30%的速度在提升。比白炽灯省电90%,比传统电子节能灯省电80%,LED堪称是照明技术的伟大革命。

（2）更长寿——LED光源使用寿命可达5万～10万小时，比传统光源寿命长10倍以上，大大减少了光源的更换和维护成本，被誉为"永不熄灭的灯"。

（3）更环保——LED是一种绿色环保光源，光谱中没有紫外线和红外线、热量低、无辐射；无频闪可保护视力；不含汞元素，且可杀灭空气中的有害物质，除去各种有毒化学物，除去生活中的各种异味，迅速消除空气中的烟雾。

**3. 零耗能人体感应开关（图7-3）**

楼层公共区域的照明方式，大多采用普通声光控开关控制25瓦白炽灯，按每天平均使用2小时计算，每年将用电46.25千瓦时。改为人体感应开关控制5瓦节能灯以后，每年将用电3.65千瓦时，一组开关和灯源每年将节电42.6千瓦时。每个小区都有很多的公共照明，每年的耗电量是很惊人的，若改为节能型开关和节能灯以后将会大大减少用电量。

图7-3　零耗能人体感应开关

**4. 太阳能照明**

太阳能是地球上最直接、最普遍也是最清洁的能源，太阳能作为一种巨量可再生能源，每天达到地球表面的辐射能大约等于2.5亿万桶石油，可以说是取之不尽、用之不竭。

太阳能灯采用高效照明光源设计，以太阳光为能源白天充电，晚上自动照明，安全、节能、无污染，充电及开/关灯过程由微计算机智能控制，并有工作状态显示，无须人工操作，属于当今社会大力提倡利用的绿色能源产品。

主要应用于城市道路、小区道路、工业园区、景观亮化、旅游风景区、公园、庭院、绿化带、广场、步行街、健身休闲广场等场所不同的照明及亮化装饰（图7-4）。

图7-4　太阳能照明

**5. 电梯节能技术**

将电梯运行中负载上的机械能（位能、动能）通过能量回馈器（图7-5）变换成电能

（再生电能）并回送给交流电网，供附近其他用电设备使用，使电机拖动系统在单位时间消耗电网电能下降，从而达到节约电能的目的。

能量回馈器的作用就是能有效地将电容中储存的电能回送给交流电网供周边其他用电设备使用，节电效果十分明显，一般节电率可达21%～46%。此外，由于无电阻发热元件，机房温度下降，减少风机用电。

图7-5　能量回馈器

### 6. 无负压水泵（深井泵）（图7-6）

该装置采用"密封加压和防负压技术"。

（1）可与城市管网直接连通加压供水。有可靠的防负压、防缺水、防低压取水功能，绝对不会从管网抽水（不负压吸水）。

（2）不用水池、水箱，密封加压，全用不锈钢，避免了水质二次污染，有利于居民健康。

（3）特别节省建筑空间。省去水池、水箱，不需专用泵房。

（4）特别节省电力。充分利用自来水压串联加压，设备的效率高，有特殊的变频调速功能，不用水时可保压停机等，比多数设备省电80%。

（5）改善居民住宅环境。进口名牌设备、功率小、全封闭在水里噪声低、几乎无振动、不漏水。

图7-6　无负压水泵（深井泵）装置

### 7. 中央空调水（冰）蓄冷节能技术

中央空调水（冰）蓄冷项目其实是利用了峰谷用电的电价差别政策（图7-7）。

在深夜用电低谷时，用电将水降温至4摄氏度左右，再在白天用电高峰时，通过板式换热器，将其冷能释放出来，降低室内温度，减小此时的电量消耗。由于低谷时段的电价比高峰时段的电价低，就能省下电费。

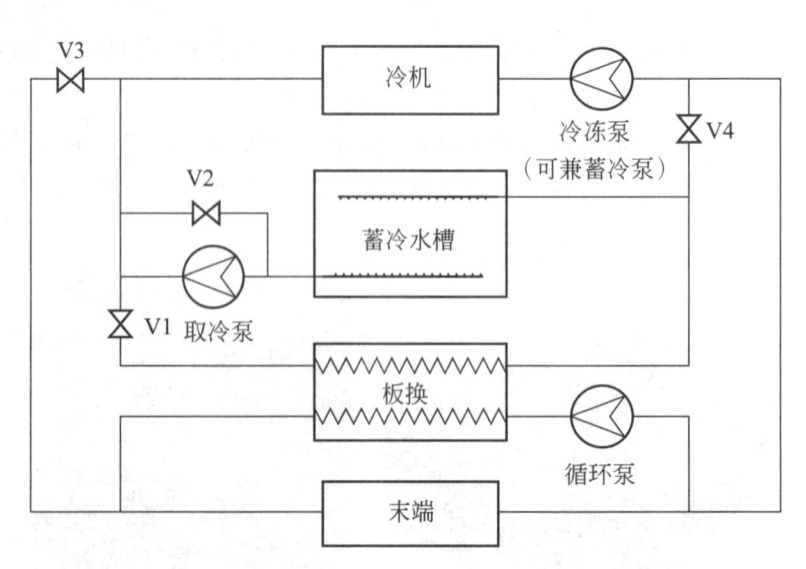

图7-7 中央空调水（冰）蓄冷节能技术原理

## 九、采取有效的设备保养和使用措施

从日常物业工作上说，采取有效的设备保养和使用措施，有以下几点工作建议。

### （一）把握好各种用能设备的有效运行时间和参数

物业管理人员应研究各用能设备何时必须使用，何时可以降低负荷使用或者关闭。用能设备的运行时间和参数，要根据季节或其他条件的变化及时进行调整。比如户外公共道路照明随季节变化及时调整开关时间，夏季热水温度可以调低，电梯在人流小的时段可以少开几台等。

### （二）用能设备数量和配置区域的合理搭配

不同的区域对环境条件的要求不同，所需配置的设备要求也要跟着改变。理想的配置是在设备负荷发生变化时它始终在高效区运行，这就要求设备运行发出的能源容量应大小搭配合理。一些楼宇的通风设备有些在低效区长期运行，要尽量合理搭配负荷，适当提高作为调节负荷用的较低负荷制冷机的负荷，避免其在低效区运行。在供热系统中，长期背着日照，位置隐蔽，湿气重的建筑和房间配置的暖气应采用多管暖气，使热量散发面积更大，而在温度高的建筑区域则可以适当减少暖气设备的管道数。排风机的台数应视场地配套，根据地理位置的通风情况合理增加或拆减。还可以降低不必要的照明照度，许多楼宇的室内照明强度过高，这种做法可能会导致现代化办公及商业环境中的照明浪费。

### （三）能量回收和适当节能装置的利用

（1）在通风方面，高温和寒冷季节新风及排风的温差高，可采用能量回收装置，从排风中直接回收能量加以利用，降低新风负荷。

（2）在供热方面，锅炉水的热气也可以通过紧密设备和合理通道不断循环，以便为新水加热。

（3）在供水管网方面，要结合该区域水流供需的容量和速度选用效率最大化、成本最低耗的装置，管网中的配套设备都应在符合建筑设计要求和物业管理要求的前提下采用系统、完善、节能的配置方案。灌溉利用中水循环系统，尽量多地利用雨水、雪水，少用或不用自来水。

（4）在发动机方面，鼓励使用省油、环保和风冷的汽油机。

（5）在光照方面，根据物业管理的地域、场所的不同要使用什么样的灯具也应考虑，户外路灯可以采用碘钨灯，大堂照明采用节能灯，地下室等需要长期照明的可以采用日光灯和节能灯等。

（四）感应设备的利用

多利用感应设备，既减少了人工运作、节约人力，又能提高智能化管理，最重要的一点是防止能源浪费，节约资源和成本。户外公共道路照明多采用时控和光控方式。走廊、公共卫生间、陈列展馆的橱窗等区域可以采用感应灯具。现在很多公共场所的水龙头出水口用的也是感应器具，这个方法也很值得推广。消防设备应提倡采用火、光、烟雾感应器及时报警，不但保障业户安全，也节省了人力和物力。

（五）用能设备要及时定期清洗和保洁

有些物业设备长期置于室外，表面会堆积灰尘，尘埃、脏污也容易透过大小孔进入设备内部，造成设备运行功率低下甚至阻碍其正常工作。物业设备的长期运行也容易使设备沾上油污和化学物，这样也加速设备的折寿。所以要及时、定期地清洁用能设备。如空调通风系统的表冷器和过滤器，空调水系统等空调设备需要物业人员的保洁。供热管网、日常照明设备、监控系统、电梯设备等也要做到及时清洗，保持干净。

（六）若发现物业设备有损坏要及时进行维修或调整

对于日常工具，使用人员应谨慎对待，加以爱惜，发现有损坏的地方要及时报修，在不影响工作效率的前提下找现有资源使其恢复正常，也可以做出改装调整。如割草机割草力度不够，可以调低割草机滚刀的高度或者调高割草机定刀的高度使滚刀与定刀的间隔达到最适合剪草的距离。

## 十、严格高效的管理制度

（一）以合同模式制定能耗目标考核制度和计量收费

物业公司应制定节能目标，管理中可以对各部门甚至各人员提出节能目标要求，配以奖惩措施激励大家主动节能。物业公司对业主或承租者能源消耗尽量采用计量收费。物业公司和业户要共同制定并达成一致意见。这种方法可以以合同的模式制约物业管理者和业户双方，运用市场激励机制，明确约定业主和物业公司的节能权利、义务和责任，把降低能源的指标与物业公司的经济利益挂钩，在合同中明确规定能源节约指标，如果达不到指标，业主有权扣减物业管理费等。

（二）通过能耗数据的收集和分析来挖潜节能潜力

要尽量弄清楚楼宇中能源最终消耗在哪些终端设备上，消耗多少，什么时候消耗的。用电量的使用情况分析影响能源消耗的主要因素，列举可能原因并在管辖范围内适当调查。在不断深入的过程中，可以发现许多节能节的方法。根据分析结果，完善节能管理制度；对不同部门、不同区域能耗数据进行展示，使员工和业主知晓用能情况，激励员工在日常工作中处处注意节能，动员业主参与节能工作，将科学节能作为企业文化的一部分。

【实战范本7-05】▶▶▶

## 物业公共水电能耗管理办法

**1. 目的**

为加强物业小区水、电能耗管理，树立节能降耗意识，开源节流思想，提高水、电合理利用率，为企业节能、减耗、增效，提高公司盈利能力，特制定本管理办法。

**2. 适用范围**

适用于××物业所辖管理处的公共水、电能耗管理。

**3. 职责**

（1）公司工程管理部负责××主城区域管理处水、电能耗管理的指导、培训、督导、月度水电报表的审核、统计、分析、公示及考核，以及各项目水、电节能降耗方案的审核、方案实施的督导工作。

（2）分公司工程管理部负责所辖管理处水、电能耗管理的指导、培训、督导、月度水电报表的审核、统计、分析、公示以及考核工作。

（3）管理处工程部主管负责项目水、电能耗管理工作（月度水电报表的编制、审核、监控），每年底编制次年节能降耗管控措施、技术改造方案并组织实施工作。

（4）维修班长负责进行水、电能耗抄表数据的核实，熟悉各水、电、气表位置，覆盖范围，管控、监督、异常项上报、合理化建议，协助工程主管能耗管控工作。

（5）设备管理员负责每日公共水、电（向自来水公司、电力公司缴费的计量表）抄表工作，熟悉各水、电表位置，覆盖范围。

**4. 管理规定**

4.1 细则

（1）管理处工程部人员应熟悉掌握辖区水、电线路走向，开关、阀门、计量表位置，计量表表号，各系统覆盖范围，建立公共水、电计量表台账。

（2）对管辖区域内公共水、电总表进行挂牌管理，标明型号、倍率、表号、编号、系统名称、覆盖范围、抄表周期。建立公共水、电表计量系统图（新接管小区应当在正式接管后1个月内分别编制公共用电计量系统图、公共用水计量系统图）。计量系统图应当准确完整，在接管过程中发现计量不完善的位置，应及时向相关方反馈。分期接管过程中及时更新。

（3）各管理处应及时衔接自来水公司和电力公司落实抄表时间，建立抄表记录。

（4）管理处需对所抄水、电表的读数、表号、起止数做好详细真实的记录。对未安装计量表且长期使用水、电的设备、物业用房须加装计量表（如电梯、园区水景照明、车库照明、物业办公室、员工食堂、员工宿舍、中控室、消防水泵房、二次供水、公共卫生间、游泳池等）。各公共区域计量表表箱需上锁。针对商业门面（电表在商铺内）应在电表进出线端及电表上粘贴封条，因故新装计量表需使用指定正规厂家的产品。水电井及表箱在未作业时应处于锁闭状态。

（5）管理处水电报表须在财务报账截止日前3天，以电子文档及时将信息发至物业工程管理部进行审核，能耗报表数据应真实有效，有据可查。杜绝虚报数据，估计数据，乱列名目等情况，一经查实将进行处罚。建立月度水电报表分析。

（6）管理处必须对所辖区域内水、电表进行有效监管，每天需对能源部门打单缴费的各系统总表逐一进行抄表，并做好相应记录，进行分析比对是否异常，并做好检查维护工作，采取有效措施避免偷水、偷电、漏水、漏电、计量不准确的情况发生。

（7）各管理处对外来单位用水、用电，必须要求安装指定厂家、品牌质量合格的计量器具，做好起止数抄表记录，并要求使用方签字确认，在水、电报表中体现，收取费用需纳入收费软件系统。

（8）加强员工宿舍、办公区域、工作区域的能耗管理。工程主管应协助管理处对相关区域的能耗进行严格管控，订立相应管控制度，制定相应节能管控措施，避免人为浪费，合理控制能耗分配，强制推广节能电器和节能灯具等。

（9）辖区内水、电计量表进行更换的、新增的，应及时在台账、抄表记录及收费软件上进行录入更改，避免漏表、数据错误等问题产生。

（10）管理处需根据水、电能耗使用情况，制订相关节能计划，每月制作水、电能耗波形图，与往年及同期能耗波形图进行比对，及时发现异常项，并落实解决处理。

（11）依据水、电能耗报表，落实分表与总表的差额量，差额较大的应分析并查找原因，制定整改措施。每月电损耗不得超过总缴费金额的10%，水损耗不得超过总缴费金额的15%，凡超出损耗额度项，需书面上报原因并落实整改措施。

（12）新建项目物业移交时：应在物业正式移交（交房）前一天完成公共水、电表抄表工作包括（绿化、商业、室外消防、室内消防、游泳池、园区照明、车库照明、电梯等），分户验收时在交房前一天完成户内水、电、气表抄表工作并由使用单位、地产项目部签字确认。费用由使用单位或地产项目部承担。分户验收时须核实门牌号与水、电表号相一致。杜绝接房后房号与水、电表号不一致的矛盾与纠纷。

**4.2 用电管理办法**

（1）广泛开展节能降耗的宣传和执行工作，树立员工节能降耗、开源节流的意识。使员工养成"人走灯灭"习惯，制止不必要的浪费，并自觉在各自的岗位中实施。

（2）各管理处在安全用电的基础上，应采用高效、低耗、绿色节能产品，积极推广和使用新设施、新工艺、新技术的节能产品，从而降低用电能耗。

（3）各管理处应定期组织相关人员对本管理处用电情况进行核查。对违反本制度的班组及个人，应根据其情节给予教育批评或经济处罚。对节约用电成效显著的班组或个人，给予表彰及经济奖励。

（4）各管理处加强用电管理，视照明使用情况合理配置照明设施的数量及使用时间的管控。工程管理部将不定期对各管理处用电情况进行检查，对查出的问题将直接和季度考评挂钩。

（5）各管理处办公室人员要养成良好工作习惯，办公用电设备不用时应随手关闭，计算机闲置时应置于休眠或关闭状态，空调应合理控制温度和使用时间。

（6）员工宿舍内严禁使用电烤炉、电饭煲等大功率电器。宿舍内单个照明灯具的功率最高不得超过40瓦。

（7）园区及楼道照明在满足使用需求的前提下，应合理管控使用数量、使用功率、开启关闭时间（宜使用光效好、节能高的光源，如LED灯、节能灯，楼道照明灯宜使用人体感应灯、声光控灯，将楼道照明手动开关的控制方式逐步更换为声光光控开关、人体感应开关、微波感应开关等），避免不必要的浪费，从效率、功耗出发，进行相应的调整及整改。

（8）景观、电梯、配电设备、水泵等用电设备应根据能耗数据，在满足使用需求的前提下合理制订能耗管控计划，从而达到功耗的有效利用。

**4.3 用水管理办法**

（1）广泛开展节能降耗宣传和执行工作，树立员工节能降耗意识，自觉在各自的岗位中实施。

（2）加强用水管理，杜绝"跑、冒、滴、漏、长流"现象，从而降低损耗。

（3）各管理处应定期组织相关人员对本管理处用水情况进行核查。对违反本制度的班组或个人，应根据其情节给予教育批评或经济处罚。对节约用电成效显著的班组或个人，给予表彰及经济奖励。

（4）各管理处严格控制蓄水箱、水景、游泳池的水位，定期检查相关供水设备，避免因设施设备故障及人为操作不当，导致不必要的浪费。工程管理部将不定期对各管理处用水情况进行检查，对查出的问题核实后，将对相关责任人考核。

（5）各管理处应加强对用水设施设备的巡查力度，发现隐患、渗漏及时拟订方案进行处理，把问题处理在萌芽状态，避免损耗的扩大。

（6）严格对用水抄表数据进行分析，采取有效措施控制商业门面的偷水、滴水现象。

#### 4.4 小区照明、水景开关管理

##### 4.4.1 小区照明

小区照明能耗为业主据实分摊的，应合理管控照明开启关闭时间。

小区照明能耗为物业承担的，原则上草坪灯、小区高杆灯开启时间：夏季时间20:00～6:00。冬季18:30～7:30；门口柱灯、地埋射灯、围墙灯开启时间：夏季时间20:00～0:30，冬季18:30～0:30。

工作人员应根据项目具体情况及天气变化等适时调整开关时间及照明线路，但应杜绝天未黑时园区照明已亮，天已黑时园区照明还不亮的情况，工程管理部将不定期对园区照明开启情况进行抽查，上述情况一经查实将进行相应处罚。

每天开启小区照明后应对小区照明巡查一次，发现的问题应及时记录于"值班记录表"交于白班处理。

##### 4.4.2 水景开闭

水景开启时间：常规、节假日、特殊情况等管理处可依据项目情况自行制定开启关闭时间，应遵循合理使用管控，杜绝不必要的浪费。使用常规周期应上报工程部进行备案，以便工程管理部定期进行抽查。

### 5.考核机制

公司工程管理部每半年巡检考核一次，考评成绩90分（含90分）为合格分数线，考评成绩低于90分的管理处工程主管，当月的绩效奖金按绩效分数扣减10分来计发（管理处未设工程主管的被考核人为管理处责任人）。

## 十一、从员工节能抓起

要实现节能目标，物业公司还是要依靠企业文化的力量。在公司内部将节能管理与员工的收入直接挂钩，公司内部制定奖惩制度，以提高员工节能的自觉性和积极性。加强日常管理，完善规章制度，防止不必要的浪费。对员工进行节约意识教育，给员工灌输节能降耗意识、节能降耗的意义和重要性。在培训时强调这一点，并从员工的自身修养层面抓起，让他们意识到节俭本身就是一种素养的体现，是一种美德，养成随手关灯、关水的好习惯，杜绝浪费。在办公室中，提倡不浪费一张纸张，不放弃纸张回收的做法，文件的整理和记录不得粗心随意，办公用纸尽量利用再生纸。无实际意义的传单、报告拒绝打印。会议记录、通知等工作可以采用电子邮件完成。员工离岗随时要留意关灯、关计算机。基层员工工作中要谨遵公司对设备使用和节能要求的相关规定，物业工具使

用过程要小心谨慎，发现问题及时解决或通知相关人员协助维修调整，并且要在实践中积极开动脑筋，为公司更好地制定节能方案提出可行性建议。

### 十二、做好宣传教育，提高业主节能意识

物业公司提高业主的节能意识，杜绝资源浪费。利用电子屏等公示栏宣传，提高租户的节能意识。加强节能宣传，宣传节能方法和节能的经济效益及环境效益。提高业主参与物业节能的主人公意识。可以以社区期刊、社区工作小报或其他媒介形式在业户中宣传，以以身作则的带头作用对广大居民进行节能教育。物业公司还可为居民提供可行、合理的节能方针，如定期督促业主清理房间设备，废弃物归类存放并尽量做到自主回收，调整不和谐的作息制度，尽可能多地利用平价电和低谷电等。目前在国外很多城市都建起了节能住宅，我国也开始引进节能住宅的设计和管理理念。节能住宅从建筑设计、物业管理方面促成生态社区的建设。物业区域内节能具有领先的和基础的重要性，生态和谐、可持续发展的社区是节能的社区，优秀的物业必不可轻视能源问题。节能工作要在广泛地区的物业全面展开，不断推动我国的和谐社区的建设。

## 第三节　公共能耗的统计与分析

管理处在控制公共能耗方面，以往都是以控制"钱"为目的，要求水、电分析报表中公共能耗费用与代收代付费用之和需与供电局或水务局收取的费用相等。而实际情况是代收代付往往存在盈利，管理处便将盈利用来冲减公共能耗费用，表面看公共能耗费用降低了，甚至部分管理处公共能耗为"零"或者"负值"。管理处对每月公共能耗费用进行调整后，导致公共能耗实际用量失真，无法对公共能耗进行有效管控。

公共能耗管理应当以控制"量"为目的，每月月底进行抄表，以月度为周期对公共能耗用量进行统计。水务局和供电局每月抄录总表数据的周期不是很稳定，所以每月与管理处水、电分析报表实际数据并不相等，有时相差很大，管理处可以将公共能耗费用与代收代付费用实际之和与供电局和水务局所收取的费用进行对比，得出水电费的盈余亏损。

只有在获得了公共能耗真实数据的基础上，管理处才可以有目的地实施节能降耗。

虽然水务局和供电局每月抄表时间不是很稳定，但若以按年为周期进行统计对比，可得出在一年的周期内代收代付这部分费用的盈余亏损，最终在年底由财务部考虑是否统一对各管理处公共能耗进行冲减，以保证公共能耗数据的真实性。

### 一、公共能耗的概念

业主、使用人公有部位，共用设备、设施和在公共性服务中所产生的水、电、煤等能源消耗称为"公共能耗"，由此产生的费用为"公共能耗费用"。

## （一）共用部位

共用部位是指一幢住宅内部，由整幢住宅的业主、使用人共同使用的门厅、楼梯间、水泵间、电表间、电梯间、电话分线间、电梯机房、走廊通道、传达室、内天井、房屋承重结构、室外墙面、屋面等部位。

## （二）共用设备

共用设备是指一幢住宅内部，由整幢住宅的业主、使用人共同使用的供水管道、排水管道、落水管、照明灯具、垃圾通道、电视天线、水箱、水泵、电梯、邮政信箱、避雷装置、消防器具等设备。

## （三）共用设施

共用设施是指物业治理区域内，由业主和使用人共同使用的道路、绿地、停车场库、照明路灯、排水治理、化粪池、垃圾箱（房）、物业、业委会管理用房、居委会用房等设施。

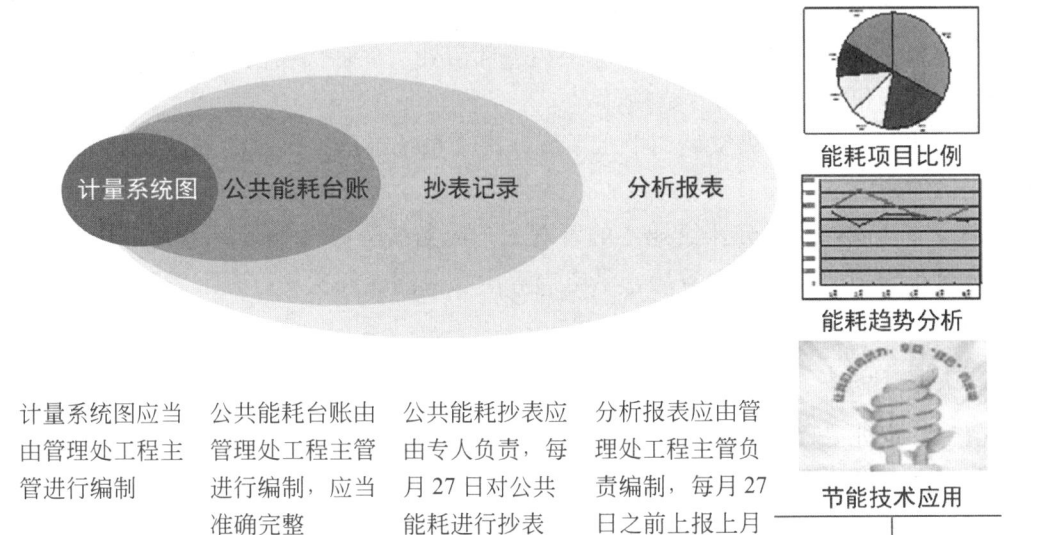

## 二、公共能耗管理模型

公共能耗管理模型如图7-8所示。

图7-8 公共能耗管理模型

计量系统图应当由管理处工程主管进行编制

公共能耗台账由管理处工程主管进行编制，应当准确完整

公共能耗抄表应由专人负责，每月27日对公共能耗进行抄表

分析报表应由管理处工程主管负责编制，每月27日之前上报上月水、电分析报表

## （一）计量系统图

（1）新入伙小区在入伙前2个月应当分别编制公共用电计量系统图、公共用水计量系统图。

（2）新接管小区应当在正式接管后1个月内分别编制公共用电计量系统图、公共用水计量系统图。

（3）计量系统图应当准确完整，在接管过程中发现计量不完善的位置，应及时向相关方反馈。

### （二）公共能耗台账

（1）公共能耗统计台账应当在编制计量系统图后1周内统计完成，应当完整准确。

（2）能耗统计台账应当按功能类别对公共能耗设备进行统计，公共能耗设备清单应当完整，每月功耗应当根据实际使用情况计算得出。

### （三）抄表记录

（1）管理处应安排专人负责公共能耗的抄表，每月25日统一对公共能耗计量装置进行抄表，使用公司标准抄表记录本，在30日之前统计完成并上报相关部门。

（2）代收代付部分用户能耗计量装置应当在每月25~30日之间进行抄表，使用公司标准用户抄表记录本。

（3）每月将分表和总表抄完后，应当计算分表总和与总表之间的误差，得出线路的损耗。若线路损耗超过5%，应当进行原因分析。

### （四）分析报表

（1）管理处每月使用的公共能耗费用和代收代付的用户能耗费用，应当在每月25日制定上期分析报表，并于30日之前交至相关部门处。含有代收代付费用的分析报表，应当统计收缴率和代收代付盈亏金额。

（2）地下车场、中央空调、中水系统、供暖系统等单独核算的部分能耗应当在分析报表中单独列出。

（3）公共能耗需要分摊给业主的管理处，应当按分摊标准计算出每户分摊的费用。每月分析报表中应当包含水务局、供电局等所收取的能耗费用，并与管理处自己抄表得出的能耗费用进行对比分析。

### （五）统计分析

（1）管理处工程主管应当每月对公共能耗数据进行统计分析，采用柱状图对去年同期和每月之间进行对比。若浮动超过10%，应当说明原因和整改措施。

（2）管理处应在每年12月制定出下年度能耗管理方案，能耗管理方案应包含在工程服务方案内，报物业管理类部门审核批准。

（3）公共能耗应当进行年度趋势分析，采用曲线图对最近三年公共能耗数据进行对比，根据分析结果制定相应措施。每年12月底对本年度的公共能耗中各类别能耗数据采用饼状图进行对比分析。

## 三、公共能耗对比分析及改进

公共能耗计量的建立与完善过程如图7-9所示。

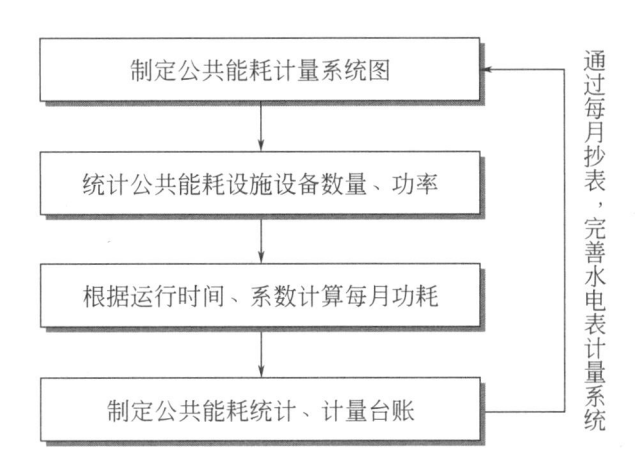

```
          ┌──────────────────────────┐
          │  制定公共能耗计量系统图  │◄─────┐
          └────────────┬─────────────┘      │
                       ▼                    │ 通
          ┌──────────────────────────┐      │ 过
          │统计公共能耗设施设备数量、功率│      │ 每
          └────────────┬─────────────┘      │ 月
                       ▼                    │ 抄
          ┌──────────────────────────┐      │ 表
          │根据运行时间、系数计算每月功耗│      │ ，完
          └────────────┬─────────────┘      │ 善
                       ▼                    │ 水
          ┌──────────────────────────┐      │ 电
          │ 制定公共能耗统计、计量台账 │──────┘ 表计量系统
          └──────────────────────────┘
```

图7-9　公共能耗计量的建立与完善过程

（一）制定公共能耗计量系统图

制定公共能耗计量系统图（图7-10）是为了准确掌握公共能耗的组成部分，进而对公共能耗进行完善、准确的计量和管理。

三级计量体系管理：对能耗计量装置按计量范围的不同分为三级，每一级计量装置分别用A、B、C进行编号。

一级计量：低压进线柜的总表（或者是进入小区的总水表），用字母A表示。

二级计量：安装在总线开关柜内的计量表，字母B表示。

三级计量：安装在设备现场的计量表（或者是安装在现场的水表），用字母C表示。

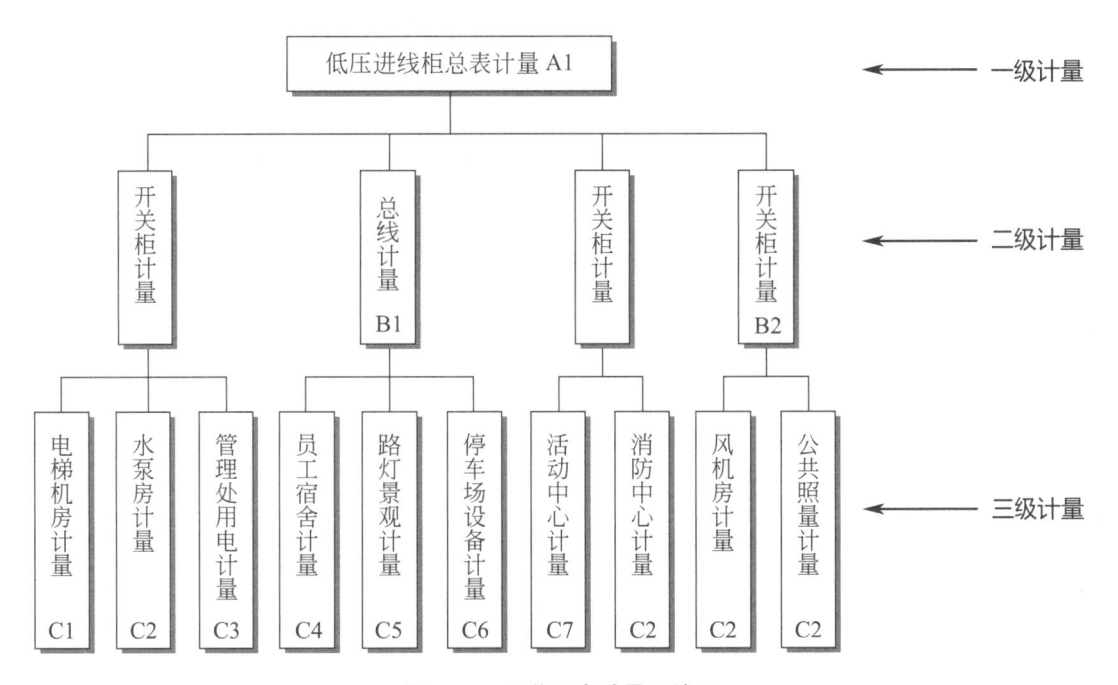

图7-10　公共用电计量系统图

（二）建立公共能耗计量台账

各物业管理处要建立公共能耗计量台账并不断完善，公共能耗计量台账如表7-5所示。

表7-5　　　　　　小区公共能耗用电系统台账

| 序号 | 电表编号 | 计量级别 | | | 位置 | 计量范围 | 计量范围内电用设备清单 | | | 运行时间 | 运行系数（估算） | 备注 |
|---|---|---|---|---|---|---|---|---|---|---|---|---|
| | | 一级计量 | 二级计量 | 三级计量 | | | 设备名 | 位置 | 功率 | | | |
| | | | | | | | | | | | | |
| | | | | | | | | | | | | |
| | | | | | | | | | | | | |
| | | | | | | | | | | | | |
| | | | | | | | | | | | | |
| | | | | | | | | | | | | |
| | | | | | | | | | | | | |
| | | | | | | | | | | | | |
| | | | | | | | | | | | | |

（三）能耗分析报表的编制

（1）公共能耗抄表时间、周期要稳定（表7-6）。

（2）每月对损耗、变量进行分析。

（3）用水、用电总表数均应以管理处抄表数据为准（表7-7）。

表7-6　公共能耗抄表记录

管理处：　　　　　　　　　电表数量：　　　　　　　　编号：
　　　　　　　　　　　　　　　　　　　　　　　　　　制表日期：

| 序号 | 电表编号 | 表芯号 | 倍率 | 用途 | 1月读数 | 本月用量 | 2月读数 | 本月用量 | 3月读数 | 本月用量 | 备注 |
|---|---|---|---|---|---|---|---|---|---|---|---|
| | | | | | | | | | | | |
| | | | | | | | | | | | |
| | | | | | | | | | | | |
| | | | | | | | | | | | |
| | | | | | | | | | | | |
| | | | | | | | | | | | |
| | | | | | | | | | | | |
| | | | | | | | | | | | |

### 表 7-7　每月用电情况分析报表

管理处：　　　　　　　　　　　　　　　　　　　　　　　　　　　编号：

| 1.公共用电（$M_1$） | | | | 3.代收代付（$N$） | | | 5.用电总表度数 | | | | | |
|---|---|---|---|---|---|---|---|---|---|---|---|---|
| 计量点 | 上月用量 | 本月用量 | 本期费用 | 计量点 | 应收金额 | 实收金额 | 计量点 | 总表数 | 分表数 | 损耗比 | 用途 | 备注 |
| 管理处 | | | | 用户 | | | 1#变压器 | | | | 公共用电 | |
| | | | | | | | | | | | 居民 | |
| 员工宿舍 | | | | 商用 | | | | | | | | |
| 业委会办公室 | | | | | | | | | | | | |
| 电梯 | | | | | | | | | | | | |
| 路灯景观 | | | | | | | | | | | | |
| 楼层公共照明 | | | | | | | | | | | | |
| 管排水设备 | | | | | | | 合计 | | | | | |
| 合计 | | | | 合计 | | | 6.供电局电费单费用（$X$） | | | | | |
| 2.停车场用电（$M_2$） | | | | 4.损耗盈亏（$Y$） | | | 电费单号 | | 用电量 | | 用量费用 | |
| 地下车场 | | | | 本月损耗盈亏 | | | | | | | | |

本月用电情况分析及下月处理措施（管理处盖章）：
$$Y=N-(X-M_1-M_2)$$

| 月份 | 1月 | 2月 | 3月 | 4月 | 5月 | 6月 | 7月 | 8月 | 9月 | 10月 | 11月 | 12月 | 合计 |
|---|---|---|---|---|---|---|---|---|---|---|---|---|---|
| 去年公共用电 | | | | | | | | | | | | | |
| 今年公共用电 | | | | | | | | | | | | | |
| 代收代付收缴率 | | | | | | | | | | | | | |

分公司领导：　　　物业管理部：　　　财务管理部：　　　管理处：　　　制表：

注：此表保存期为2年，须在当月30日之前将上月分析报表上交物业管理部。

每月水电分析报表填写要求如表7-8所示。

表7-8 每月水电分析报表填写要求

| 项目 | 明细 | 填写方法 | 支持文件 |
| --- | --- | --- | --- |
| 公共用水、公共用电 | 计量点 | 对各类公共能耗设施设备的分类计量，可以对部分设备进行合并计量 | "公共能耗计量装置台账" |
| | 上月用量 | 上月抄表的用量 | "公共能耗抄表记录" |
| | 本月用量 | 本月抄表的用量 | "公共能耗抄表记录" |
| | 本月费用 | 公共能耗计算单价<br>公共用水：4.30元/吨<br>公共用电：0.944元/千瓦时 | 水电单价应根据各地具体情况而定 |
| 停车场用水、停车场用电 | 用量和费用 | 停车场能耗需单独计量核算，管理处自主经营的停车场能耗可以放到公共能耗里面 | |
| 代收代付（以制作1月水电分析表为例） | 计量点 | 收费方式 | |
| | 应收金额 | 通过抄表，按相关水电费价格计算出应收费用，包含2部分<br>2月银行托收（1月水电费）<br>2月现金收取（12月的水电费） | "2月银行托收情况统计表"<br>"2月现金收取统计表主表1" |
| | 实收金额 | 包含2部分<br>银行实际托收（1月水电费）<br>现金实际收取（12月的水电费） | "当月银行托收情况统计表"<br>"当月现金收取统计表主表1" |
| | 收缴率 | 实收与应收的比率 | |
| | 合计 | 银行托收与现金收取的合计 | |
| 损耗盈亏 | 本月损耗盈亏 | 公共+停车场+代收代付实际收取－供电局（水务局）收取费用 | 每月"水电分析表" |
| | 本年度盈亏 | 每月累加 | 每月"水电分析表" |
| 本月水费本月电费 | 费用金额 | 水务局、供电局收取费用 | 每月"电费通知单""水费回执单" |
| 用水总表数用电总表数 | 总表数 | 水表总表数，电表安装在配电房低压进线柜的总表 | 每月"抄表记录" |
| | 损耗 | 各分表总和与总表数的差额比率 | 每月"抄表记录" |